U0871839

国家出版基金项目
NATIONAL PUBLICATION FOUNDATION
“十三五”国家重点图书出版规划项目
城市安全风险管理丛书
编委会主任：王德学　总主编：钟志华　执行总主编：孙建平

城市社会风险防控

Social Risk Prevention and Control in Urban Areas

何品伟 主编　虞 浔　夏 草 副主编

同濟大學出版社
TONGJI UNIVERSITY PRESS

图书在版编目(CIP)数据

城市社会风险防控/何品伟主编.—上海:同济大学出版社,2019.12
(城市安全风险管理丛书)
"十三五"国家重点图书出版规划项目
ISBN 978-7-5608-8460-8

Ⅰ.①城… Ⅱ.①何… Ⅲ.①城市管理—风险管理—中国 Ⅳ.①D63

中国版本图书馆 CIP 数据核字(2019)第 275306 号

"十三五"国家重点图书出版规划项目
城市安全风险管理丛书

城市社会风险防控

Social Risk Prevention and Control in Urban Areas

何品伟 主编 虞 浔 夏 草 副主编

出 品 人: 华春荣
策划编辑: 高晓辉 吕 炜 马继兰
责任编辑: 胡晗欣 李 杰
责任校对: 徐春莲
装帧设计: 唐思雯

出版发行 同济大学出版社 www.tongjipress.com.cn
(地址:上海市四平路 1239 号 邮编:200092 电话:021-65985622)
经　　销 全国各地新华书店、建筑书店、网络书店
排版制作 南京文脉图文设计制作有限公司
印　　刷 上海安枫印务有限公司
开　　本 787mm×1092mm 1/16
印　　张 13.5
字　　数 337 000
版　　次 2019 年 12 月第 1 版 2019 年 12 月第 1 次印刷
书　　号 ISBN 978-7-5608-8460-8
定　　价 68.00 元

版权所有 侵权必究 印装问题 负责调换

内容简介

本书分析了我国城市风险控制的最新发展趋势及特征，立足于风险社会、城市社会风险的现实界定，探讨城市社会风险的特点，结合上海特大型城市风险控制的实践，提出了聚焦城市社会风险的生成与演进，有针对性地分析酝酿风险生成的条件，开展系统性、科学性的对城市社会风险的评估和预警。

城市既有基础设施、人口结构、生产作业等传统型风险，也有因利益冲突引发的群体性事件、网络舆情事件等新类型风险。只有认真分析、研判城市面临的各类风险，才能及早谋划、找准问题，从预案管理、信息管理、处置指挥、善后处理等方面加强城市社会风险应对。

作者简介

何品伟

男，上海市政协常委、社会和法制委员会主任，中国社会风险评估研究中心(清华大学)专家委员会委员，华东政法大学兼职教授。曾长期在政法系统担任领导。曾经筹备全国第一家应急联动中心——上海市应急联动中心并兼任主任，成功负责指挥处置多起重大突发事件。在担任上海市委政法委副书记期间，分管社会稳定工作，参与和主持了国家和地方关于社会风险评估的规范的制定。

虞　浔

男，法学博士，副教授，华东政法大学党委办公室副主任、校长办公室副主任、硕士生导师。出版专著 3 本，在《人民日报》《政治与法律》等国内外报刊上发表学术论文 40 余篇，在《新华社内部参考》等内参上刊发决策咨询报告 10 余篇，主持省部级研究课题 3 项，参与起草了上海司法体制改革系列政策文件，曾获中国法学会第九届、第十三届中国法学青年论坛二等奖、第三届上海市优秀法学成果著作类三等奖。

夏　草

女，法学博士，华东政法大学国际法学院讲师，华东政法大学阳光与法治信访工作研究中心副秘书长，曾参与国家级重大课题项目、国家级项目多项，公开发表学术论文 20 余篇。

"城市安全风险管理丛书"编委会

编委会主任　王德学

总　主　编　钟志华

编委会副主任　徐祖远　周延礼　李逸平　方守恩　沈　骏　李东序
陈兰华　吴慧娟　王晋中

执行总主编　孙建平

编委会成员　（按姓氏笔画排序）
丁　辉　于福林　马　骏　马坚泓　王文杰　王以中
王安石　白廷辉　乔延军　伍爱群　任纪善　刘　军
刘　坚　刘　斌　刘铁民　江小龙　李　垣　李　超
李寿祥　杨　韬　杨引明　杨晓东　吴　兵　何品伟
张永刚　张燕平　陆文军　陈　辰　陈丽蓉　陈振林
武　浩　武景林　范　军　金福安　周　淮　周　嵘
单耀晓　胡芳亮　侯建设　祝单宏　秦宝华　顾　越
柴志坤　徐　斌　凌建明　高　欣　郭海鹏　涂辉招
黄　涛　崔明华　盖博华　鲍荣清　赫　磊　蔡义鸿

总序

浩荡40载，悠悠城市梦。一部改革开放砥砺奋进的历史，一段中国波澜壮阔的城市化历程。40年风雨兼程，40载沧桑巨变，中国城镇化率从1978年的17.9%提高到2017年的58.52%，城市数量由193个增加到661个（截至2017年年末），城镇人口增长近4倍，目前户籍人口超过100万的城市已经超过150个，大型、特大型城市的数量仍在不断增加，正加速形成的城市群、都市圈成为带动中国经济快速增长和参与国际经济合作与竞争的主要平台。但城市风险与城市化相伴而生，城市规模的不断扩大、人口数量的不断增长使得越来越多的城市已经或者正在成为一个庞大且复杂的运行系统，城市问题或城市危机逐渐演变成了城市风险。特别是我国用40年时间完成了西方发达国家一二百年的城市化进程，史上规模最大、速度最快的城市化基本特征，决定了我国城市安全风险更大、更集聚，一系列安全事故令人触目惊心，北京大兴区西红门镇的大火、天津港的"8·12"爆炸事故、上海"12·31"外滩踩踏事故、深圳"12·20"滑坡灾害事故等，昭示着我们国家面临着从安全管理1.0向应急管理2.0乃至城市风险管理3.0的方向迈进的时代选择，有效防控城市中的安全风险已经成为城市发展的重要任务。

为此，党的十九大报告提出，要"坚持总体国家安全观"的基本方略，强调"统筹发展和安全，增强忧患意识，做到居安思危，是我们党治国理政的一个重大原则"，要"更加自觉地防范各种风险，坚决战胜一切在政治、经济、文化、社会等领域和自然界出现的困难和挑战"。中共中央办公厅、国务院办公厅印发的《关于推进城市安全发展的意见》，明确了城市安全发展总目标的时间表：到2020年，城市安全发展取得明显进展，建成一批与全面建成小康社会目标相适应的安全发展示范城市；在深入推进示范创建的基础上，到2035年，城市安全发展体系更加完善，安全文明程度显著提升，建成与基本实现社会主义现代化相适应的安全发展城市。

然而，受制于一直以来的习惯性思维，当前我国城市公共安全管理的重点还停留在发生事故的应急处置上，突出表现为"重应急、轻预防"，导致对风险防控的重要性认识不足，没有从城市公共安全管理战略高度对城市风险防控进行统一谋划和系统化设计。新时代要有新思路，城市安全管理迫切需要由"强化安全生产管理和监督，有效遏制重特大安全事故，完善突发事件应急管理体制"向"健全公共安全体系，完善安全生产责任制，坚决遏制重特大安全事故，提升防灾减灾救灾能力"转变，城市风险管理已经成为城市快速转型阶段的新课题、新挑战。

理论指导实践，"城市安全风险管理丛书"（以下简称"丛书"）应运而生。"丛书"结合城市安全管理应急救援与城市风险管理的具体实践，重点围绕城市运行中的传统和非传统风险等热点、痛点，对城市风险管理理论与实践进行系统化阐述，涉及城市风险管理的各个领域，涵盖城市建设、城市水资源、城市生态环境、城市地下空间、城市社会风险、城市地下管线、城市气象灾害以及城市高铁运营与维护等各个方面。“丛书”提出了城市管理新思路、新举措，虽然还未能穷尽城市风险的所有方面，但比较重要的领域基本上都有所涵盖，相信能够解城市风险管理人士之所需，对城市风险管理实践工作也具有重要的指南指引与参考借鉴作用。

“丛书”编撰汇集了行业内一批长期从事风险管理、应急救援、安全管理等领域工作或研究的业界专家、高校学者，依托同济大学丰富的教学和科研资源，完成了若干以此为指南的课题研究和实践探索。“丛书”已获批“十三五”国家重点图书出版规划项目并入选上海市文教结合“高校服务国家重大战略出版工程”项目，是一部拥有完整理论体系的教科书和有技术性、操作性的工具书。“丛书”的出版填补了城市风险管理作为新兴学科、交叉学科在系统教材上的空白，对提高城市管理理论研究、丰富城市管理内容，对提升城市风险管理水平和推进国家治理体系建设均有着重要意义。

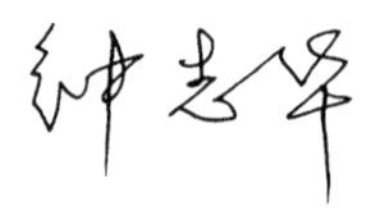

中国工程院院士

2018年9月

前言

党的十八大以来，习近平总书记对于居安思危、防控风险、维护社会稳定，作了一系列重要指示。党的十九大进一步将居安思危确立为党治国理政的重大原则，强调要"统筹发展和安全，增强忧患意识，做到居安思危"，要"增强驾驭风险本领，健全各方面风险防控机制，善于处理各种复杂矛盾"。2019 年 1 月 21 日，习近平总书记又提出，要"深刻认识和准确把握外部环境的深刻变化和我国改革发展稳定面临的新情况新问题新挑战，坚持底线思维，增强忧患意识，提高防控能力，着力防范化解重大风险"。防范化解重大风险是我们共同的政治责任，我们必须守土有责、守土尽责。

社会风险是我们当前面临的诸多风险之一，它与其他各种风险有密切的关联，同时又有自身的特点。社会风险在不同领域、不同区域的存在，既有共性，又存在差异。城市特别是超大型城市作为现代社会的形态，人口高度密集，经济高度发达，社会高度集约，利益格局复杂，各种因素聚合。在公共政策、公共工程、公共安全、城市运行、社会生活、经济活动、自然灾害应对等各个领域，都容易产生和积聚各类城市风险。这些城市风险既是本领域及相关领域的风险，也是引发、演化成社会风险的条件和原因。这些风险如果在本领域或相关领域内得不到有效化解和遏制，极容易演变为社会风险，引起社会结构和功能紊乱，导致社会矛盾和社会冲突，甚至演化为社会危机。由于城市独特的形态，城市社会风险一旦转变为现实，极易形成传播放大、连锁反应、矛盾聚合、社会动员等多种效应相互叠加，甚至转向变质。多年来应对城市社会风险的实践表明，群体性事件和网络舆情事件二者高度关联互动，是城市社会风险最突出的表征，我们必须对此进行深入的研究。城市社会风险的发生、发展、演变有自己的规律。研究和把握这一规律，对于预测、预知、预防城市社会风险，有效处置由风险演变成的危机事件至关重要。对于城市社会风险，我们只有坚持底线思维，增强忧患意识，深刻认识其背景、特征、规律，才能切实提高防控能力，有效防范化解。我们必须最大限度地避免城市风险演变成城市社会风险，城市社会风险演变成城市社会危机；最大限度地减少由此带来的社会损失和危害。

本书分为 3 篇，第 1 篇介绍城市社会风险基本概念和理论，第 2 篇介绍城市社会风险的生成、演进及类型等，第 3 篇探讨城市社会风险评估与应对。

第 1 篇，首先介绍风险、风险社会、社会风险、城市社会风险等基本概念，帮助读者了解本书的理论背景和现实针对性（第 1 章）；其次描述城市风险，这类风险是我们经常能直接感知的。

一般来说，它们只是安全风险，而不是社会风险，但是它们常常是社会风险的条件或起因，如果没有得到有效的防范和处置，就会引发社会风险（第 2 章）。最后，进一步阐述如何管理城市风险，消减城市社会风险的条件（第 3 章）。

第 2 篇，围绕本书的核心内容“城市社会风险”展开。首先阐述城市风险是怎么演变成城市社会风险的（第 4 章）；然后透过现象，探讨城市社会风险的特点（效应），帮助读者深层次把握城市社会风险的核心内容（第 5 章）；最后，进一步阐述城市社会风险的两大表征：群体性事件（第 6 章）和舆情事件（第 7 章）。

第 3 篇，注重于城市社会风险的应对。首先介绍如何发现城市社会风险，加强预警（第 8 章）；接着阐述社会风险评估，加强源头预防（第 9 章）；最后提出一旦城市社会风险演变成现实危机，如何进行有效处置才能最大限度地减少危害（第 10 章）。

尽管本书是基于上海这一超大型国际化大都市的背景和经验所做的研究，但是如何防控城市社会风险已经成为一个没有地域限制的问题。因此，希望本书对城市的管理者、研究者有所裨益。

本书以本人在华东政法大学的有关课程为基础，由以下本人的同事和华东政法大学的同志分别执笔共同完成：齐亚男编写第 1 章，吴静楠与王舸峥编写第 2 章，曹家伟与姜丽丽编写第 3 章，魏佳编写第 4 章，姜丽丽编写第 5 章，谢燕刚编写第 6 章和第 10 章，汪睿编写第 7 章，张叶芳与欧阳云婷编写第 8 章，黄鹏编写第 9 章。由华东政法大学虞浔与夏草统稿。

全书是本人及各位作者在工作、研究中的成果、心得与经验。不足之处，还请读者不吝赐教。

何品伟

2019 年 5 月 10 日

目录

总序

前言

第1篇　城市社会风险基本概念和理论

1　基本概念 …… 2
1.1　风险 …… 2
1.1.1　风险概念的由来 …… 2
1.1.2　风险基本构成要素 …… 5
1.2　风险社会 …… 6
1.2.1　乌尔里希·贝克的风险社会概念 …… 6
1.2.2　关于风险社会的其他学说 …… 8
1.2.3　风险社会概念的发展演变 …… 10
1.2.4　风险社会当下表现 …… 12
1.3　社会风险 …… 13
1.4　城市社会风险 …… 15

2　城市社会风险的条件 …… 16
2.1　城市风险生成路径和特点 …… 16
2.1.1　城市风险生成路径 …… 16
2.1.2　城市风险特点 …… 18
2.2　自然灾害与社会风险 …… 21
2.3　基础设施风险与社会风险 …… 22
2.3.1　公共基础设施风险 …… 22
2.3.2　交通安全风险 …… 22
2.3.3　安全生产风险 …… 23
2.3.4　城市基础设施风险与社会风险 …… 24
2.4　生产作业风险与社会风险 …… 25
2.4.1　造船行业生产作业风险及其对策 …… 25
2.4.2　建筑工程生产作业风险及其对策 …… 26

2.4.3 化工行业生产作业风险及其对策 …… 27
2.4.4 生产作业风险引发的社会风险 …… 28
2.5 人口结构风险与社会风险 …… 28
2.5.1 人口结构风险 …… 29
2.5.2 人口结构风险引发的社会风险 …… 30
2.5.3 应对人口结构风险的举措 …… 31
2.6 人工智能风险与社会风险 …… 32
2.6.1 人工智能风险的特征 …… 32
2.6.2 人工智能带来的社会秩序风险的内涵 …… 33
2.6.3 人工智能风险引发的社会风险 …… 35

3 对城市社会风险条件的管控 …… 37
3.1 城市社会风险的风险诸条件及其关联 …… 37
3.1.1 特大型城市系统与特大型城市风险 …… 37
3.1.2 特大型城市风险关联性特征分析 …… 41
3.1.3 “蝴蝶效应”理论与特大型城市风险 …… 42
3.1.4 特大型城市风险关联性之破解 …… 44
3.2 上海市城市风险防控总体情况 …… 45
3.2.1 轨道交通领域 …… 46
3.2.2 安全生产领域 …… 48
3.2.3 舆论管控领域 …… 49
3.2.4 应急管理工作领域 …… 50

第2篇 城市社会风险

4 城市社会风险的生成与演进 …… 54
4.1 城市社会风险的生成因素 …… 54
4.1.1 城市治理过程中的人为因素 …… 55
4.1.2 城市治理过程中的内在因素 …… 57
4.2 城市社会风险因素的发酵 …… 60
4.2.1 城市社会风险因素的孕育期 …… 60
4.2.2 城市社会风险因素的潜伏期 …… 61
4.2.3 城市社会风险因素的外显期 …… 62
4.2.4 城市社会风险因素的爆发期 …… 63

4.3　失控和危机爆发 …… 63
4.3.1　政策性风险因素引发的危机事件 …… 63
4.3.2　安全事故引发的危机事件 …… 64
4.3.3　城市治理失误引发的社会风险 …… 64
4.3.4　环境污染引发的社会风险 …… 65
4.3.5　城市化的过程中所遇到的切实问题和难关易引发失控与危机 …… 66

5　城市社会风险的特点 …… 68
5.1　城市特点决定社会风险特点 …… 68
5.2　迅速放大效应 …… 69
5.2.1　迅速放大效应的理解 …… 69
5.2.2　迅速放大效应的作用原理 …… 70
5.2.3　迅速放大效应产生的社会影响 …… 71
5.2.4　案例分析 …… 71
5.3　连锁反应效应 …… 72
5.3.1　连锁反应效应的理解 …… 72
5.3.2　连锁反应效应的显现模式 …… 73
5.3.3　连锁反应效应的影响 …… 74
5.3.4　案例分析 …… 75
5.4　矛盾聚合效应 …… 76
5.4.1　矛盾聚合效应的理解 …… 76
5.4.2　矛盾聚合效应的影响 …… 77
5.4.3　案例分析 …… 78
5.5　动员行动效应 …… 78
5.5.1　动员行动效应的理解 …… 78
5.5.2　动员行动效应的构成要素 …… 79
5.5.3　动员行动效应的过程阶段 …… 80
5.5.4　动员行动效应的阻断 …… 81
5.5.5　案例分析 …… 83
5.6　转向变质效应 …… 84
5.6.1　转向变质效应的理解 …… 84
5.6.2　转向变质的阈值 …… 85
5.6.3　案例分析 …… 86

6 城市社会风险的群体性事件 …… 87
6.1 群体性事件概述 …… 87
6.1.1 群体性事件是城市社会风险的主要表征 …… 87
6.1.2 当前城市群体性事件的表现形式及主要特点 …… 89
6.1.3 对当前我国城市群体性事件的基本认识 …… 92
6.2 群体性事件的相关理论 …… 94
6.2.1 国外群体性事件理论概述 …… 94
6.2.2 国内群体性事件理论研究 …… 99
6.2.3 群体性事件的界定、特征及危害 …… 101
6.3 群体性事件的诸要素及一般演进 …… 103
6.3.1 群体性事件的构成要件 …… 103
6.3.2 群体性事件的演进过程及阶段分析 …… 106
6.3.3 影响群体性事件演进的变量因素分析 …… 108

7 城市社会风险的网络舆情事件 …… 112
7.1 网络舆情事件 …… 112
7.1.1 舆情与网络舆情 …… 112
7.1.2 网络舆情要素 …… 114
7.1.3 网络舆情对城市社会风险的影响 …… 116
7.1.4 当前中国网络舆情的新特点与新趋势 …… 117
7.2 网络舆情事件在城市社会风险中的作用 …… 118
7.2.1 网络舆情事件的"软风险"作用 …… 118
7.2.2 网络舆情事件的"软实力"作用 …… 121
7.3 网络舆情事件的一般演进 …… 124
7.3.1 网络舆情事件演进阶段的划分方式 …… 124
7.3.2 网络舆情事件演进阶段的划分原则 …… 127
7.3.3 网络舆情事件演进模型 …… 127
7.4 线上-线下的互动 …… 131
7.4.1 城市社会风险视域下的网络舆情应对困境 …… 131
7.4.2 城市社会风险视域下的网络舆情应对策略 …… 133

第3篇 城市社会风险评估与应对

8 城市风险的预兆与预警 …… 140
8.1 预兆发现 …… 140

8.1.1　城市环境风险 …… 141
8.1.2　城市公共安全 …… 142
8.1.3　城市社会安全 …… 143
8.1.4　城市健康风险 …… 144
8.2　预警机制 …… 145
8.2.1　政府预警机制 …… 147
8.2.2　社会预警机制 …… 150
8.2.3　归纳 …… 152

9　城市社会风险的评估 …… 153
9.1　城市社会风险评估的必要性 …… 153
9.1.1　社会风险评估是维护执政基础的重要内容 …… 153
9.1.2　社会风险评估是推动经济发展的有效保障 …… 154
9.1.3　社会风险评估是完善社会治理的发展方向 …… 154
9.2　城市社会风险评估的可能性 …… 155
9.2.1　降低、消除不确定性符合决策者的价值取向 …… 155
9.2.2　社会风险可以经事前评估预测掌握 …… 156
9.2.3　风险防控在技术上具有可行性 …… 157
9.3　城市社会风险评估的制度安排 …… 158
9.3.1　风险评估的规范性文件层级 …… 158
9.3.2　风险评估的规范性文件作用领域 …… 158
9.3.3　当前风险评估制度建设的总体趋势 …… 159
9.4　城市社会风险评估操作的步骤与方法 …… 159
9.4.1　规范性文件的相关要求 …… 159
9.4.2　风险评估有关实践操作案例 …… 161
9.5　城市社会风险评估工作应注意的问题 …… 165
9.5.1　明确不同参与主体工作责任，建立完善的工作协作机制 …… 165
9.5.2　各评估程序环节把握应注意的难点问题 …… 166
9.5.3　不同事项风险评估的特殊性问题 …… 169

10　城市社会风险的应对处置 …… 171
10.1　预案管理 …… 171
10.1.1　当前城市群体性事件预案体系建设的薄弱环节 …… 171

10.1.2 预案管理的重点内容 …… 172
10.1.3 加强城市群体性事件预案管理的对策措施 …… 174
10.2 信息管理 …… 176
10.2.1 信息的概念及内容 …… 176
10.2.2 信息管理的主要环节及工作措施 …… 176
10.2.3 加强信息管理的对策措施 …… 177
10.2.4 强化现代科技应用,提高城市风险应对的信息化水平 …… 179
10.3 处置指挥 …… 180
10.3.1 城市社会风险应对处置的不足 …… 180
10.3.2 城市社会风险处置指挥的原则 …… 180
10.3.3 深刻把握城市群体性事件应对工作的规律特点 …… 181
10.3.4 群体性事件防范处置指挥的策略分析 …… 182
10.4 善后处理 …… 184
10.4.1 善后处理的主要原则 …… 184
10.4.2 善后处理的重点工作 …… 185

参考文献 …… 188

关键词索引 …… 197

第1篇

城市社会风险基本概念和理论

1 基本概念

2014 年 12 月 31 日 23 时 35 分，上海市黄浦区外滩陈毅广场东南角通往黄浦江观景平台的人行通道阶梯处发生拥挤踩踏，造成 36 人死亡，49 人受伤。事件发生后，各大新闻门户网站、上海市人民政府新闻办公室官方新浪微博与微信“上海发布”、《东方早报》旗下“澎湃新闻网”，均在第一时间发布事故情况，《东方早报》《解放日报》《文汇报》《新民晚报》等媒体也相继作出报道。该事件一定程度上造成了公众的恐慌，在网络上更是引发了诸多舆论。在上海这样一个特大型城市，这类事件就是一个导火索，容易引发难以控制的社会舆论，一时间群众对该事件相关领域的管理部门的质疑遍布网络，一些相关的、不相关的单位都被卷入其中，在线上舆情的刺激下，线下的群体性事件极有可能一触即发。

2017 年 11 月 18 日 18 时左右，北京大兴区红门镇新建村新康东路 8 号发生火灾，当晚 21 时许，火势被扑灭，共造成 19 人死亡、8 人受伤。该处区域的房子都是准备被拆迁的房子，租住价格极其便宜，大多由外来务工人员租住。事件发生之后全北京“部署 21 个部门开展为期 40 天的安全隐患大排查、大整治行动”，但是整治行动的过程和后果引发了网上热议，一时间各种言论更是甚嚣尘上。

特大型城市因其人口规模大、空间聚集度高，公共管理难度就大，具有中小城市和村镇没有的脆弱性。一场大雨、一次火灾、一个大型活动都可能引发巨大的灾难或事故。单就灾难本身的影响和危害而言可能是有限的，但是由灾难或者事故引发的社会舆情或群体性事件对于社会稳定的危害后果却是巨大的。因此，我们对当前特大型城市的风险要有更为深刻的认知。风险认知问题既涉及影响个体对风险预测和评估的因素，也涉及影响风险的组织、社会和文化因素。目前，无论是个人、组织还是社会，对于传统城市风险与社会风险的认知尚处于模糊的状态，这是许多城市事件引发社会风险的根源之一，是风险治理不可回避、亟待解决的问题。[1]

1.1 风险

1.1.1 风险概念的由来

1.1.1.1 风险概念的源起

“风险”一词的由来，最为通常的一种说法是，在远古时期，以打鱼捕捞为生的渔民们，每次出海前都要祈祷，祈求神灵保佑自己能够平安归来，其中主要的祈祷内容就是让神灵保佑自己在出海时能够风平浪静、满载而归；他们在长期的捕捞实践中，深刻地体会到“风”给他们带来的危险无法预测，他们认识到，在出海捕捞打鱼的生活中，“风”即意味着“险”，因此就有了“风险”一词。[2]

另一种说法是“风险”一词的“源出说”，风险(risk)一词是舶来品，有人认为来自阿拉伯语，有人认为来源于西班牙语或拉丁语，但比较权威的说法是来源于意大利语的“risque”一词。在早期的运用中，也被理解为客观的危险，体现为自然现象或者航海遇到礁石、风暴等事件。大约到了19世纪，在英文的使用中，“风险”一词常常用法语拼写，主要是用于与保险有关的事情上。[3]

1.1.1.2 现代意义上的风险

现代意义上的“风险”一词，已经大大超越了“遇到危险”的狭义含义，而是“遇到破坏或损失的机会或危险”。经过两百多年的演义，“风险”一词越来越被概念化，随着人类活动的复杂性和深刻性而逐步深化，并被赋予了哲学、经济学、社会学、统计学甚至文化艺术领域的更广泛、更深层次的含义，且与人类的决策和行为后果联系越来越紧密。威利特和哈迪把风险定义为不确定性事件，他从风险管理领域的保险关系出发，以概率观点将风险定义为客观的不确定性，并且是费用、损失以及与损失有关的不确定性。威廉姆斯和汉斯把风险定义为预期与实际的差距，他认为风险是在一定条件下、一定时期内可能产生结果的变动，这种变动是预期结果与实际结果的差异或者偏离。变动越大，风险就越大。

无论如何定义“风险”一词，其基本的核心含义都是“未来结果的不确定性或损失”，也有人进一步定义为“个人和群体在未来遇到伤害的可能性以及对这种可能性的判断与认知”。综合上述对风险的理解，我们认为风险通常是指在既定条件下的一定时间段内，某些随机因素可能引起的实际情况和预定目标产生的偏离。风险包含以下两方面的内容：一方面是风险意味着损失；另一方面是损失出现与否是一种随机现象，无法判断是否出现，只能用可能发生的概率表示可能性大小。[4]风险的表述如图1-1所示。

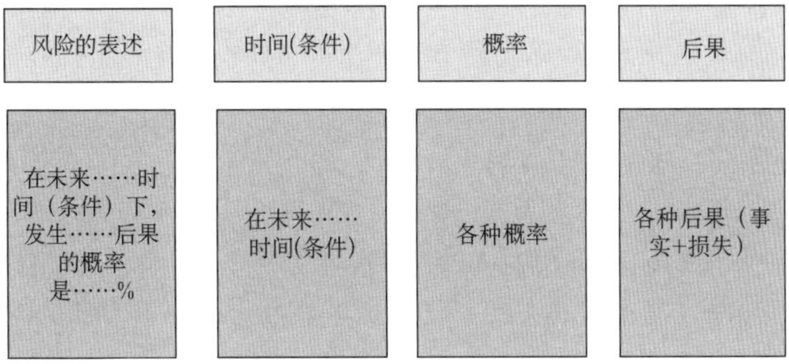

图1-1 风险的表述

1.1.1.3 现代风险的特征

虽然风险伴随人类社会的发展一直存在，但是相比于过去，现代社会中的风险依然发生了质的变化。

第一，现代风险具有更高的不确定性和不可感知性。现代风险比如放射性物质、水和空气中的污染物等对人和自然界的影响是潜在、不确定的，它们不再是人们通过感官可以直接感受到的直接风险，所以很难充分、科学地估计和把握它们的危害后果发生的时间和严重程度。现代风险往往会造成系统、不可见、不可逆的危害后果，人们以往应对危险的经验将不再灵验。所以在某种意义上，现代风险是不可预测、不可计算的，没有任何专家或专家系统可以将这种不确定性转化为确定性。

第二，现代风险具有整体性、全球性和平等性。传统风险影响的主要是某些特定的个人和群体，而现代风险则往往是对某些区域的整体性威胁，并且日益表现出一种全球化的趋势。例如环境污染、核辐射、金融危机等都是不分国界、种族和人群的，它们不仅表现在某个国家内部，而且会迅速扩展到全世界，成为全球性的问题。如果说在传统社会，财富或权力还可以帮助某些人规避饥荒之类的风险，那么当面对现代风险的灾难性后果时，没有人是可以独善其身的。现代风险这种“平等”分配的逻辑使得阶级社会中因财富而享有的不平等地位开始失效，等级制、贫富差距等社会制度和现象在现代风险面前都失去了效力。

第三，现代风险具有更强的主观性和构建性。现代风险既是现实的，也是非现实的；既是客观的，也是非客观的。最主要的是它是一种社会定义的“构想”，是一种想象的现实。人们对于风险的感知、情绪和行动在相当程度上受制于他们对风险后果的认知和想象，只要人们在主观上相信风险的存在，风险意识就是真实而有效的。因此，决定人们风险意识和恐惧情绪的核心并不是现在，而是未来。正如贝克所说，风险陈述既非纯粹的事实主张，亦非完全的价值主张。风险既是“实在的”，也是由社会感知和结构架构起来的；风险概念扭转了过去、现在和将来的关系，过去已经无力决定现在，其作为决定现在的经验和行动的原因的地位已经被未来所取代，被一些尚不存在的、建构的和虚构的东西所取代。[5]玛丽·道格拉斯和阿隆·维达夫斯基在《风险和文化》一书中也曾提出，风险都是建构的，风险在当代的凸显是一种文化现象，现代的实际风险并没有增加，仅仅是人们感受到的风险增加了，这是由一群处于边缘的有影响力的社会成员强烈声称真实的风险正在增加所造成的。[6]芭芭拉·亚当和约斯特·房龙特别突出阐述了现代风险的这一特点，他们提出，风险的本质并不在于它正在发生，而在于它可能发生。风险不仅在技术应用的过程中被生产出来，而且在赋予意义的过程中被生产出来，还会因对潜在危害、危险和威胁的技术敏感而被生产出来。[5]因此，在现代风险面前，恐惧很容易自我发酵和莫名加剧，甚至一些莫须有的小事件都有可能酿成大的社会灾难。

第四，现代风险具有自反性和内生性。现代风险与传统风险一个重要的区别在于风险的来源发生了变化，人类成为了风险的主要生产者，人类原本用来解决问题的科学技术手段反而成为了新的问题产生的根源。近代以来，工业化、现代化和科技的快速发展在给人类社会带来飞跃的同时，也给环境、人类自身带来了种种不可预计的风险。正如贝克所说，近代以来，当人类试图去控制自然和传统，并试图控制由此产生的种种难以预料的后果时，人类就面临着越来越多的风险。安东尼·吉登斯(Anthony Giddens)将现代社会称为“失控的世界”，指出“传统社会风险是一个局部性、个体性、自然性的外部风险，当代社会则是一种全球性、社会性、人为性、自然性结构风险。"[7]现代风险的这种自反性使得科学技术的发展陷入两难的境地：一方面，科学技术是定义和解决现代风险的手段，人们需要用科学技术来解决风险问题；另一方面，科学技术同时也是现代风险的重要来源之一。在工业社会中，人们普遍相信依靠科学和理性可以确定和消除人们面临的风险和灾难，但在现代，人们对科学已经逐渐失去了这种信任。

1.1.2 风险基本构成要素

1.1.2.1 风险因素

风险因素是指促使某一特定风险事故发生或增加其发生的可能性或扩大其损失程度的原因或条件。它是风险事故发生的潜在原因，是造成损失的内在原因或间接原因。例如，对于建筑物而言，风险因素是指其所使用的建筑材料的质量、建筑结构的稳定性等；对于人而言，风险因素则是指健康状况和年龄等。

根据性质不同，风险因素可分为有形风险因素与无形风险因素两种类型。

有形风险因素也称实质风险因素，是指某一标的本身所具有的足以引起风险事故发生或增加损失机会或加重损失程度的因素。如某一建筑物所处的地理位置、恶劣的气候、地壳的异常变化、所用建筑材料的性质等，一个人的身体状况、疾病传染等都属于实质风险因素。人类对于这类风险因素，有些可以在一定程度上加以控制，有些在一定时期内还是无能为力。在保险实务中，由实质风险因素引起的损失风险，大都属于保险责任范围。

无形风险因素是与人的心理或行为有关的风险因素，通常包括道德风险因素和心理风险因素。

道德风险因素是指与人的品德修养有关的无形因素，即由于人们不诚实、不正直或有不轨企图，故意促使风险事故发生，以致引起财产损失和人身伤亡因素。如投保人或被保险人的欺诈、纵火行为等都属于道德风险因素。在保险业务中，保险人对因投保人或被保险人的道德风险因素所引起的经济损失，不承担赔偿或给付责任。

心理风险因素是与人的心理状态有关的无形因素，即由于人们疏忽或过失以及主观上不注意、不关心、心存侥幸，以致增加风险事故发生的概率和加大损失的严重性的因素。例如，企业或个人投保财产保险后产生了放松对财务安全管理的思想，生产物品乱堆放、吸烟后随意抛弃烟蒂等心理或行为，都属于心理风险因素。

由于道德风险因素与心理风险因素均与人密切相关，因此，这两类风险因素合并称为人为风险因素。[3]从 2018 年 6 月 28 日上海世界外国语小学门前发生持刀随机砍人事件中可以很明显地看到其中的人为风险因素，2 名男童伤重而不治身亡。类似的街头持刀伤人事件之前也发生过多次，无论当事人是精神有问题，还是出于报复社会的目的，他们是社会中的风险因子，他们任何时候都可能引起冲突，对其他人造成伤害。

1.1.2.2 风险事故

风险事故(也称风险事件)是指造成人身伤害或财产损失的偶发事件,是造成损失的直接原因或外在原因,是损失的媒介物,即风险只有通过风险事故的发生才能导致损失。

就某一事件来说,如果它是造成损失的直接原因,那么它就是风险事故;而在其他条件下,如果它是造成损失的间接原因,它便成为风险因素。例如,下冰雹路滑发生车祸,造成人员伤亡,这种情况下冰雹是风险因素;冰雹直接击伤行人,这时冰雹仍是风险因素,击伤行人是风险事故。

1.1.2.3 损失

在风险管理中,损失是指非故意的、非预期的、非计划的经济价值的减少。通常我们将损失分为两种形态,即直接损失和间接损失。直接损失是指风险事故导致的财产本身损失和人身伤害,这类损失又称为实质损失;间接损失则是指由直接损失引起的其他损失,包括额外费用损失、收入损失和责任损失。在风险管理中,通常将损失分为四类:实质损失、额外费用损失、收入损失和责任损失。

1.1.2.4 要素间关系

风险是由风险因素、风险事故和损失三者构成的统一体,如图 1-2 所示。

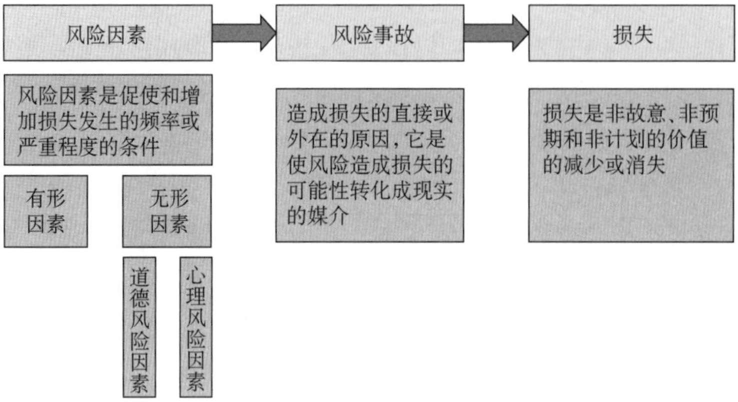

图 1-2 风险基本构成要素

1.2 风险社会

1.2.1 乌尔里希·贝克的风险社会概念

“风险社会”是德国著名社会学家乌尔里希·贝克(Ulrich Beck)在其 1986 年出版的德文版《风险社会》一书中首次系统提出来的理解现代社会的核心概念。贝克说,人类历史上各个时期的各种社会形态从一定意义上说都是一种风险社会,因为所有有主体意识的生命都能够意识到死亡的危险。风险是与人类共存的,但只是在近代之后随着人类成为风险的主要生产者,风险的结构和特征才发生了根本性的变化,产生了现代意义的"风险",并出现了现代意义上的"风险社会"雏形。这体现在两点:一是风险的"人化"。随着人类活动频率的增多、活动范围的扩大,其决策和行动对自然和人类社会本身的影响力也大大增强,从而风险结构从自然风险占主导逐渐演变成人为因素的不确定性占主导。二是风险的"制度化"和"制度化"的风险。人类具有冒险的天性,但也有寻求安全的本能,而近代以来一系列制度的创建为这两种矛盾的取向提供了可实现的环境以及规范性的框架。与市场有关的诸多制度(典型的是股票市场)为冒险行为提供了激励,而现代国家建立的各种制度则为人类的安全提供了保护。但是,无论是冒险取向的制度还是安全取向的制度,其自身带来了另外一种风险,即运转失灵的风险,从而使风险的"制度化"转变成"制度化"风险。贝克认为,近代以来的社会经济变化塑造出现代风险的基本特征:人类对社会生活和自然干预的范围和深度扩大了,决策和行为成为风险的主要来源,人为风险超过自然风险成为风险结构的主导内容;借助现代治理机制和各种治理手段,人类应对风险的能力提高了,但同时又面临着治理带来的新类型风险,即制度化风险(包括市场风险)和技术性风险。二者成为现代风险结构中的主要类型,具有潜在的全球性影响,在条件允许的情况下会产生全球性威胁。出现了可能性小但后果严重的风险,比如核泄漏,这类风险诱发了全球风险意识的形成,人类在应对风险上有了整体认同。[8]

在贝克的分析中,有一个概念特别值得重视,即"有组织的不负责任"(organized irresponsibility)。他在《解毒剂》(*Gegengifte*)一书中指出,公司、政策制定者和专家结成的联盟制造了当代社会中的危险,然后又建立一套话语来推卸责任。这样一来,他们把自己制造的危险转化为某种"风险"。"有组织的不负责任"实际上反映了现代治理形态在风险社会中面临的困境。具体来说,这种"有组织的不负责任"体现在两个方面:一是尽管现代社会的制度高度发达,关系紧密,几乎覆盖了人类活动的各个领域,但是它们在风险社会来临的时候却无法有效应对,难以承担起事前预防和事后解决的责任;二是就人类环境来说,无法准确界定几个世纪以来环境破坏的责任主体。各种治理主体反而利用法律和科学作为辩护的利器而进行"有组织地不承担真正责任"的活动。

贝克在后来的著作中,针对全球化的不断推进,提出了"全球风险社会"的概念,也开始强调制度性风险。2001 年 11 月,他在俄罗斯国家杜马上的演讲中说,全球风险社会的新含义依赖于这样一个事实,"那就是运用我们的文明决策,我们可以导致全球性后果,而这种全球性后果可以触发一系列问题和一连串的风险,这些问题和这些风险又与权威机构针对全球范围内的巨大灾难事例而构筑的那一成不变的语言及其作出的各种各样的承诺形成了强烈的反差"。有三个层面的危机是可以确认的,即生态危机、全球经济危机以及跨国恐怖主义网络所带来的危险。这些全球风险有两个特征:一是原则上世界上每一个人都可能受到它们的影响或冲击;二是要应对和解决它们,需要在全球范围内共同努力。更重要的是,这些全球性风险是在政治层面爆发的,它们不一定取决于事故和灾难发生的地点,而是取决于政治决策、政府机构以及大众传媒等。

乌尔里希·贝克将后现代社会诠释为风险社会，其主要特征是人类面临着威胁其生存的由社会所制造的风险。我们所身处的社会充斥着组织化不负责任的态度，尤其是风险的制造者以风险牺牲品为代价来保护自己的利益。贝克力倡反思性现代化，其特点是既洞察到现代性中理性的困境，又试图以理性的精神来治疗这种困境。

在风险社会，要"再造政治"以应对风险。在他看来，再造政治包括五方面的内容：第一，人们必须告别这样的错误观念，即行政机构和专家能够准确地了解对每个人来说什么是正确的和有益的，要破除专门知识的垄断。第二，团体参与的范围不能由专家来定，必须根据社会的相关标准开放，实现管辖权的开放。第三，所有参与者必须意识到，决策不是已经制定好的，而是从外部作出的，要实现决策结构的开放。第四，专家和决策者之间的闭门协商必须传达到或转化为多种能动者之间的公开对话。第五，整个过程的规范必须达成一致，实现自我立法和自我约束。

传统社会风险与风险社会风险的构成如图 1-3 所示。

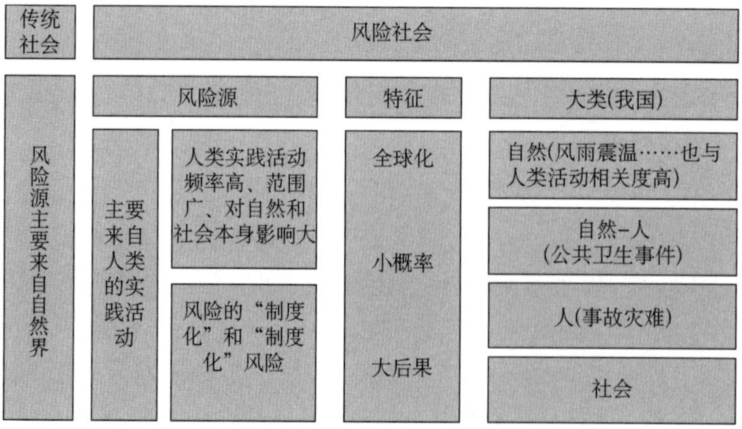

图 1-3　传统社会风险与风险社会风险的构成

1.2.2　关于风险社会的其他学说

第一种是现实主义者，以劳(Lau)的"新风险"理论为代表，认为风险社会的出现是由于出现了新的、影响更大的风险，如极权主义增长、种族歧视、贫富分化、民族性缺失等，以及某些局部的或突发的事件能导致或引发潜在的社会灾难，比如核危机、金融危机等。

第二种理解是文化意义上的，认为风险社会的出现体现了人类对风险认识的加深。比如凡·普里特威茨(Von Prittwitz)的"灾难悖论"理论以及拉什等人提出的"风险文化"理论。普里特威茨认为，我们已经对技术发展的副作用即由其引起的灾难有了新的认识。换句话说，我们在风险社会中认识到原本用来解决问题的手段反而引起了新的问题。拉什是从批判贝克等人的"风险社会"理论出发提出自己的看法的。他认为风险社会概念无法准确地描绘出我们当前面临的情形，因为风险并不是有序排列，而是带有明确的结构性和指向性的。更重要的是，风险作为一种心理认知的结果，在不同文化背景中有不同的解释话语。不同群体对于风险的应对都有自己的理想愿景,因此风险在当代的突显更是一种文化现象,而不是一种社会秩序。他认为,贝克和安东尼·吉登斯仍然属于制度主义者,他们将风险界定在一个由制度性的结构所支撑着的风险社会中。这个风险社会是规范有序的,而且还呈现出一种垂直结构,有一定的等级秩序,以自私自利的个人主义为基础。与风险社会相反,风险文化是混乱无序的,呈现出一种横向分布的无结构状态,并且是以关注社会公共事务为基础的。风险社会这一概念先假定在一个社会中有一个公众关注的热点和难点,并且通常把它称为社会的焦点,先假定有一个确定的、制度性的、规范的治理范围,并且每一位单个的社会成员为了他们的实际利益需要有一个等级秩序。相反,风险文化并没有假定一个确定的秩序,而是假定有一个需要通过自然调节的非确定性的无序状态。风险文化依存于非制度性的和反制度性的社会状态之中,其传播不是依靠程序性的规则和规范,而是依靠其实质意义上的价值。在风险文化时代对社会成员的治理方式不是依靠法规条例,而是依靠一些带有象征意义的理念和信念,因为风险文化中的社会成员宁可要平等意义上的混乱和无序状态,也不要等级森严的定式和秩序。风险文化中不确定的准社会成员可能是一盘散沙式的集合体,并且他们是不太关心自身的实际利益的,他们只是对美好的生活抱有幻想和期望。

第三种理解是制度主义的,以贝克、吉登斯等人为代表,他们是"风险社会"理论的首倡者和构建者。比较而言,他们对于风险的分析更为全面深刻,尽管依然带有拉什所批评的用一种制度结构替代另一种制度结构来应对当代失去结构意义的风险的缺陷。贝克声称自己既不是"现实主义者"也不是"建构主义者",而是"制度主义者"。制度最重要的东西是责任。对他来说,责任包含在简单现代性的"保险原则"中。在反思的现代性中,随着对危险应负的责任陷入空间、时间和社会的不可预测性,保险原则不再能够成立。1986 年贝克出版的《风险社会》反应平淡。直到被马克·里特(Mark Ritter)译成英文后,"风险社会"作为一个概念和理论才被更多的西方学者以及公众所接受。而吉登斯涵盖丰富、内容全面的著作无疑在推广这个理论的过程起到了推波助澜的作用。他们两人关于风险社会的论述具有高度的互补性。贝克更强调技术性风险(尤其在其早期著作中),而吉登斯侧重于制度性风险;贝克的理论带有明显的生态主义色彩,而吉登斯的话语则侧重于社会政治理论叙述。他们虽然都认为传统社会与现代社会在风险结构和认知上存在着根本的区别,但并没有简单地停留在这种"二分法"上,而是对现代性进行了更详细的区分。在他们看来,早期现代性(或简单现代性)解决的是传统社会的风险,但也产生了新的风险,并且这些风险的累积构成了晚期现代性(或高级的现代性、反思的现代性、激进的现代性等)的特征。由于风险是一个时代和社会的特征,所以才可以说出现了"风险社会"。与贝克相比,吉登斯的理论有两个鲜明特点:一个是他对制度性风险的强调,另一个是他分析了风险社会对个人日常生活的影响。在吉登斯看来,生活在高度现代性世界里,便是生活在一种机遇与风险的世界中。这个世界的风险与现代制度发展的早期阶段不同,是人为不确定性带来的问题。这种不同主要体现在三个方面:一是这种人为不确定性是启蒙运动引发的发展所导致的,是"现代制度长期成熟的结果",是人类对社会条件和自然干预的结果。他说,虽然在某些领域和生活方式中，现代性降低了总的风险性，但是同时也导入了一些以前所知甚少或全然无知的新的风险参量。这些参量包括后果严重的风险，它们来源于现代性社会体系的全球化特征。在他看来，现代性的四个制度支柱在全球化的过程中都可能带来后果严重的风险。比如，世界民族国家体系会带来极权主义；世界资本主义经济体系会产生经济崩溃；国际劳动分工体系带来了生态恶化；世界军事秩序会诱发核大战的爆发。二是这些问题发生及其影响更加无法预测，“无法用旧的方法来解决这些问题，同时它们也不符合启蒙运动开列的知识越多控制越强的药方”。三是其中的“后果严重的风险”是全球性的，可以影响到全球几乎每一个人，甚至人类整体的存在。当然，对于吉登斯来说，这些新风险的出现并不意味着现在的社会生活比以前的更为危险了，而是人们的自我保护意识增强了。

1.2.3 风险社会概念的发展演变

贝克的风险社会理论敏锐地抓住了现代社会中的风险议题，创造性地提出了一系列有关风险的社会理论。他的研究开启了人们对风险社会研究的先河，也引发了激烈的争议和讨论。在贝克之后，英国社会学家吉登斯与德国社会学家卢曼也对风险社会进行了深入研究。吉登斯进一步指出了风险社会是现代性的必然结果，在《现代性的后果》(1990)、《现代性与自我认同》(1991)和《时空的世界》(1999)等著作中，吉登斯通过对现代性后果的讨论来展开风险社会理论的阐述，特别强调了当代社会风险的结构性特征。在吉登斯看来，所谓风险社会是指由于新技术和全球化所产生的，与早期工业社会不同的社会特性，它是现代性的一种后果。“我们所处的年代并不比以前更危险、更具有危机，但是危险的状况发生了变化。我们生活在这样一个社会里，危险更多是来自我们自己，而不是外界。”[7]卢曼则从技术层面研究现代社会的风险问题，提出了关于风险的复杂自系统理论，他认为我们生活在一个没有选择的社会，现代社会的分工形式和不同功能系统中的决策是风险问题产生的根源，我们不得不面对风险，它们不可能从根本上得到解决；越来越突出的科技风险是现代社会最近发生重大变革的标志，太多的不确定性和决策意识形成了我们的未来，产生了明天的结果。因此当代社会预示着充满风险的未来。[9]

一些学者对贝克的风险社会理论提出了批评和补充。阿兰·斯科特提出，贝克的大量分析和观察都在重复“阶级社会、风险社会”“稀缺性、不安全性”这种二元对立的讨论策略，实际上不安全就是稀缺性的另一面。斯科特·拉什试图用文化的视角来理解和解释“风险社会”，提出用“风险文化”的观点去取代或者至少去补充“风险社会”的概念。他认为，贝克和吉登斯关于风险社会的理念是制度主义的，他们把风险置于一个由制度构建起来的风险社会之中，这个“风险社会”是规范有序、垂直构架并且是基于个人的，缺乏对文化的关注。“风险社会”的概念和反思现代化假设了一个从传统转向简单现代性，最终转向反思现代性的三阶段变动序列。它假定了一个决定性的秩序，他建议用“风险文化”取代“制度化社会”的实体，“风险文化”在过去决定性的地方引入了非决定性，它是价值无序、水平构架并且是基于社群的。

风险作为一种心理感知的结果，在当代的凸显是一种文化现象而不是一种社会秩序，风险问题的关键是不同文化中的风险责任归咎和信任问题。[5]希拉里・罗斯则通过对现代遗传学领域风险的讨论提出：我们生活在风险之中，而非生活在风险社会之中；贝克的风险社会概念是一种对旧工业社会的替代，它仅适用于一个强有力的经济实体和集体安全系统；即使在整个欧洲，都还面临着经济困难和严重的失业问题，将社会冠名为风险社会，将会抹杀那些现代性尚未完成的任务。[5]

针对这些评论，贝克陆续发表了《风险时代的生态政治》(1995)、《世界风险社会》(1999)、《风险社会的理论修正》(2000)、《自由与资本主义》(2001)、《"9・11"事件后的全球风险社会》(2001)等一系列文章和著作，对风险社会理论作进一步的阐述和修正。特别是在《世界风险社会》一书中，贝克提出了"全球风险社会"的概念，认为随着风险的不断扩散和全球化的不断推进，风险社会从根本上说是"世界风险社会或全球风险社会"。[10]他也从最初强调技术对环境和生态的威胁，开始强调制度性风险，并提出减少合法化风险正成为核心政治问题，风险已经成为政治动员的主要力量。

在回应性文章《再谈风险社会》中，贝克总结了风险的概念并回应了有关批判。他再次强调了风险的建构性、内在性、不确定性与多重性，指出风险的概念包含了八个主要方面：①风险既不同于毁灭也不同于非信任或者安全，而是一种真实的虚拟；②风险是一种具有威胁性的未来，与事实相反，成为影响当前行动的参数；③风险既是事实陈述，也是价值陈述，它在数字化道德中得以结合；④风险意味着控制与失控，正如在人为制造的不确定性中所表现的那样；⑤在认识冲突中所意识到的知识和无意识；⑥全球和本土被同时重组为风险的"全球性"；⑦知识、潜在影响和症候后果之间的区别；⑧一个人造的、失去了自然与文化二元论的混合世界。贝克进一步阐明，风险社会可以区分为两个阶段。在第一个阶段，一些后果已经被生产出来，但还没有成为公众话题，只是审查和讨论的主题，也没有成为政治冲突的中心。而当工业社会的危险开始统治着公众和私人的讨论时，工业社会的制度所生产出来并使之合法化的危险已经超出了其控制能力范围，从第一阶段向第二阶段转型就开始了。在这一转型过程中，财产和权利关系仍保持不变，工业社会将自己看成是一个风险社会，并对之展开批评。一方面，社会仍然根据旧工业社会的模式来决策和行动；另一方面，根源于风险社会的动力之中的辩论和冲突已经摆在了利益集团、法律和政治体系面前。在一个全球风险社会的时代，想要回归到工业现代性的理论和政治哲学的努力是注定要失败的。风险社会理论中"环境"等问题不再被视为外在的问题，相反，它们从理论上被放到了制度的中心。贝克还对"有组织的不负责任"、风险"定义系统"、"危险的社会爆发"等描述风险社会危险的一些核心概念作了更进一步的阐述。他建议在未来进一步探索在一种跨国、跨文化比较和全球化的水平上来讨论问题的方式，这要求人们在不同的文化框架下重新建构风险和风险管理的社会定义，要求找出风险冲突的那些力量，要求人们在不同的文化、政治背景中将其与有组织的不负责任和定义关系的问题结合起来。[5]

1.2.4 风险社会当下表现

就当代世界来说，风险环境发生了两个方面的变化：一是风险的客观分配格局的变化；二是对风险理解的变化。具体来说，前者包括：高强度意义上的风险的全球化，例如核战争的威胁；具有全球影响的突发性风险；人化环境或社会化自然带来的风险，例如知识对物质环境的影响；影响无数人生活机会的制度化风险环境的发展，例如投资市场。2018 年 6 月 19 日，累计交易额超过 750 亿元的互联网金融点对点借助平台（peer to peer，P2P）“唐小僧”平台因涉嫌“非法吸收公众存款罪”被上海市公安局浦东分局经侦支队立案调查。2018 年 6 月 1 日至 7 月 12 日，已经有超过 100 家 P2P 平台“爆雷”，成千上万的投资人卷入其中，很多人或将面临“血本无归”的结局。诚然，这里面存在着行业的优胜劣汰，择优而成，但是这里面也存在着很多骗局。这造成了市场紧张情绪，引起了行业恐慌。后者包括：风险意识本身成为一种风险；风险意识的分布趋于均匀，许多风险被公众所了解；同时公众也意识到专业知识具有局限性。

变化了的风险环境带来了风险的个人化。一方面，每个人的任何一种选择都会产生风险，并且选择的数量不断增加，包括对自己的身体和后代（比如美容、试管婴儿等技术的利用）都可以选择；另一方面，每个人所遇到的风险又因自己的选择差别而不同。因此，对于个人来说，风险既是普遍的，也是独特的。风险的个人化是对风险制度化的一种弥补，因为个人风险意识提高了，在风险面前会更加主动地采取自我保护的措施，并且积极参与改革现有的制度。风险意识是吉登斯等人所说的反思现代性的核心。随着个人、制度以及社会的反思性提高，简单现代性也在向反思现代性转变。这种转变反映在政治上就是从解放政治向生活政治的转变。解放政治的目的是把个人和群体从其生活机遇的束缚中解放出来，包括了两个主要因素，一是打破过去的枷锁，二是力图克服某些个人或群体对其他个人或群体的非法统治。解放政治是以阶级为基础的，关心的是减少或消灭剥削、不平等和压迫，只关注正式的政治制度和体制，没有把与生活有关的各种决策包括进去；另外，它只关注自主，忽视了相互依存和团结。生活政治是以个人为基础的，关注的是个人的选择和决策。如果解放政治是一种生活机遇的政治，那么生活政治便是“生活方式的政治”，是认同的政治、选择的政治、自我实现的政治。它不仅包括个人生活，还包括社会生活的各个方面。它要解决的是“集体人面临的挑战”。尽管风险的个人化也意味着风险意识的提高，但是个人在风险认知上遇到了双重困境。第一个困境是：尽管个人的风险意识提高了，对许多风险的了解加深了，但是在某些后果严重的风险面前常常反应过度，做出非理性的反应，尽管这些风险只是可能要发生的。典型的例子是人们的核恐惧以及对交通事故的习以为常，尽管后者发生的概率远远高于前者。吉登斯对此的解释是，“高后果的风险具有一种独特属性。它们所包含的灾难危险越多，我们对于所冒风险的任何真实经验就越少，因为如果事情‘出错’的话，那就已经是太晚了。”第二个困境是：个人在风险判断上越来越信任专家系统，但是专家系统本身也在风险的认知和解决上存在着内部争议，权威性受到了质疑，因此个人应对风险的方式更加个人化。典型的例子是健康危险。比如，吸烟曾被某些医学专业部门提倡，认为可以令人放松。由于专家系统判断的不统一，有些人对临床医生的治疗方式持有将信将疑的态度，只有在绝望的时候才去就医，并且顽固地坚持自己的行为习惯。由于分析了风险对个人生活的影响，所以除了与贝克的理论同样具有宏观制度分析的特点外，吉登斯的理论比贝克的理论更加微观细致，能直接推导出更多的具有操作性的政策措施，因此也受到了政府的重视。英国工党在20世纪90年代重新执政后，就把吉登斯的理论作为其制定政策的主要理论基础。吉登斯被称为英国前首相布莱尔的思想导师，其理论构成“第三条道路”思潮的主要内容。

综上所述，风险社会作为一个概念并不是历史分期意义上的，也不是某个具体社会和国家发展的历史阶段，而是对目前人类所处时代特征的形象描绘。因此，可以说人类处于风险社会时代，但不能讲某个国家是风险社会，尽管那个国家的国内情况比其他国家更不安全。但是，风险社会不仅仅是一个认知概念，还是一种正在出现的秩序和公共空间。在后一种意义上，它更具有现实性和实践性。如吉登斯、贝克等人所说，风险社会的秩序并不是等级式的、垂直的，而是网络型的、平面扩展的，因为风险社会中的风险是“平等主义者”，没有人能幸免。风险社会的结构不是由阶级、阶层等要素组成的，而是由个人作为主体组成的，有明确地理边界的民族国家不再是这种秩序的唯一治理主体，风险的跨边界特征要求更多的治理主体出现并达成合作关系。

风险社会为理解现代社会提供了重要视角，为我们反思当代世界与社会发展提供了重要的理论工具，无疑也是理解与反思中国社会高速转型的宝贵思想。纵观中国社会，近些年来，随着社会现代化程度的不断提高、市场化进程的不断推进，社会分化日益严重，社会问题层出不穷，社会矛盾日益激化，整个社会已经不再是传统的常态社会，社会风险与日俱增，传统的治理手段无法整合当代社会，社会和谐面临严峻挑战。

1.3 社会风险

社会风险是一种导致社会冲突，危及社会稳定和社会秩序的可能性，更直接地说，社会风险意味着爆发社会危机的可能性。一旦这种可能性变成了现实性，就会导致社会性群体事件的出现，同时还会引发社会舆论，最终转变成社会危机，对社会稳定和社会秩序都会造成灾难性的影响。当前中国社会风险的累积对社会稳定和社会秩序构成了潜在的、相当大的威胁，从而也对构建社会主义和谐社会形成了严峻的挑战。

从社会风险的定义中不难看出，社会风险具有很强的属人性，从产生到最终影响的对象都与人相关联。生态风险、科技风险、精神危机等风险因素与人的实践活动密切相关。随着人类的进步，不断地与自然之间交融，传统意义上的风险之间的自然与人类的边界逐渐模糊，纯粹意义上的自然风险几乎不复存在，或许社会风险的导火索来源于自然，但最终爆发的群体性社会事件或社会舆论，凸显其属人的特性。“人造风险”已经成为现在社会最主要的风险形式，如吉登斯所言：“我们所面对的最令人不安的威胁是暗中的‘人造风险’，它来源于科学技术的不受限制的推进。”[11]随着人类理性能力的逐渐提升和时间领域的不断扩展，人类在创造文明的同时也在创造风险。贝克曾指出，各种风险其实是与人的各项决定紧密相连的，也就是说，是与文明程度进程和不断发展的现代化紧密相连的。这意味着，自然和传统无疑不再具备控制人的力量，而是处于人的行动和人的决定的支配之下。[12]

广义的社会风险是指社会发展过程中的各种不确定因素可能引发社会动荡或冲突的一种关系状态。狭义的社会风险是指与政治风险、经济风险、文化风险、金融风险等相并列的一种风险，主要是指由个人或团体反叛社会行为所引起的社会失序和社会混乱的可能性。社会变迁特别是高速度的社会转型，对人们生产方式、生活方式和交往方式产生极大的影响，并致使一部分人的利益需求被忽视或者无法得到满足而受损，从而产生社会挫败感。美国政治学家萨缪尔·亨廷顿在《变革社会中的政治秩序》一书中提出，社会动员和经济发展都是现代化过程中的必然结果，但两者具有不同的社会功能。社会动员往往会提高人们期望的能力。但是一般来说，社会动员往往比经济发展的速度更快。这样，“需求的形成”与“需求的满足”之间就会形成一定差距，这种差距便会使人们产生“社会挫败感”。其次，如果社会中存在着纵向和横向流动的机会或可能，这种“社会挫折感”也许会得到缓解。否则，它就会促使人们通过政治参与向政治体系施加压力。最后，如果在这种政治参与迅速扩大的同时，社会政治制度化水平仍未相应提高，就会造成政治动乱。[13]即社会成员因利益受损而产生社会挫折感是使其产生反叛社会的行为、从而导致社会风险的根源。另外，“相对剥夺”理论也告诉人们，挫折感产生于相互比较之中，当人们在某一参照系下经过比较，感到利益受损了，就会产生挫折感，从而做出危害社会的行为。而这种“社会挫折感”和“相对剥夺感”产生的根源，在于城市化对城市“单位社会”的消解和农村“村落社会”的终结。其结果就是以“欲望支配世界”逻辑下的分化和裂变的社会阶层、大量非正规就业人员充斥的“原子化社会”、分化的社会认同和信任弱化。德国社会学家乌尔里希·贝克通过对全球化背景下的现代化研究后认为，中国也即将进入“高风险社会”。[14]

人类一开始就面临着饥荒威胁、猛兽攻击、自然灾害、疾病流行等自然风险。强大的自然力量使人类感觉到自身力量的弱小，从而产生了风险来自于自然的观念，在生活中充满了对自然的畏惧与崇拜，并且以图腾崇拜的方式进行自然风险规避。进入农业文明时代以后，由于人类开始定居生活，因此以铁器使用为标志的农业社会能够使人类在一定程度上改造自然。人类在顺应自然规律的前提下对周围环境进行合理的改造，在一定程度上提高了化解生存风险的能力。与此同时，农业社会也产生了源于阶级结构的统治与被统治、下层与上层的社会冲突风险。但与自然风险相比，人类的暴力冲突被局限在一定的地域范围内，对人类发展影响也比自然风险的影响来得更小。总之，前工业社会风险属于以自然占主导地位的外部风险。当社会发展处于自然风险严重威胁中时，社会救济就由具有地缘与血缘关系的邻里、家庭等社会单位以互济方式进行。当危机已威胁到政治稳定时，统治集团也会以国家形式从国库提供免费物资，进行一定程度上的国家救济。

工业社会里，机器大工业生产大大提高了人改造自然的能力，同时组织化的大工业生产也增加了生产过程中的风险，现代化进程中的市场化与个体化过程使人类从集体劳动方式变为自由原子式个体劳动，劳动力成为商品，劳动者可以自由出入市场。在现代化进程中，家庭因生产经济功能丧失，其社会保障功能也在逐渐衰退。面对千变万化的市场风险，个体随时面临饥饿与解聘的风险因素，而事业、贫困、疾病等带来的不安全感又加剧了个体的精神焦虑。

甚至在后工业社会里，像疾病、贫困等社会风险照样存在，但因为社会结构转变，这些风险也呈现出多样化的趋势，被称为“新”社会风险。“新”社会风险是与传统福利保障风险相对而言的，指的是20世纪70年代以来主要工业国家进入后工业社会后，由于社会结构变迁而出现的新的社会需求，比如青年和低技能工人的就业、妇女纳入劳动力市场后的家庭照料、人口老龄化导致的老年人护理等，他们超出了传统的福利国家纳入的范围，被看作是新的社会风险。与传统社会风险相比，新社会风险在目标群体、风险性质和保护程度上都呈现新的特征。[15]新的社会风险最终的一般表现形式是社会群体事件或社会舆论。

1.4 城市社会风险

根据风险以及社会风险的内涵，所谓城市社会风险指的就是反映城市群体利益、地位结构、相互关系的城市社会整体，存在不稳定、不确定的状态，并且有可能造成社会失序和社会危害的结果。所有的城市社会都具有不同程度、不同种类的社会风险。当城市规模仍在继续扩大，城市结构还在粗略搭建，特别是城市人口、资源等聚集，还没有到达密布极限的临界点，从而产生聚变反应的时候，也就是人类城市社会离开出发的原点尚不遥远的时候，城市风险不足以成为现实问题。但是，一旦城市的结构体系扩大到一定的复杂程度，城市规模急剧扩张、足够庞大的时候，就会在城市问题之外产生可怕的现代城市风险。一般来说，城市风险通常会由具体的城市问题引爆，从而由潜伏状态的可能性演变成为真实状态的必然性，致使城市风险衍变为城市灾难。

2 城市社会风险的条件

城市风险是城市社会风险的条件，是引发城市社会风险的重要原因之一。本章主要涉及传统城市风险与社会风险的内在联系，将选择列举自然灾害、基础设施风险、生产作业风险、人口结构风险、人工智能风险，分别阐述它们与社会风险之间的关系。其中，自然灾害风险、基础设施风险、生产作业风险此类城市常见安全风险与社会风险属于因果、次生关系，将会引发社会风险；人口结构风险与社会风险为分属关系；人工智能风险属于非传统风险，为新型风险，与社会风险属于互动关系。

2.1 城市风险生成路径和特点

2.1.1 城市风险生成路径

风险是一种普遍的历史事实与社会现象，与人类实践活动相伴始终。风险社会则是风险的当代形态，在转型的现代社会的语境中，风险社会逐步由一种可能状态转变为具象状态，这种转变是具有明显的时代特征。在分析社会现有发展方向、现存风险分布以及发展规律，对于合理地认知风险与治理风险具有普遍性意义。在一个全球各国相互联系越来越密切的时代，防范风险特别是防范巨灾风险已成为当今社会管理的一项重大任务。

全球化时代并不是自发形成的。它得益于人类随着分工深入而渴望合作的愿望，更得益于市场与国家的发展。[16]全球化承载着历史的使命，是一种大势所趋。现代性的全球化创造了一种公民社会共同的认同感，这种认同感也就相应地促进了多元文化的发展，同时也是一种新的经济、思想甚至是政治联系，这种联系超出了地域的限制，是一种广泛又密切的联系。这种联系带来的不仅仅是信息资源和相互的联系，同时还有风险的全球化。风险本身扩散性的空间维度属性就决定了它不可能只局限于一个地区内，而是随着人员、资源的流动四处扩张。

同时，风险的产生也基于对经济增长的盲目追求。资本主义全球扩张并取得成功的历史让人们陷入一种误区，即把一个国家的综合实力与其经济发展水平画上等号，认为经济发展水平越高，国内生产总值(GDP)指数越高，就代表着这个国家的实力越强；经济在发展，社会就在全面进步。只有财富增长才是“硬道理”的观念深入人心，过分追求经济后果，由此出现大肆掠夺自然资源、不惜造成生态破坏和环境污染、置百姓的身体健康和生命安危于不顾、片面地追求高增长和高效益等情形。对于一个国家来说，过分地追求经济后果，仅仅看重 GDP 和利润的累积，对生态保护监督不力是一方面，政治和公民社会没有得到相应的关注和治理，政府运行、公民社会运行都没有足够的人力和物力来保证基本问题的实施又是另一方面。[17]

另外，过分强调人类自身的主观能动性，忽视客观的自然、经济规则，认为“个人”“科学”已经取代了“命定”“上帝”，将人类的能力完全凌驾于自然规律的历史发展规律之上，也是导致社会风险频发的一个重要原因。长久以来，自然和人类之间保持的互惠互利关系如今已被打破，原本相互制衡、彼此制约的状态如今成为人类妄图控制自然、改造自然的野心。这种唯利是图的攫取一旦打破自然生态系统的平衡，大自然的忍耐力一旦到达极限，必定会给人类社会带来极大的重创。

台风频发、山体滑坡、气候异常，近年来自然风险高频出现，如 2012 年 7 月 21 日至 22 日 8 时左右，中国大部分地区遭遇暴雨，其中北京及其周边地区遭遇 61 年来最强暴雨及洪涝灾害。这次事故中有 79 人因暴雨而死亡，全市道路、桥梁、水利工程多处受损，全市民房多处倒塌，几百辆汽车损失严重。根据北京市政府举行的灾情通报会的数据显示，此次暴雨造成房屋倒塌 10 660 间，160.2 万人受灾，经济损失达 116.4 亿元。

又如 2015 年 12 月 20 日 11 时 40 分，广东省深圳市光明新区凤凰社区恒泰裕工业园发生山体滑坡。此次滑坡灾害覆盖面积约 38 万 m^2，造成 33 栋建筑物被掩埋或不同程度受损。除此之外，山体滑坡还造成管道受损泄漏，并发生爆炸。事故造成 73 人死亡、4 人失踪，直接经济损失达 8.8 亿余元。

在自然灾害的“惩罚”以及治理和预防灾害过程中金钱损耗甚至是生命的不断牺牲之中，人类不得不重新审视和自然的关系，只有在意识到人类与自然的关系不是一味地索取和控制，要使之和谐才能实现双赢，即人类的社会系统与自然生态系统要保持一定的平衡时，才能有效地减少自然风险的发生，从而才能够降低预防和治理自然风险的损耗。

随着科学技术的进步和全球一体化的发展，互联网以其无形却无处不在的独特传播方式受到越来越多年轻人的青睐，也扩展到了世界各地。网络全球化的普及带来了新一轮的信息爆炸，不仅促进了生产力的发展，而且随着数字信息化的进步，市场经济全球化的步伐也得到了加快，经济全球化从梦想变为现实。互联网全球化的强化过程导致了原有经济模式的根本性变革，大幅缩短了原有的劳动时间，提高了劳动生产效率，促进了生产力的发展。但是，任何事物都有两面性，互联网也是如此，它一方面促进了生产力的发展，另一方面毋庸置疑也给现有的生产模式带来了巨大的风险。

自从 1978 年开始实施改革开放政策，至今 40 多年的实践使中国自身的国力有了明显的提高，其在世界上所处的地位以及与世界各国的关系和联系也发生了明显的变化，中国毋庸置疑已成为影响世界经济和可持续发展的一个不容忽视的存在。急速增长的国力和经济实力使我国正处于一个转型期，社会现状与经济发展出现不协调，社会发展远远落后于经济发展，逐渐带来了社会分化和断层。这是目前我国社会风险形成的主要原因。具体成因有以下几方面：第一，社会转型和经济转轨时期，缺乏与市场化的经济活动相适应的制度规范和社会文化环境，即旧的社会规范已不适于市场经济的发展，而新的社会规范迟迟不能建立，主要表现为社会活动往往导致社会活动中一系列的“潜规则”现象，即社会活动中的贿赂行为和腐败行为等。第二，在经济转轨时期，政府部门对社会发展和经济发展两方面的投入力度不平衡，在社会发展上的投入远低于在经济发展上的投入，导致社会事业发展缓慢且远远无法满足经济发展的需要。社会分化目前在我国社会中的表现比较突出，例如贫富差距、东西部发展失衡等问题。[18]第三，社会转型和经济转轨必然引起价值观的转变，社会转型的过程也是一个新的价值观取代旧的价值观的过程，但是新的价值观为人们所接受需要一个过程，新、旧价值观的矛盾交错并存，从而引起人们在价值观上的冲突。

无论全世界目前或将来处在何种可持续发展状态，或处在何种风险社会的水平，认识中国快速发展与风险防范之间的时空动态关系，都将有助于理解一个经济快速增长或经济水平相对落后的国家或地区，应该如何降低已有的风险水平，如何诱发新的风险类型或对已有风险的放大过程；如何应对包括全球气候变化、资源短缺、环境与生态压力加剧、人口老龄化及金融危机等所带来的新的风险挑战；如何设计与风险共存的可持续发展模式。[19]中国的风险类型在增加，风险水平在趋高，风险对全球的影响在扩大。中国高速的发展既是控制传统风险的重要保障，又是引致新风险因素的原因之一。

2.1.2 城市风险特点

生活在高风险社会中，不仅要面对无处不在、无时不有的风险，而且风险的复杂化和多样化也构成了生活本身的“风险”。城市既有问题也有事故，城市问题主要指城市固有风险，即有些事故是城市发展到一定阶段就会必然存在的风险，有些事故是由必然风险间接引发的，还有一些事故则是由城市风险叠加累积而随之引发的。如前所述，这些风险既是本领域及相关领域的风险，也是社会风险的条件性风险。即便如此，在纷繁万千、形态各异的风险中还是能够抽象出一些基本特征，标示着社会风险的本质属性。具体而言，社会风险具有如下本质特征：

（1）不确定性。不确定性既包括主观的不确定性也包括客观的不确定性，所谓主观不确定性是指主体无法对客观事件或者事物的客观运行状态的可能结果作出准确的描述与精确的预测，然而，作为对象的客观事件或事物的运行状态本身可能是确定的，或者是不确定的。[20]每个人所处的环境、知识储备、价值取向等都不相同，由此对身边事物的认知和反应都会不同。换句话说，即这种不确定性是由每个主体的特殊性决定的，这种特殊性是以每个独立主体的观念的形式反映，而非客观实体的形式存在。客观的不确定性就是一般情况下理解的不确定，环境是变化的，随之条件和状态也就是变化的。因此，风险研究的对象不仅是确实存在的客观风险，也包括由于主体和意识差异所建构出来的风险意识、风险话语与风险文化。[21]不确定性作为风险的基本特征，已成为社会常态，不确定性比确定性更为基本和普遍，事实上我们是生活在由不确定性所环绕的海洋之中。无论风险认知水平如何发达，风险治理方式如何完善，不确定性永远都不可能消失，都是我们现实的生活背景，也是我们用以预测和思考未来的基本视角，人类创造历史的过程也就是运用有限的理性在不确定性的世界中追求和建构确定性的过程。

(2) 属人性。风险的属人性是指风险的源起以及风险作用的对象都与人相关，也称为“人为性”。这种特性也是导致上述主观方面不确定性的一个重要因素。无论是新型的风险，如金融、互联网等，还是生态环境、科技等带来的风险，追根溯源都与人的实践活动密切相关。随着人类对自然领域的日益开拓与扩展，风险逐渐彻底地“人为化”，纯粹意义上的自然风险已几乎不存在，“社会风险”逐步由以自然风险占主导转向由以因人为不确定性而导致的风险占主导，如前所述，自然灾害的产生在很大程度上也是由于人对自然的破坏和不限制的掠取。“人造风险”已成为现代社会最主要的风险形式，如吉登斯所说：“我们所面对的最令人不安的威胁是那种‘人造风险’，它来源于科学与技术的不受限制的推进。”[7]随着人类理性能力的逐渐提升和实践领域的不断扩展，人类在创造文明的同时也在创造风险，现代性的风险实质就是人不合理的生存实践所招致的风险。正是在这个意义上，贝克深刻地指出：“各种风险其实是与人的各项决定紧密相连的，也就是说，是与文明进程和不断发展的现代化紧密相连的。这意味着，自然和传统无疑不再具备控制人的力量，而是处于人的行动和人的决定的支配之下。”[22]从另一个角度来看，风险的属人性还表现在风险是一个价值性范畴。[23]对社会风险的定义也是主体站在某一个立场上认定的，包含着主体一定的价值取向。社会风险实际上是人与风险的一种关系性的存在，只有确实对人的生存构成威胁与损害的关系才是风险，换句话说，某一事实的存在是客观的，但是对人不构成威胁，那么这种事实即不存在风险性。当存在的某种“社会风险”威胁或侵害了人的利益时，风险的价值取向就显示出来了。由于风险的价值指向不同层次与范围的主体，因而会由于各个主体主观意识的不同而形成不同的风险认知和对风险的反应。事实上风险决策在很大程度上是一个对风险的主观认知和对风险处理方式的构建过程。如何科学合理地决策，尽管是以客观风险固有的属性与状态为基础考虑的，但更多地取决于主体本身的认知水平、价值取向等一系列主观因素。所以，有的学者提出，现代性风险实际上就是人性危机，是由人自身的生存实践所致，解决现代性风险的根本途径在于追求一种成熟的、合理的人类中心主义。[21]

(3) 两面性。风险既有“脱茧羽化”的一面，也有“救火扬沸”的一面。[24]风险两面性是指风险既可能带来巨大的威胁，造成一定程度的损失甚至灾难，也有可能带来无法想象的机遇和好处。若风险处理得当，也许意味着一次突破或飞跃性的进展；后果较轻的风险所带来的警示效果往往超过绝大多数的制度强制性安排，提高治理绩效和整体认同感。也就是说，其实风险也是有积极意义的，只是极少数人能对之有所认知。风险两面性实际上是一个不确定的概念，即不管是风险可能导致的无法挽救的灾难性后果，还是可能带来的机遇与进步，都是面向未来而在目前的状态下是不得而知的，只有在风险爆发的瞬间——可能性转化为现实性时，风险的两面性才会以确实的客观事实或现实状态确定下来。

风险的灾难性是指风险会对人的当下生存与未来境遇构成的巨大威胁与伤害，而又难以精确预测和及时规制，具体表现在：①风险造成毁灭性的后果。从中世纪肆虐欧洲的黑死病到最近的“卡特里娜飓风”，局部性地域遭受到的毁灭性打击高达数百次，而当今面临的生态危机、核冲突更是随时可能将整个人类毁于一旦。②风险爆发具有突然性。尽管在风险真正发生之前会有各种征兆出现，但由于风险本身的复杂性和多样性，人由于认知能力有限并且有复杂社会因素制约，难以作出准确判断与及时预测，往往只能作出大致的概率性描述与预言。特别是风险在形成过程中具有瞬间性和流变性特征，风险预测与风险后果之间可能会形成较大差异，因而当风险真正来临之际会出现措手不及、损失惨重的局面。地震作为最频发的一种由自然风险引发的传统社会风险因素，虽然人们对其发生的征兆有一定的分析，但是至今仍不能完整地总结地震发生之前的征兆，也并不能够完全地预测和防范地震风险。风险的灾难性更表现在人们不仅难以准确预测风险发生的时间，而且对其在未来持续的时间和可能造成的隐形危机也难以准确判断，对温室效应带来的真正灾难至今也无法完全预测。

但风险的凸显绝不等于世界末日的到来，风险本身也是一种机遇。风险两面性反映了现代人的生存悖论，即在实现自我的同时也在否定自我，在创造进步的同时也在酝酿危机，现代性就是在风险与机遇的相互纠葛和转化中不断生成的。马克思的矛盾论深刻地揭示了这一规律，社会在矛盾交织和盘旋中前进。

(4) 扩散性。风险往往并不局限于特定地域和特定人群，在条件和时机成熟的前提下会以相当快的速度传播和扩散。在之前的社会中，由于地理环境的限制、交通工具的制约以及沟通方式的落后，风险发生之后便被束缚于特定的范围与群体之中，不具备发散的条件。随着全球化的发展，风险也随之具有全球化的可能性，而交通工具的变革和现代信息技术的突飞猛进，提供了风险全球化的关键条件。工业化生产模式的全球扩展在带来现代性工业成就的同时也将现代性的风险后果播撒于世界各地。资本的全球流动在增值本性的驱动下虽然加速了全球经济融合的步伐，提高了商品交换的效率，但同时也增加了金融风险与产业危机爆发的可能性。也就是说，随着社会发展，城市中不可避免地会存在一些发展缓慢的部分，由此出现的不平衡会必然地导致一些城市问题和事件的发生。而这些事件，又因交通、通信以及全球化的发展，极易衍生为一种社会性的风险。1929 年的经济大萧条和 1994 年的金融危机均给西方经济造成了巨大振荡，而 2008 年的金融危机更是波及世界各个主要经济体，迅速引发多米诺骨牌效应，世界各国特别是发展中国家经济基础遭到重创，堪比罗斯福执政时期的经济大萧条。此次金融危机直接导致世界经济增速放缓、商品大量积压、生产锐减、工厂大批倒闭、工人大量失业、银行破产、信用关系严重破坏，整个社会经济陷入极端混乱和瘫痪之中，并出现了政治动荡。由此可见，风险已变成一种波及各领域的全球性的共同境遇。如果用混沌理论来描述，风险传播具有一种“蝴蝶效应”。[25]“一个气象学家提及，如果这个理论被证明正确，一只海鸥扇动翅膀足以引起整个天气的变化。”后来在新闻报道上被形象地描述为“在巴西的一只蝴蝶拍打翅膀，可以导致一个月后得克萨斯州的一场龙卷风”。这个比喻表明，在一个密切相关的复杂系统中，任何一个微小的破坏性行为都可能导致大范围甚至整个系统的震动。在此地发生的风险很快能波及其他地区，形成一种区域性甚至全球性的影响。因此，现时代我们不仅置身于高风险社会之中，而且风险社会本身也是一种世界风险社会，风险已成为不可逃避的共同境遇，风险治理也应诉诸全球性治理。但与此同时,风险的全球性并不意味着所有的风险后果都是均等化,发达国家可能利用风险的全球扩散性将国内的生态危机、经济危机与政治矛盾以对外投资、民主政治输出等模式转嫁于欠发达国家。风险的全球性蕴含着风险责任承担上的不平等和不公正,因而建立一种公正民主的全球合作制度来应对世界风险社会就显得尤为必要。[21]

2.2 自然灾害与社会风险

自然灾害是指危害人类生存以及破坏人类生活环境的自然现象。作为传统的安全风险因素之一,自然灾害本身亦有相当大的概率成为社会风险条件,从而引发社会风险。

自然灾害可分为:气象灾害,如干旱、暴雨、洪涝、台风、寒潮等;地质灾害,如地震、滑坡、泥石流等;海洋灾害,如风暴潮、海啸、海浪等;生物灾害,如病害、虫害、草害、鼠害等。而在这些自然灾害之中,城市由于人口密集、建筑群林立、财产密度高,因此一旦遭受地震的侵袭,将造成惨重的直接损失及间接损失。例如 2008 年 5 月 12 日发生的汶川地震。遭受汶川地震严重破坏的地区面积超过 10 万 km^2,其中,极重灾区共 10 个县(市),较重灾区共 41 个县(市),一般灾区共 186 个县(市)。截至 2008 年 9 月 18 日 12 时,汶川地震共造成 69 227 人死亡,374 643 人受伤,17 923 人失踪,是中华人民共和国成立以来破坏力最大的地震。城市地震灾害的大小主要取决于地震强度以及地震震中与城市的距离,同时与城市规模和防震抗灾能力有密切关系。另外,城市安全及市民生活也易受到洪水这一自然灾害的影响和破坏。洪水是一种峰高量大、水位急剧上涨的自然现象,涝则是由于长期降水或暴雨而不能及时排入河道沟渠,从而形成地表积水的自然现象。当洪与涝给人类造成损失时则成为灾害。洪涝灾害不仅会给农业生产带来毁灭性的打击,而且也会给城市造成一定的损失。许多城市沿江、滨湖、滨海或依山傍水,有的城市位于平原低地,经常受到洪涝的威胁。

自然灾害不仅会威胁人们的生命安全,造成财产损失,同时也是引发社会风险的因素之一。例如“12·20”深圳山体滑坡事件,事故造成 73 人死亡、4 人失踪,直接经济损失达 8.8 亿余元。事后调查发现,滑坡垮塌体是人工堆土,垮塌地点属于淤泥渣土受纳场,主要堆放渣土和建筑垃圾。由于堆积的量比较大,造成了多栋楼房的倒塌。[26] 有媒体报道,在事故发生前两年就不断有群众向有关部门反映,但是都没有引起足够的重视。经调查组调查,此次事件不仅牵涉到受纳场运营服务项目中标企业的违规行为,也涉及政府部门工作人员的职务犯罪行为。

山东寿光被誉为蔬菜之乡,2018 年夏季受台风“温比亚”影响,连日来的暴雨袭击使山东寿光多地被洪水侵袭。据 8 月 23 日下午山东潍坊市抗灾救灾新闻发布会发布的数据,寿光 15 个镇的街区都不同程度受灾,总受灾人口达到 50.5 万人,农作物受损面积 3.5 万 hm^2,大棚受灾 10.6 万个,养殖棚受灾 2 000 多个。寿光灾情如此严重的另一个重要原因在于上游三座水库同时泄洪。舆情质疑信息披露的不及时、不充分、准确性不足在一定程度上降低了政府的公信力,最终导致影响社会稳定的社会风险。

2.3 基础设施风险与社会风险

基础设施的建设对于构建和谐社会至关重要。城市公共安全涵盖公共设施的社会管理和公共服务范畴，一旦发生事故，可能给整个城市带来巨大的损失。因此，确保城市基础设施安全是维护社会环境和谐稳定的必要条件。维护好城市的安全是一个城市的基本职能，也是城市的责任和义务。

2.3.1 公共基础设施风险

公共基础设施风险的产生，主要是由城市供水、排水、电力、燃气、桥梁隧道、轨道交通、电梯等组成的公共基础设施网络，在给城市生活带来便利的同时也增加了城市运行的脆弱性。上海公共设施线长面广，地上、地下管线网络密布，纵横交错，部分设备老化，高负荷运转，这些庞大的网络一旦发生事故就极易造成次生、衍生灾害，使城市陷入能源供应中断、运行能力缺乏、交通通信瘫痪的混乱状态，严重影响城市的稳定运行，即城市风险在无法把控的情形下会随着扩散衍生为社会风险。

公众场所基础设施安全隐患评估改造工程，也是不可忽视的风险因素之一。根据 2018 年有关部门调研，以上海市为例，全市运行了超过 2 400 万台的电梯；300 多台大型游乐设施；7 000多个锅炉；将近 11 万个压力容器，与液化气有关的钢瓶，仅处于流通过程的就超过560 万个；18 km 长的压力管道。此外，建筑物外立面的外挂物等也存在巨大的坠落安全隐患。如何贯彻实施风险防控措施对于整个城市都有重大的影响。

从管理的角度来看，整个公共基础设施的安全是以整个社会为基础的，既对整个社会有影响，也依靠整个社会网络。如何提升整个城市的运行安全是社会的责任，其中最重要的就是主体责任的落实。然而，因信息盲点，在现有政府、企业的责任落实上还存在着漏洞，需要通过行政或者立法来落实主体责任所需要的一整套制度管理体系、安全管控体系以及保障体系。在一系列责任落实制度辅助的基础上，更重要的是强化主体的安全意识、责任意识以及法律意识。

2.3.2 交通安全风险

在京津冀协同发展座谈会上，习近平总书记着重强调了交通问题，他要求“着力构建现代化交通网络系统，把交通一体化作为先行领域，加快构建快速、便捷、高效、安全、大容量、低成本的互联互通综合交通网络”。[27]习近平总书记在视察北京市轨道交通指挥中心时指出，如何解决好海量人口的出行问题是个大难题。要把解决交通拥堵问题放在城市发展的重要位置，加快形成安全、便捷、高效、绿色、经济的综合交通体系。[28]近年来，城市汽车保有量增长迅速，交通系统负荷大。每年因交通事故死亡的人数一直居高不下。此外，由于城市建设大推进，车辆超载、超时通行现象普遍存在。

以轨道交通为例，上海轨道交通的客流量非常大。根据调研结果，每天仅上行电梯就有1 100万人次，一上一下则为2 000万人次以上。生产安全、运行安全、轨道精度、车辆信息系统安全对保证轨道交通的安全运行都十分重要。在作业方面，必须加强周期性检修，在预防环节解决潜在危险的衍生问题。在辅助方面，最重要的除了消防还有电梯的正常运行。因客流大，电梯一直处于超负荷运转状态，然而轨交内电梯的管控并不是简单的数量问题，而是需要各个环节的相互配合和相互协助。此外，站台至列车之间也存在一个重要的安全风险点，在高峰时期，站台上的人流量较大，在拥挤的情况下极易出现突发状况，如人员倒流现象，如何监管和防控轨交内的特殊状况成为了巨大的挑战。

公共交通作为当代城市特别是特大城市中最便捷的出行方式，对社会公众而言具有十分重要的意义。随着城市的发展，公共交通必然也会随着交通压力的增加而产生一定的风险，倘若这一块存在巨大隐患，则即使是极小的风险也会引发并蔓延出巨大的社会风险。

2.3.3 安全生产风险

2015年8月12日23:30左右，位于天津市滨海新区天津港的瑞海公司危险品仓库发生火灾爆炸事故。本次事故中爆炸总能量约为450 t TNT当量，造成165人遇难(其中参与救援处置的公安现役消防人员24人，天津港消防人员75人，公安民警11人，事故企业、周边企业员工和居民55人)，8人失踪(其中天津消防人员5人，周边企业员工、天津港消防人员家属3人)，798人受伤(伤情重及较重的伤员58人，轻伤员740人)，304幢建筑物、12 428辆商品汽车、7 533个集装箱受损。事故已核定的直接经济损失达68.66亿元。

事故直接原因是瑞海公司危险品仓库运抵区南侧集装箱内的硝化棉由于湿润剂散失出现局部干燥，在高温(天气)等因素的作用下加速分解放热，积热自燃，引起相邻集装箱内的硝化棉和其他危险化学品长时间大面积燃烧，导致堆放于运抵区的硝酸铵等危险化学品发生爆炸。瑞海公司严重违反有关法律法规，是造成事故发生的主体责任单位。该公司无视安全生产主体责任，严重违反天津市城市总体规划和滨海新区控制性详细规划，违法建设危险货物堆场，违法经营、违规储存危险货物，安全管理极其混乱，安全隐患长期存在。本次事故是一起特别重大生产安全责任事故，主要原因为管理疏漏。

行业安全生产存在风险，其中危险品的生产监管是最困难的方面。对危险品的监管主要包括以下几个方面：首先是必须处理好生产储存的静态关系；其次是动态的运输管控，交通委员会对于危险品的监管有相应的措施，同时辅之以公安机关的严格把控。在使用环节上，对于高校研究所和医院所有的危险品包括放射源，都要进行严格的把控。

生产作业的固有隐患对公共安全一直存在极大的威胁，且其衍生出来的如审查监管等一系列社会问题，都随事故发生被推到舆论的风口浪尖上，引发的社会风险也是难以想象的。故必须全方位地严格把控安全生产风险。

所谓全方位地严格把控，即尽可能重视安全监管的隐性盲点。实践中，大企业对生产作业的安全意识远大于中小企业，监管部门对中小企业生产安全的重视度也远不如大企业。这种认知偏见会导致相关部门的风险预估不足而造成风险防控漏洞。比如，2018 年 6 月至今，全国较大事故基本上都是发生在小企业、小作坊或者小店面的施工过程中和日常经营过程中。同样 2018 年发生的 202 起工矿商贸的事故，死亡 192 人，经过相关分析得知，其中国有企业和外资企业加起来，事故数和死亡人数不到总数的 10%，也就是说 90%以上的事故或者死亡人数都发生在一些小企业或者小的经营范围之中。因此，国家监管机构对企业的主体责任，特别是对中小企业责任落实方面亟须进一步加强。

2.3.4 城市基础设施风险与社会风险

在上述城市发生的一些问题或事件中，有一些问题或事件存在着发生的必然性。以交通拥堵为例，当城市扩张到一定规模，而各方面的软、硬件未能及时跟进时，就会发生交通拥堵，成为一种城市风险。一场简单的交通事故或者某一车辆的突发事件，都可能成为拥堵的导火索，进而波及近邻交通区域，出现拥堵常态化，特别是在上海这种超大型城市中。这种风险可以通过基础设施的改进来进行防范，如加大工作的力度，包括从日常维修的机制、方法逐步进行完善和调整。维修方式从原来的故障发生了以后才进行修理，转向定期预防检查维修，转处理为预防。

而在城市发生的另外一些问题或事故中，它们可能是由某一个偶然因素引发的。以地铁为例，比如在某个有着两三条线路的地铁换乘站厅中，高峰期间人流集聚，摩肩接踵，人流交通拥堵情况严重，一旦发生人流对冲或者个体突发情况，就极有可能发生拥挤、踩踏事件。如果站厅通道布置合理，安排得当，管控有序，一般不会出现人流对冲的情况，那么这类拥挤、倒地的踩踏事故就不一定必然发生，而只是可能发生，这就是一种可能性问题或事件，但这种可能性事件导致的损伤后果会比必然性事件导致的后果严重得多。如 2008 年 11 月 15 日下午，浙江杭州风情大道地铁一号线工地发生塌方事故，造成 21 人死亡。由于设计存在严重缺陷，施工单位“图便宜”“赶工期”，加之杭州的特殊地质环境，导致了本次事故的发生。这种可能性事件要求我们以解决必然性事件为基础，充分考虑可能出现的风险情况并提前予以防范。

社会风险都是有条件的，不管是必然性还是可能性的城市风险都是导致社会风险的条件。可能性城市风险导致的结果，不论其多严重，在客观层面上都是存在最大损害限度的。但是，倘若在该领域内得不到适当及时的预防、解决和遏制，极容易演变成社会风险，即社会风险其实是次生的，更具有影响力且辐射范围更大。基于上海超大型城市这一定位的考虑，社会风险的发生可能会进一步导致社会功能的紊乱，从而催生社会的矛盾和冲突，甚至演变成社会危机。如地铁塌方事件，若后续没有得到合适的处理，首先会严重打乱民众社会生活节奏，逐步产生一定的社会矛盾，之后则会使民众逐步失去对政府权威的信任，催生社会矛盾。这种社会风险的影响是双重的，当事人受损害，政府公信力亦受损害。

2.4 生产作业风险与社会风险

生产安全是城市安全必不可少的组成部分，而生产作业中发生的事故往往会带来严重的人身伤亡、财产损失的后果。因此建立健全生产作业风险监管防控机制很重要。本节将选择列举造船行业、建筑工程以及化工行业的安全生产风险，并逐一作出分析。

2.4.1 造船行业生产作业风险及其对策

改革开放以来，船舶行业实现了快速发展，截至2012年，列入统计范围的规模以上船舶制造企业共计800家。其中，国有控股企业91家，集体控股企业24家。按企业规模划分，大型企业91家，中型企业191家，小型企业489家。2012年全行业直接从业人员50.8万人左右。[29]但船舶行业的高速发展无疑会带来生产作业方面的安全问题。

船舶工业属于资金密集型、技术密集型和劳动力密集型行业，涉及机械、电子、冶金、化工等多个学科，几乎囊括了重工业行业的所有工种，被称为“综合工业之冠”。[30]无论是在车间、平台还是在船坞、码头，由于生产工艺复杂，生产现场呈现了交叉工作状态，高空作业、有线作业非常多。同时因为船舶生产是劳动密集型的行业，具有系统周期长、作业流动性大、机械化程度不高、劳动强度高的特点，因此造船行业的安全风险仍然是安全生产的首要任务。船舶行业易发的安全事故类型包括物体打击、高处坠落、起重伤害、机械伤害、触电、火灾爆炸、淹溺、灼烫等。

现举一高处坠落事故案例以作说明。2002年6月14日，在某船厂工地，章某、唐某、孙某三人到该厂8号码头的某轮第四货舱右上边舱进行焊接作业。上船后，章某由该边舱前道门进入，在第四与第五框架之间的斜坡板上部焊接纵骨腹板。后章某停下作业准备出舱，他顺第五个框架立板上的梯凳攀上，并翻过上方的安全防护栏杆，再沿立板背面的梯凳而下，想钻过下方斜坡底板上开孔处的右侧围栏到斜坡板下部的安全地带。因精力不够集中，在下行过程中踩在纵骨上的脚打滑失足，顺开孔处跌至货舱底部(14 m左右)，后经抢救无效死亡。此次事故的原因在于：首先安全通道不完善，现场安全防护不严密。尽管舱内有脚手架搭设的专用进出安全通道，但安全通道搭设不规范，通道通至边舱底板的途径上没有专用上下攀梯，在脚手架的验收及交接把关上存在一定的管理漏洞。另外，开孔处的安全防护栏还没有彻底起到防止高坠事故的作用，缺少必要的二次防护措施。另外，章某个人危险冒进、违章行事也是导致其失足坠落的原因之一。[31]

造船行业安全事故的发生除了因为本身的行业特点外，其原因还包括安全生产监管机制不健全、安全生产培训机制不到位、应急预案不完善等。针对以上问题，提出建议如下：首先要建立健全安全生产管控机制，建立公司级、部门级、班组级三级生产风险管控机制。公司级是指由公司组织各部门安全管理人员，组成评价组，针对最大的安全风险制订相应措施。部门级是指由部门组织对安全车间、科室等现场作业和设备具有一定经验的人员进行作业安全分析，不断深化作业安全评价机制，完善风险控制措施。班组级是指由班组长每周以班组学习的形式，组织人员开展岗位风险和个人风险评估，使作业者成为风险识别者和措施的制订者。其次要按照不同层次人群，开展有针对性的安全培训。安全生产工作是一项需要全员参与的工作，不是单凭安全管理人员或分管安全的领导一己之力就能做好的，在整个生产过程中每个员工都是安全工作的参与者，只有每个人都扮演好自己的角色，安全工作才能顺利进行。因此应针对不同人群开展有针对性的安全培训。建议按照企业主要负责人、安全分管领导、安全处长、基层安全管理人员、一线员工等划分安全培训对象，根据不同对象在安全生产过程中的作用设置课程、编制教材，以做到针对性强、目的性明确。[32]最后，要完善应急预案管理。建立和完善企业的应急救援机制，是企业开展安全管理的重要部分。造船企业应建立健全现场应急处置方案、事故专项应急预案和综合预案三级应急预案体系。结合生产实际及阶段性船舶建造安全管理重点，定期组织员工开展应急预案的宣传、培训和演练，确保应急预案的有效性和可操作性。[33]

2.4.2 建筑工程生产作业风险及其对策

目前我国的城市化进程在不断地加快，对建筑工程的需求居高不下，因此导致了建筑工程规模的快速增长。但建筑工程安全生产形势依然严峻，建筑安全事故率居高不下。由于建筑工程往往涉及高处作业，地质情况因地而异，而且一般是露天作业，且需要使用品种繁多的机械设备，再加上操作人员本身的素质不过关，这些因素共同导致安全事故的发生。[34]此外，建筑工程施工现场的风险还包括安全监督管理机构有待完善、经营者缺乏安全生产意识、施工企业管理人员安全管理知识和水平亟待提高、专业教育培训机制不健全等。

现举一建筑工程生产作业中的机械伤害事故案例以作说明。2016 年 10 月 20 日，在由某市 A 公司承建的地块开发建设项目三期工程工地，B 公司在进行混凝土泵送作业时发生一起机械伤害事故，造成 2 名作业人员受伤，其中 1 名作业人员经医治抢救无效死亡。此次事故发生的原因在于：B 公司泵车操作工蔡某操作泵车不当，这是本起事故发生的直接原因。B 公司安全管理存在漏洞，对外派混凝土泵车及作业人员进行混凝土泵送作业的安全管理缺失，未依法督促检查泵送作业操作工严格按照泵车使用说明书和操作规程进行作业的情况，未能及时发现和纠正蔡某等作业人员的违章行为，这是本起事故发生的主要原因。A 公司安全管理存在薄弱环节，作为工程承建单位，对施工现场进行的混凝土泵送作业安全管理不到位，既未开展对进入施工现场泵送混凝土作业人员的安全教育，也未督促检查泵送混凝土作业人员严格执行操作规程的情况，未能及时纠正蔡某等作业人员的违章行为，这是本起事故发生的重要原因。[35]从这起事故中可以看出，承建单位、施工单位以及施工人员均是保障建设工程生产作业安全的重要环节，任何一个环节的缺失均可能酿成惨重的安全事故。

针对以上问题，提出建议如下：首先要建立企业安全监督管理机制。从建筑工程安全监督管理实际来说，建设单位承担着主要责任。建筑方要明确自身所承担的建筑工程安全生产责任，做好安全把控工作，强化内部安全管理意识，选择资质水平较高的施工企业来负责生产工作。同时要按照合同规定，及时支付各种费用，保证安全防护设施、安全管理工作的全面落实，最大限度地降低施工现场的安全风险。此外，监督单位应发挥好自身的监督作用，落实好施工现场的检查管理，督促施工企业落实各项安全措施，构建完善的安全管理机制，切实提高施工安全水平。[36]从施工企业角度来说，需要健全责任落实制度，明确各方的责任和义务，以防出现安全事故发生后无法确认责任人的局面。另外，落实责任人制度也有利于调动其积极性和责任心，督促其尽职尽责，提高施工作业的安全性。其次要建立健全建设系统人员培训机制。建立建筑从业人员培训网络，完善和落实建设单位、施工单位和班组三级培训机制。大型建筑企业内部应建立员工培训学校，对从业人员进行安全知识、安全技能的教育和培训，使操作者掌握相应的知识和技能，减少操作中的人为失误。[37]最后，要建立劳工准入制度。建筑工人的重要组成部分是没有经过培训的农民工，他们不仅欠缺必要的安全知识，自我保护意识也很薄弱，因此是导致安全事故发生的重要原因之一。建立劳工准入制度，加强对施工企业的资质考核和对建筑工人的能力考察，有利于从源头上减少安全事故发生的可能性。

2.4.3 化工行业生产作业风险及其对策

近几十年来，随着经济建设的步伐加快以及对化工产品需求的增加，化工产业快速发展，但随之而来的是安全事故的频发，造成了严重的人员伤亡和财产损失。继 2015 年天津滨海新区爆炸事故之后，2019 年江苏响水天嘉宜化工厂爆炸事故，中国国务院命名为江苏响水天嘉宜公司“3・21”特别重大爆炸事故，是于 2019 年 3 月 21 日在中国江苏省盐城市响水县江苏天嘉宜化工有限公司工厂厂区内发生的爆炸事故，中国国务院认定本次事故为特别重大事故。

这次爆炸事故系由固体危险废物储存仓库中的苯燃烧发生爆炸引发的。根据盐城市人民政府新闻办公室消息，截至 3 月 25 日，事故已造成 78 人死亡；共收治伤员 617 人，其中 21 人危重伤、73 人重伤、523 人轻伤；304 幢建筑物、12 428 辆商品汽车、7 533 个集装箱受损。

危险化学品企业发生次数最多的事故是火灾爆炸事故，占事故总数的 55%，这是由危险化学品企业内危险化学品多、生产工艺复杂等特点决定的。其次是中毒窒息事故，占事故总数的 25%，此类事故多是由于防护措施不到位造成的。危险化学品运输事故也是发生频率较大的事故类型之一，仅次于火灾爆炸和中毒事故。[38]按照生产、使用、运输、储存、经营五种发生环节进行统计，则生产环节发生的事故最多，分别占总事故起数和总死亡人数的 84.8% 和 86.9%。[39]这主要是由于生产工艺复杂，生产环节所涉及的各种原料、半成品、成品种类繁多，而且所使用的各种设备的操作流程等均不同，一旦一个环节出了问题，就可能会酿成无法挽回的后果。

为了避免火灾爆炸事故的发生，企业应提高自动化检测水平，加大巡检力度，建立预警机制，排除一切可能造成事故发生的因素。针对中毒窒息事故，企业应加强对有限空间内作业人员的培训，确保其掌握相应的安全知识和操作技能，并且要配备完善的防护措施，同时应避免盲目施救。针对危险化学品运输事故，完善法规标准、健全管理机制是保障；运输业从业人员严格守法，确保安全运输条件，做好车辆设备检验，完善制度、规章规程，认真组织培训教育是基础；调整道路运输企业多、小、散、弱的规模结构，调整车型技术落后，改变运输生产组织化程度低的状况是根本。[40]

2.4.4 生产作业风险引发的社会风险

生产作业风险本身包含着引发社会风险的可能性。首先，如果相关的企业责任人未受到应有的处罚，容易引发受害人家属以及社会公众的不满。其次，如果造成施工人员死亡，则牵涉到对其家属的赔偿问题，如果这一问题得不到妥善的处理，亦容易引发社会事件。最后，这些生产行业需雇佣大量工人，工人的合法权益能否得到保障也是一个易引发社会关注的问题。2018年8月，“深圳7·27佳士工人组建工会”一事即在当地以及网上引起了轩然大波。因深圳佳士科技公司长期存在违法调休、违法罚款、克扣工人工资等诸多严重违法行为，佳士工人希望通过自主建立工会以保障自身利益，却遭受厂方的恐吓、威胁和殴打。因此工人们抗议维权，来自全国高校的大学生也参与到声援工人的活动中。然而此次事件直到后期才得到官方媒体的报道。在网络发达的时代，某一事件固然会被快速传播和放大，但对某些信息的压制亦会产生同样的效果，并且会使广大受众产生“被蒙蔽”的愤慨。企业这种处理事件的方式以及官方延迟的回应使得群众对政府的不信任感剧增，从而容易陷入“塔西佗陷阱”，古罗马历史学家普布里乌斯·克耐力乌斯·塔西佗在《历史》一书中指出：“一旦皇帝成了人们憎恨的对象，他做的好事和坏事都会引起人们的厌恶。”言下之意，公权力一旦丧失，公信力将会产生不可逆转的恶性循环，必定跌入“塔西佗陷阱”的无限泥沼而难以自拔。[41]当这种不信任得不到缓解并不断升级时，可能会触发群众的行为，引发始料未及的社会风暴，造成波及全社会的影响。

2.5 人口结构风险与社会风险

现代社会人类面临着诸多与传统社会不同的风险及危机，人口安全概念的提出即与对风险社会新型风险的认识有关。在我国，人口安全这一概念是在2003年经历“非典”之后提出的。“非典”影响之广、破坏之大促使人们从安全的角度去反思人口问题。在中国人民大学举办的“人口、社会与SARS”学术讨论会上，时任国家人口和计划生育委员会主任张维庆首次明确提出人口安全的概念，即“人口安全是指一个国家的综合国力和国家安全不因人口问题而受损害，能够避免或化解人口方面可能出现的局部性或全局性危机。其主要内容包括一个国家在一定时期内人口数量、人口素质、人口结构、人口分布以及人口迁移等因素与经济社会的发展水平、发展要求相协调，与资源、环境的承载能力相适应，能够实现可持续发展以及人的全面发展。”[42]中国当前在人口数量、人口素质、人口结构等各方面均存在风险，本节将重点讨论人口结构风险问题，以期增强对中国当前人口结构问题的认识，更好地把握中国中长期人口发展计划的制定。

2.5.1　人口结构风险

英国著名社会学家安东尼·吉登斯从现代性的视角考察了风险社会。他认为，风险有两类，第一类是“外部风险”，如旱灾、地震、饥荒和暴风雨等来自自然界、与人类行为无关的风险；第二类是被制造出来的风险，即“人为风险”，是由于人类的知识和技术对自然界的影响而引发的风险。[43]对于外部风险，其原因和结果一般被认为是可以确定的；而对于人为风险，其起因及结果一般都是不可预测、无法确定的。中国曾经面临着严峻的人口数量问题，为解决这一问题而采取了人为干预的方式，结果却带来了人口结构问题。人口结构风险一般被认为是人为风险，其结果是不可预测的，因此该风险更值得我们去关注，并及时采取预防手段。

合理的人口结构是保持城市活力和繁荣城市经济的重要前提。广义的人口结构包括自然结构、经济结构、社会结构等，这里主要讨论狭义的人口结构，即人口的自然结构，包括人口年龄结构和性别结构。[42]

2.5.1.1　人口年龄结构风险

人口的年龄结构是影响和制约经济可持续发展的主要变量之一。一般认为，人口结构的发展会经历以下三个阶段：第一个阶段即人口转变初期，由于死亡率下降而生育率保持不变，因此人口数量快速增长。人口快速增长使人口结构即劳动力人口与非劳动力人口比率下降，抚养负担加重，因而不利于经济增长。在人口转变的第二个阶段，生育率开始下降，人口数量增长减缓，人口结构即劳动力人口与非劳动力人口的比率不断上升，对经济增长产生积极影响，即进入人口红利阶段。进入第三个阶段时，当生育率下降到与死亡率水平相当，人口趋于稳定、趋于静止，人口数量和人口结构都趋于常量，对经济增长的影响趋于中性。[44]

改革开放以来，我国经济发展迅猛，正是得益于计划生育政策的实施，使得生育率下降，人口增速放缓，劳动人口与非劳动人口的比率上升，形成了“人口红利”。这种人口年龄结构对经济发展起到了明显的促进作用。而按照65岁及以上人口占总人口比例超过7%的国际新标准，中国自21世纪初已经进入“老龄化社会”，并且老年人口占总人口的比例仍在快速增长。人口老龄化的发展态势及其可能对社会、经济带来的负面影响引起了社会的广泛关注。

首先，人口老龄化使得劳动力资源锐减，劳动需求缺口在不断变大。其次，45岁及以上劳动力人口占总劳动力人口比例的上升使得劳动力结构趋于老化，这就意味着整个劳动力群体更加缺乏弹性和可塑性。这使得中国之前经济发展所依赖的人口红利逐渐不复存在，由此导致经济发展速度变缓。

此外，人口老龄化不仅会对经济发展带来负面影响，其所带来的社会问题同样不容忽视。日益严峻的人口老龄化和人口高龄化进程，将对城市社会保障和社会福利事业带来相当大的压力。目前中国的养老模式仍以家庭养老为主，而一对夫妻赡养四个老人的模式使得家庭的养老压力剧增。这不仅是指经济压力，更指子女照料老人生活以及给予精神慰藉方面的压力。而当家庭养老不堪重负，社会养老就进入了人们的视野。中国当前的社会养老机制尚不健全，而设施健全、工作人员专业的养老院其价格往往超出一般工薪家庭可以承受的范围。另外，失独老人、空巢老人的数量逐渐上升，老人的精神孤独程度和生活不方便程度加重，影响生命安全的因素不断增加。

2.5.1.2 人口性别结构风险

人口性别结构风险主要是指出生人口性别比例失衡所带来的风险。从20世纪80年代开始，我国出生人口性别比持续攀升。1990年第四次人口普查时男女比为111∶100，2000年第五次人口普查时男女比为117∶100，已经严重超出国际公认的性别比例上限警戒线107∶100。[42] 2010年第六次人口普查时官方数据男女比为105.2∶100，性别比例失衡情况得到了一定的控制。

据分析，通过人工流产来作性别选择是造成出生性别比偏高的最主要原因。[45]与此同时，还有一个相关的现象引起了人们的关注，即低龄女婴的死亡概率比低龄男婴的死亡概率高。学者认为，这些现象均与中国根深蒂固的重男轻女思想有关。不可否认，这种重男轻女的心理是深层的文化、心理因素，但从人口学的角度来看，我国实行的人口政策助长了此种性别偏好。同时，流动人口出生性别比也是值得关注的问题。以上海为例，上海的户籍人口出生性别比尚在正常范围内，但流动人口出生性别比严重偏高，甚至曾一度高达125∶100，从而对常住人口出生性别比起到了明显的提升作用。由于外来流动人口在上海生育多为举家迁移，今后沉淀下来成为实际意义上的上海人的可能性极大，如果任其畸形发展，将对未来婚配和社会安定带来一定的安全隐患。[42]

2.5.2 人口结构风险引发的社会风险

人口结构风险具有诱发社会风险的可能。首先人口老龄化现象使得中国经济发展的人口红利优势逐渐消失，从而导致经济转型期的经济增速变缓。而这还不是人口老龄化带来的最严重后果。人口老龄化使社会面临的最大困境是青年人赡养老人的压力以及老年人的养老危机。作为深受独生子女政策影响的一代，一个青年人需要承担赡养2个老人的压力，如果其结婚对象也是独生子女，则一个家庭需要赡养4个老人，再加上抚养教育孩子、高房价、低收入等，青年人背负的压力过重，不仅生活的幸福感欠缺，甚至会对社会滋生不满的情绪，而如果怀有这种不满情绪的青年人达到一定的数量，则可能会在某种因素的触发下爆发群体性事件。同样值得关注的是未来老年人的养老危机。尽管目前中国的人口老龄化态势仅初露苗头，但是抱持着居安思危的心态，未来老年人的养老问题不得不考虑起来。从2013年开始，每年进入退休年龄的老人数量不少于1 700万，而新增的工作人口却不多于1 300万，并且这种趋势至少会持续25年。退休人口的养老金来源于工作的年轻人缴纳的税款，而如果工作人口少于退休人口，是否会造成养老金亏空的问题？解决养老金亏空的办法之一在于增加缴纳养老金的比例，而这在增加青年人压力的同时是否又会引起其对国家税收政策的普遍不满？为了在一定程度上解决人口老龄化的问题，政府近年实施了全面放开二孩政策。2014年3月，著名人口学家翟振武发表论文称如果在2012年全面放开二孩政策，我国年度出生人口峰值将达到4 995万，总和生育率峰值达到 4.5 左右。如果将全面放开二孩政策的时间推迟至 2017 年或 2020 年，累积的生育势能也会有相当程度的降低。[46]全面二孩政策的实际放开时间是 2015 年，根据国家统计局的数据，人口出生数量的确没有达到预期。根据国家统计局 2018 年 1 月发布的数据，2017 年中国出生人口仅为 1 723 万人。[47]可见由于当前抚养孩子的压力过大，年轻人生育二胎的意愿并不强烈，全面二孩政策对于缓解人口老龄化压力的作用并不显著。

再者，快速城市化过程中大量新增人口与原有城市人口的结构问题也是触发社会风险的因子之一。城市人口的增长多是务工人员进城所致。但是，尽管进城务工人员能够在城市里工作，却无法和城市的市民享受同样的待遇，甚至子女上学也成问题，进城务工人员与城市居民之间存在着明显的隔阂，并可能由此引发摩擦和冲突。而加快推进进城务工人员市民化意味着要对现有体制进行改革，甚至由于进城务工人员市民化必然会增加对城市基础设施和公共服务的巨大需求，造成城市发展的压力。如果进城务工人员融入城市的问题得不到妥善的解决，则很可能导致矛盾的累积。一旦矛盾爆发，由于网络媒体的迅速传播功能以及涉及“进城务工人员”这一弱势群体，必然会引起广泛的关注，甚至成为社会的不稳定因素。

2.5.3 应对人口结构风险的举措

人口是城市生活的主体，人口安全是城市健康发展的必备条件和重要前提，人口结构安全是经济健康可持续发展、社会安定和谐的重要保障，因此解决人口结构风险，有效制定人口结构风险防范应对策略，完善相关的人口政策，不仅可以为经济发展保驾护航，更是落实以人为本的科学发展观的题中应有之义。

老龄化人口的持续稳步增加对应的是社会负担的不断增加，而婴儿出生率的快速下降对应的则是人力资本投资水平的下降。中国改革开放 40 多年的经济发展奇迹与综合国力的巨大提升，在很大程度上是得益于中国人力资源与资本的庞大规模与不断增长。因此，中国人口结构的上述变化，实质上意味着中国面临着老年抚养负担持续稳步上升和未来人力资源、人力资本严重缺乏的双重社会风险。

为了应对持续增加的老年抚养负担，中国应该继续加强教育培训、医疗卫生等人力资本的有效投资，通过提高劳动者素质和技能，提升社会整体的劳动生产率水平，进而增强就业人口的社会负担承受能力；对于不断下降的婴儿出生率背后隐藏的人力资源与资本缺失风险，则应在保持目前的全面放开二胎人口生育政策的同时采取一定的鼓励生育措施。[48]尽管生育政策放开，但因为城市育儿成本太高，全面二胎政策对刺激人口增加所起到的作用并不十分明显，因此采取一定的鼓励生育措施实有必要。此外，要进一步完善包括养老保险制度在内的社会保障制度。社会保障制度是集人口、社会、经济于一体的综合性制度，在促进社会经济的可持续发展和维护社会公平方面的作用是众所周知的。同时，社会保障制度也是一个需要长期规划与发展的制度。[49]目前，在人口老龄化加速的情况下，对社会保障制度提出了更高的要求。以养老保险制度为例，老龄化加速无疑对绝大多数建立在现收现付制基础上的公共年金制度提出了严峻的挑战。因此，无论是社会保险还是社会救济，必须前瞻性地研究制度框架，并从动态发展的视角及时对存在的缺陷予以调整，使其具备可持续发展特性。[50]

针对人口性别结构风险，随着二胎政策的放开，性别比例失衡的情况有望得到一定的缓解。最重要的还是要进一步发展经济，加强与其他文化的交流，以期进一步解放思想，特别是针对经济较不发达、观念保守陈旧的农村地区。只有社会观念从根本上加以改变，人口性别结构风险才能从根本上排除。

2.6 人工智能风险与社会风险

人工智能是在当前科学技术迅速发展及新思想、新理论、新技术不断涌现的形势下产生的，是研究理解和模拟人类智能、智能行为及其规律的一门学科。[51]社会秩序是一种制度秩序，社会成员纷繁复杂的社会关系可约简为由一定规则所规范，并可以由特定权威来控制的交往关系，从而增强社会成员行为及其结果的可预期性和确定性。[52]

人工智能的快速发展在给人们生活带来舒适和便利的同时，也带来了一定的社会秩序风险。社会秩序的演进和变化是在工具理性与价值理性相互依赖、相互制约的过程中发生的。价值理性追求的是未来的秩序，而工具理性却以当下的效益为目标。工具理性的扩张，带来的是巨大的物质财富和技术进步，然而正是随着工业时代的到来，人类进入了风险社会。在这样的社会环境下，人工智能带来的社会秩序风险是指人工智能技术发展可能会对社会秩序造成的人为的、不可预见的不安全性。

2.6.1 人工智能风险的特征

2.6.1.1 不确定性

人工智能风险的不确定性是指它的不可测和不可控性，是一种“虚拟的现实，现实的虚拟”，其直到消失都是隐藏的。由于主体认知程度的有限性，人类预测和控制风险的能力始终无法达到人工智能科技潜藏的指数级的破坏力。以科学理性来克服传统风险的策略，已经无法面对人工智能风险的情境，特别是人工智能技术发明之时就隐藏其中的风险也许会成为左右未来人类命运的力量，更多、更完善的知识正在成为新风险的来源，许多规避风险的尝试转化成了不确定性甚至是造成更大危害的可能性。[53]

人工智能技术的发展虽然表面上似乎给人类武装了更强大的能力，但实际上此种能力并非完全是进步意义上的。较之过去，人类的生活充满更多的变数和不确定性，人类受到负面因素影响的可能性不减反增。不断演进的人工智能技术及其自主性的逐渐显露使得人类对事物的控制能力不断下降。

2.6.1.2 隐蔽性

从风险一词的含义来看，其是指并不确定发生但可能会发生的一种中间状态。人工智能风险即刻画了一种安全与毁坏之间的特有状态。从对风险的认知上看，风险是否存在不仅取决于客观因素，而且还取决于行动主体的主观认知程度。对于认知程度较深的主体而言，风险是绝对性的存在，而对于认知程度不深甚至毫无认知的人而言，风险就表现为相对性的存在甚至不存在。

2.6.1.3　时空延展性

从时间向度来说，人工智能风险是社会历史性的存在，不仅现实存在，并且由于其具有不可预测性，风险将贯穿整个信息社会，也就是说，从现存状况看，人工智能风险也许只影响一代人的生存，但事实上可能影响几代人。从空间向度来说，在新工业革命、新全球化时代，人工智能风险具有不同于以往工业革命发展进程的特征。即人工智能风险既具有地域性也具有全球性特征，在技术层面塑造着人类命运共同体。

2.6.2　人工智能带来的社会秩序风险的内涵

近几年来，人工智能迎来了伟大复兴，并逐步成为产业更新换代的关键性技术。在这个大数据时代，国外互联网公司如谷歌、脸书、苹果等著名跨国企业早已强力入驻该行业，抢占技术发展制高点；国内以百度公司、阿里巴巴集团、腾讯公司为首的互联网巨头也聚焦在人工智能领域，并由此带动了人工智能初创企业的大量涌现。但此种如火如荼的发展盛况背后也隐藏着值得关注的危机。正如埃吕尔所说："所有技术进步都有代价，技术引起的问题比解决的问题多，有害和有利的后果不可分离，所有技术都隐含着不可预见的后果"。[54]人工智能的进步在给人类生活带来便利的同时也给社会秩序带来了一定的风险。

2.6.2.1　人工智能技术失控问题

人工智能在带来生产、生活、思维方式变革的同时，也给当代社会带来了伦理挑战，其中技术失控问题最为紧迫。一旦人类失去对技术的控制，人类的生活甚至生存就会遭受严峻的挑战，自然也会对社会秩序造成冲击。

温纳认为，相对于其他认知模式，科学以技术的方式，作为一种控制和操纵的手段而获得成功，自主性技术观念则"通过表明控制在实践中行不通，从而开始拆穿这一梦想"。[55]技术的自主即意味着技术相对于人类的失控。对于人工智能的未来发展，史蒂芬·霍金曾指出，人工智能日益强大的威力使机器人能够复制自己，并提高智能的速度，从而使机器人可以自己学习智能，导致转折点或"技术奇点"。[56]

技术不只是会服务人类，也可能会对人类造成危害，而且由于人工智能蕴含的危害无法估量，人类并没有试错的机会。在技术发展史上，"技术控制"与"技术失控"的二重主线一直存在，但人工智能的出现使得"技术失控"问题更加突出。由于大数据的快速发展以及人工智能自己掌握了学习智能的能力，而反观人类的认知却具有有限性和局限性，因此人类可能会无法正确预测人工智能的未来发展，人类是否能够对人工智能加以控制也被画上问号。

2.6.2.2　人工智能带来的失业问题

不可否认，人工智能的应用将会提高生产力，但目前我们尚不能摆脱基于劳力-工资的经济模式，因此人工智能带来的失业问题难以解决。事实上，弱人工智能已经在很多工厂里被大量采用，使很多蓝领工人和部分白领失去工作岗位，现在人工智能已经在制造业、医疗、法律等行业占据一定的地位。以法律行业为例，最近“法律工作者会被人工智能取代吗”成为热议的话题。随着人工智能技术在法律工作中的应用，法律检索、案例整理、判例研究、文书翻译这些初级法律人的工作，未来将逐步被人工智能替代。其实目前这一变革已经悄然发生了。例如，摩根大通开发了一款金融合同解析软件 COIN，经测试，原先律师和贷款人员每年需要 36 万小时才能完成的工作，COIN 只需几秒就能完成。[57]上海法院、检察院研发的 206 刑事案件智能辅助办案系统旨在解决刑事案件办案中存在的证据标准适用不统一、办案程序不规范等问题，具有校验、把关、监督功能，可以及时发现证据中的瑕疵与矛盾，及时提示办案人补正或作出说明，确保提请逮捕、移送审查起诉的案件符合法律规定的标准，从而实现提升办案质量和效率、防止冤假错案、减少司法任意性的目标。[58]这些变革预示着在享受人工智能带来的迅捷和便利的同时，一些机械性、重复性的工作在未来甚至当下已经在被人工智能取代。德勤于 2016 年公布的一项报告预测，未来 20 年法律行业可能将有约 11.4 万个岗位被自动化替代。技术已造成该行业约 3.1 万份工作流失。[59]

在各大互联网巨头纷纷将投资目光投向人工智能时，人工智能带来的失业问题以及失业进一步带来的对社会秩序的冲击问题也值得深思。失业人员由于缺乏经济来源，生活陷入困难之中，这不仅可能会造成个人的精神问题，如丧失信心、自我否定、抑郁等，更会成为社会中的不稳定因素，蕴含着冲击社会秩序的危机。

2.6.2.3 人工智能对法律秩序的冲击

人工智能的发展不可避免地对现存的法律制度发起了挑战，它不仅与现存的法律秩序产生冲突，而且也致使人们的法律观念发生改变甚至被颠覆。由于法律秩序是社会秩序的有机组成部分，人工智能在挑战法律秩序的同时也为社会秩序带来了风险。

人工智能首先带来的法律问题是机器人的民事主体资格问题。随着人工智能技术的快速发展，机器人拥有越来越强大的智能，机器人与人类的差别有可能逐渐缩小。未来出现的机器人将拥有生物大脑，甚至可以与人脑的神经元数量相媲美。美国未来学家甚至预测：在 21 世纪中叶，非生物智能将会 10 亿倍于今天所有人的智慧。[60]是否赋予机器人以虚拟的“法律主体资格”，在过去的一段时期，美、英等国的哲学家、科学家包括法律家都开展过激烈的争论。2016 年，欧盟委员会法律事务委员会向欧盟委员会提交动议，要求将最先进的自动化机器人的身份定位为“电子人”，除赋予其“特定的权利和义务”外，还建议为智能自动化机器人进行登记，以便为其进行纳税、缴费，领取养老金的资金账号。该项法律动议如获通过，无疑使得传统的民事主体制度产生动摇。[61]

人工智能其次带来的法律问题中讨论最多的是无人驾驶汽车导致的责任主体模糊问题。人工智能在交通领域的应用成果即无人驾驶汽车的出现。无人驾驶汽车目前是各大互联网公司投资研发的热门领域，无人驾驶汽车不仅颠覆了传统的人车、车车关系，也带来了一定的法律难题。如何确定人工智能活动后果的责任承担主体是发展人工智能必须要考虑的问题。人类自由意志的渊源在于人的自主决定权，包括对风险的评估以及对行为后果的承担能力等。无人驾驶汽车的出现无疑会减少疲劳驾驶、醉酒驾车等危险行为的出现，但同时也存在人工智能算法被置换成驾驶行为责任主体的可能性。但在法律层面，交通事故的责任承担主体到底是无自由意志的人工智能算法还是智能驾驶系统的开发者、制造者尚无定论，如果是由人工智能算法承担责任，那么其如何承担责任也是一个难题。

2.6.3 人工智能风险引发的社会风险

人工智能风险也是引发社会风险的潜在因素之一。例如各大互联网公司纷纷研发的无人驾驶汽车，目前法律中尚无规制无人驾驶汽车的规定，因此无人驾驶汽车造成事故后，责任如何承担也未确定。而如果发生推诿责任的现象导致受害人或其家属得不到公正的待遇，则可能会滋生不满情绪。由于无人驾驶汽车等人工智能的高关注度，这类消息必然会在网络上快速传播甚至被放大扭曲，从而导致不稳定因素的产生。同样可能引发不稳定局面的还有人工智能导致的失业问题。如果人工智能被广泛应用到工作岗位，可能会导致大批的蓝领以及部分白领下岗。所谓"有恒产者有恒心"，如果这些失去工作的人因为失去收入来源致使生活得不到保障，再加上如果政府未能对其进行妥善安置，则群体性事件爆发从而造成重大社会影响的可能性极大。

为应对人工智能带来的社会秩序风险，首先要在不违背时代发展潮流，即对人工智能的发展基本持支持态度的前提下，以技术和法律为手段建立风险控制机制。其次要创新社会治理制度，进一步完善社会保障体系，在最大程度上缓解人工智能发展可能带来的不确定性冲击。

法律控制是风险治理机制的重要手段。立法者必须重视控制风险功能的法治化。比如通过制定相关科技法律、法规，对人工智能的研发、使用和传播建立限制机制、禁止机制以及惩戒机制。技术控制是风险治理机制的重要措施。技术规制表现为法律规范、政策规定和伦理规则等。风险社会理论指引下的技术规则有以下特点：风险规避的主要路径，是事先预防而不是事后补救（即从技术研究开始规制，以预防技术产生的负面效应或副作用）；风险规避的基础范式，是从技术研发到应用过程的责任制度（包括社会道义责任、科学伦理责任和法律责任）；风险规避的重要措施，是奉行技术民主原则（包括技术信息适度公开和公众参与、公众决策）。[62] 防范人工智能的技术性风险，不仅涉及强化法律规制的传统制度改造，而且要求建立以社会监管为重要内容的政策体系，同时形成以全面理性为基本内涵的风险控制机制。[61]

此外，要创新社会治理制度，进一步完善社会保障体系。因为人工智能的发展同样会导致利益的分化与重构，而如何保证技术革命成本的承受者得到最大程度的弥补并使所有人都享有技术发展的"获得感"，不仅是社会发展公平、正义的必然要求，也是促进技术革命更快完成的催化剂。就具体的政策设计来说，为缓解人工智能所可能带来的失业潮，基本收入制度的普遍建立可能应该被提上讨论议程了。"基本收入"是指政治共同体（如国家）向所有成员不加任何限制条件地支付一定数额的收入，以满足其基本生活的需求。[63]在人工智能所带来的危害尚未充分暴露之前，发展社会治理机制、改善社会保障体系是平衡技术发展与由此产生的社会秩序风险之间关系的途径之一。

传统城市风险可能会给某一部分群体的生命、财产安全造成威胁，这种危害尚是有边界的。但随着自媒体时代人们沟通渠道的增多、信息交流的便捷化，传统城市风险可能会带来席卷全社会的恐慌，埋下影响社会稳定的因子，从而引发社会风险。社会风险所带来的危害则可能是没有边界的、影响深远的。

3 对城市社会风险条件的管控

3.1 城市社会风险的风险诸条件及其关联

传统的城市风险研究主要将城市风险进行类型化的分类，在固定分类的基础上进行风险的预防、处理等相关研究。但从任何一个领域防范特大型城市风险都将是一种片面化、理想化的理念。只有把特大型城市风险条件视作一个整体，考察风险诸条件及其关联，以分析特大型城市风险的系统性风险，不把特大型城市视为一个个固定的元素，而是以更高的视角将其视为一个整体，达到特大型城市系统论上的优化，才能更为全面和深刻地理解特大型城市风险的本源，并基于此构建应对特大型城市风险的解决路径与方法。

3.1.1 特大型城市系统与特大型城市风险

无论是自然界还是人类社会，各色各样的系统普遍存在于二者之中，系统与系统之间相互关联、相互依赖，共同组成了一个统一有机的整体。通常情况下，系统本身又是它所从属的一个更大系统的组成部分。特大型城市正是这样一个大系统：是由一个个具有独立功能的单元、子系统组成的有机整体，这些子系统无意识地依照特大型城市系统的要求，共存于特大型城市之中。没有任何一个子系统可以离开特大型城市这一大系统，一旦离开，便会迅速衰亡。故所有子系统均应融入特大型城市系统作为一个整体，由特大型城市这一大系统对其各组成部分进行统一的指挥，更好地发挥各子系统最大的功效。各个子系统之间密切配合，将各项工作统一于特大型城市系统整体功能中实现。[64]特大型城市系统整体性特征可用系统论的著名定律来描述：整体大于它部分的总和。

针对特大型城市这个大系统，其中不可避免会出现城市风险。这些城市风险在本书第 1，2 章中已作介绍。吉登斯将风险分为外部风险和非外部风险：外部风险是指来源于人类意志之外的由自然的随机性、周期性带来的风险，典型的如病毒流感、洪水饥荒等；内部风险是指人类自身的不合理行为给其自身带来的灾难，如核泄漏、全球变暖等。[65]就特大型城市而言，往往会出现如下几种风险情形：第一，城市人口集聚风险。特大型城市汇集了大规模人口，人口本身使特大型城市多个维度的风险交织在一起。第二，城市人口贫富差距巨大。主要表现在特大型城市中精英集团与城市底层人口收入差距较大，这成为特大型城市非外部性风险的重要导火索。第三，城市居民日益增长的生活、生产需求与公共资源的相对紧缺产生矛盾。上述特大型城市风险类型包括社会痛苦风险、公共安全风险、精神卫生风险、社会紧张风险、利益保障风险、社会冲突风险、腐败风险、对立风险等。而在特大城市风险背后蕴含着更为深层次的风险隐患，它们才是产生社会风险的根本原因，这些风险隐患包括经济总量、生活水平、贫富差距、社会保障、信息透明度、价值观一致程度、城市发展结构等。社会风险类型及风险隐患类型具体如表 3-1、表 3-2 所列。[66]

表 3-1　　社会风险类型及风险点

社会风险的类型	社会风险点(示例)
1. 社会痛苦风险	(1) 通货膨胀率
	(2) 城镇登记失业率
	(3) 贫困人口率等
2. 公共安全风险	(1) 刑事案件立案率
	(2) 重大刑事案件发生率
	(3) 重大生产事故发生率
	(4) 重大传染病发生率等
3. 精神卫生风险	(1) 每万人精神病患者比率及增长率
	(2) 每万人心理疾病患者就诊率及增长率
	(3) 每万人自杀比率及增长率等
4. 社会紧张风险	(1) 信访数
	(2) 个人上访数
	(3) 集体上访数等
5. 利益保障风险	(1) 损害消费者权益申诉次数
	(2) 劳动合同纠纷受理件数和增长率
	(3) 行政诉讼件数和增长率等
6. 社会冲突风险	(1) 集体示威游行发生数
	(2) 集体罢工发生数等
7. 腐败风险	(1) 重大贪污案件立案数
	(2) 高级别官员贪污腐败案件立案数等
8. 对立风险	(1) 宗教对立状况
	(2) 民族对立状况等

表 3-2　　社会风险隐患类型及风险点

社会风险隐患类型	社会风险点(示例)
1. 经济总量	(1) 年国内生产总值增长率
	(2) 年人均国内生产总值
	(3) CPI 状况等
2. 生活水平	(1) 城镇居民人均可支配收入
	(2) 恩格尔系数
	(3) 民众对生活水平的满意度状况等
3. 贫富差距	(1) 基尼系数
	(2) 民众对贫富差距的意见等
4. 社会保障	(1) 医疗保险覆盖率
	(2) 养老保险覆盖率
	(3) 弱势群体的社会保障状况等
5. 信息透明度	(1) 基层政府公务公开率
	(2) 村务公开率等
6. 价值观一致程度	(1) 对政府重大决策的知晓率
	(2) 对政府重大决策的认同度
	(3) 对社会公平公正的评价
	(4) 对社会责任的认同和评价等

从根本上说，上述风险隐患是由于需求的日益增长与特大型城市扩张存在极限之间的矛盾。这一矛盾为特大型城市无法回避的城市综合风险埋下了伏笔。特大型城市作为资源配置的核心，如果发生范围较大的特大型城市风险，严重情况下通过信息传媒的广泛传播还会引发激烈的社会动荡。[66]

上述外部风险隐患、非外部风险隐患看似只是特大型城市风险产生的前兆，似乎并未形成真正的特大型城市风险。但笔者认为，从系统论视角来看，恰恰是这些似乎不被认定为特大型城市风险的前兆，却是特大型城市风险产生以及爆发的决定性因素。从根本上来说，上述外部风险隐患、非外部风险隐患已经构成了特大型城市风险，它们是特大型城市风险产生的可能性，潜在的风险只有搁置自身不是风险的潜在性，才可以将它转变为实实在在的风险。[67]故从这个意义上来说，特大型城市风险应当包含上述外部风险隐患和非外部风险隐患。

对于在特大型城市中出现的种种城市风险，我们首先应当从认识论上理清应该如何看待它，而不是急于从不同领域去分析它、解决它。特大型城市风险的出现源于特大型城市系统，根本上受到特大型城市属性的制约。风险社会中灾难的发生一向不以灾难发生地为局限，它可以很快速地扩散至整个特大型城市之中，并且具有超乎想象的破坏力，使得政府机构无法有效预警。那为什么特大型城市风险会有如此巨大的延展性与扩散性，远远超出人们的预警和事后处理能力？举例如下：城市较差的排水能力所导致的风险不仅会威胁到市民生命安全，特别在特大型城市中，暴雨造成的交通瘫痪还会影响经济贸易的正常进行，引起人群的集体恐慌，若这种情况长期存在，不改善，进而引发群众对政府相关部门的质疑等一系列城市型风险。从这个例子中可以看出，特大型城市风险呈现出相互纠缠、彼此交叠复合的系统性风险。

社会学上城市的概念可以为特大型城市系统的概念提供借鉴。城市是一个综合政治、经济、文化、社会、地点的空间与时间的综合共同体。城市化是使城市居民、城市建筑、城市建设、城市空间结构、城市生态在时间内重组与重塑的过程。特大型城市新的空间结构囊括了传统城市的一切结构并远远超出这一结构，特大型城市的这一结构包括城市地理空间、社会建设与发展空间、经济金融互联网虚拟空间、居民心理和社会交往空间等。城市化具有空间与时间的解构与建构的双重效力，以空间的重新利用与发现为特征，以特大型城市空间内居民的生活为内容，以现代政府管理与公民权利行使为内核，破坏性与建设性同时在特大型城市中孕育而生。在特大型城市发展期间，阶段性、随机性的城市发展特点加剧了特大型城市空间内的冲突与风险，这既从一个侧面反映了特大型城市治理时的管理问题，又反映了特大型城市自身建设的必然局限性，也孕育着特大型城市空间再建构新的可能性。[68]

基于社会学上对城市概念的剖析，特大型城市系统可以被归纳为相互交织的五个层次：政策、参与者、行为、过程和模式。特大型城市发展最重要的驱动力是政策；特大型城市演化的直接观察对象是模式；特大型城市时间内线性体现为过程；特大型城市政府与居民共同的活动是行为；特大型城市最主要的约束者是参与者。在上述方面中特大型城市的主要层次是行为、模式和过程。各层次之间的影响是多层的、联系的，而非唯一的、单向的。[69]

特大型城市系统比一般城市系统更具演化的复杂性。首先，特大型城市系统具有差异悬殊的城市生产力。如某高新技术企业一年内为特大型城市创造的价值超过千亿元；而保洁和物业公司同样需要存在于超大型企业之中，但它们的社会价值总是藏而不露，经济价值在市场竞争中也总是处于较小状态。这两种完全不同但并存于特大型城市的社会和经济实体表明了生产力差异巨大的不同经济组织同时存在于特大型城市之中，且都是特大型城市系统构成的必要组成部分。这一生产力的巨大差异可以归纳为特大型城市内各经济组织的异质性，而异质性是特大型城市相互作用的结果。特大型城市演化的发展历程已经表明，各经济组织具有异质性特征是不可避免的，并且这种异质性是造成特大型城市风险复杂性的原因之一。其次，特大型城市系统具有超越普遍城市的空间复杂性。城市发展规划者的有限理性使得特大型城市的发展在时间尺度上超出了规划者和一般民众的预期。特大型城市各空间结构之间错综复杂的效果可以是正反馈也可以是负反馈。[69]再次，特大型城市时间复杂性难以预估，甚至可能是不可估量的。在时间维度上，特大型城市系统不是一蹴而就的。这一系统的存续是基于长期以来的物质积累与不断的规划建设。无数子系统的相互交错，新的子系统的诞生，使得特大型城市的演化呈现出极强的非线性特征。特大型城市的演化根本上受到时间的约束。在漫长的时间流逝过程中，不同时期产生了不同甚至完全相反的规划，特大型城市的发展与扩张难以估量，过去、现在与未来的城市发展路径呈现“混沌”的状态。最后，特大型城市由于其复杂的系统体现出决策的复杂性。特大型城市各级管理者出于自身职责与相关利益的考虑，对于城市发展所追求的目标可能有所不同，并且极有可能出现相互矛盾的情况，与特大型城市时间上非线性的发展类似，特大型城市的决策性也呈现出各主体之间非线性的相互作用。

3.1.2 特大型城市风险关联性特征分析

在上述对特大型城市系统进行较为详细分析的基础上，对特大型城市风险展开分析。特大型城市风险的关联分析正是着眼于特大型城市系统结构性缺陷之上。特大型城市风险与传统城市风险、中小型城市风险之间最大的区别在于特大型城市风险与风险的关联性。本书将特大型城市风险的关联性对应于特大型城市系统的概念，称之为“系统性风险”。系统性风险具有不同的风险类型相互交织、相互关联，种种风险相互叠加、一起爆发的特点。特大型城市的关联性风险即系统性风险主要有以下几个特点。

1. 密集性

特大型城市系统由于城市规模巨大、人口集中度高、城市产业集中度高、道路房屋排列紧密等原因，具有密集性这一显著特征。根据之前的分析，特大型城市系统的密集性深刻影响了特大型城市风险的特征。一旦特大型城市系统风险爆发，将不可避免地对特大型城市的点、线、面产生综合性影响。一种风险在高密集性的特征下也极易演化、生成另一种无法预料、不可控的风险。尤其值得注意的是，特大型城市的基础设施高度复杂且层层关联，一环扣一环，构成了一个有机整体。然而基础设施建设整体性越强，构造越复杂，基础设施本身越具有相当的脆弱性。一旦一种风险灾害发生，这种基础设施的密集性构建会对特大型城市的安全造成严重的影响。经典的特大型城市风险密集性的案例是 1995 年日本大阪大地震。这次大地震以神户市为中心，范围主要集中于都市中心，特别是在震源及活断层沿线、淡路岛西北部、神户市等地区的灾情尤为严重，死亡和失踪人数达到 6 300 余人，受伤 36 938 人，倒塌房屋 20 万户以上，地震造成的经济损失达到 100 000 亿日元以上。[70] 大多数房屋和住宅坍塌，造成了大量居民死亡。与此同时，高架公路也发生坍塌，导致交通道路被切断。同时，埋在地下的自来水管线、煤气管线、电话线等生活设施由于大量建筑物的坍塌而被切断。地震后由于交通、水力、电力等基础设施的切断导致震后至关重要的生命线被阻断，以至于无法及时有效地开展救援，直接导致了灾民无法及时得到营救和处置。

2. 流动性

特大型城市往往是特定地区的经济中心，辐射一整片中小型城市的核心，往往是高新技术开发区、经济金融中心、城市交通枢纽、产业中心和大型购物中心等。大量的商品、资本、劳务、技术集中于特大型城市。这种开放和流动的特大型城市系统的属性决定了特大型城市流动性风险大大增加。越来越复杂的特大型城市风险，带来了更多的输入性、原发性、输出性风险隐患。慕尼黑再保险公司(Munich Re)曾指出：“世界上任何一个国家的特大型城市的崩溃，无论该城市遇到的是自然灾害还是人为灾难，该国的金融秩序与经济发展都极有可能受到极大的影响。”[71]特大型城市公共卫生风险的快速上升反映了特大型城市风险流动性的特征。如2014年登革热疫情在我国南方地区迅速传播，仅广东省的登革热病例患者就达到了4万多例。另外，地处浙南沿海地区的温州市由于经济发展水平较高，吸引了大量人口的流入，由于气候条件适宜登革热传播媒介——白纹伊蚊（*Aedes albopictus*）滋生繁殖，故近年来温州市报道了多例登革热输入性病例，2014年2例无外出史的登革热病例，一定程度上揭示了登革热病在温州市民中已有感染并有一定概率引起登革热病突然爆发的城市社会风险。[72]欧盟诸多城市自2010年以来爆发了多种传染病流行病。2010—2011年冬天，欧洲城市流行甲型流感、肺结核、艾滋病、性病、乙型肝炎和丙型肝炎等疾病。[73]由此可见，公共卫生风险在不同国家、地区、城市之间有极强的传播性。以特大型城市北京为例，截至2002年3月31日，1190例“非典”在中国大陆被确诊，广东省成为了“重灾区”，12例输入性病例在北京发现。[74]高感染性的全国公共卫生风险极易转为特大型城市风险，其关联性在于特大型城市风险的流动性。

3. 叠加性

特大型城市系统的时空异质性、空间复杂性及决策复杂性等特点共同决定了特大型城市风险一旦发生，会产生如同多米诺骨牌般的强烈复合效应，风险由量变转为质变，并与现存的风险产生叠加效应，向外部不断发散。这一特点是特大型城市风险区别于传统城市风险的最大特征。特大型城市风险的爆发初始似乎是一个无关痛痒、没有显著危害的小问题，但随着时间的推移，问题逐步扩大、加深，到一个时间点后突然呈指数级爆发增长，最终导致严重的特大型城市风险的爆发。这一风险累积的时间越长、未来受灾的范围越广，灾后越难以恢复。第3.1.3节将使用系统论上的“蝴蝶效应”理论分析特大型城市风险的叠加性。

3.1.3 “蝴蝶效应”理论与特大型城市风险

“蝴蝶效应”最初来源于气象学的一种现象。蝴蝶效应最初由美国麻省理工学院学者洛伦兹提出：“初始值的极端不稳定性”会产生“蝴蝶效应”。他认为，“南美洲的一只蝴蝶扇动一下翅膀，可能导致美国得克萨斯州的一场龙卷风。”即蝴蝶翅膀的扇动使得周边空气流向产生轻微的改变，而正是这一改变会逐渐影响四周气流，逐渐扩散、叠加形成连锁反应，最终在美国得克萨斯州形成了一场龙卷风。“蝴蝶效应”一般定义为：事物的发展与生成与其初始状态具有密不可分的联系时，初始状态极其微小的偏差都会在这种情况下对事物的后续发展与生成造成极其重大的影响。“蝴蝶效应”理论自20世纪60年代被发现后，在自然科学领域越来越被重视，并被应用于其他领域。[75]

“蝴蝶效应”这一系统论可以应用于城市风险的研究中。其社会学含义是：再不起眼、微小的事件都极有可能对整个城市的风险爆发产生剧烈的影响。如果在事件初期不能有效控制、引导、解决，经过一段时间的指数级演化与突变，会对整个城市安全产生严重的威胁和影响。“蝴蝶效应”在城市风险的经典例子是1911年的纽约火灾案。火灾发生在美国纽约市华盛顿广场附近的大楼里，事件的导火线只是大楼第 8 层的车间中出现了一丝火苗，但是这一丝火苗却在短短几分钟内燃成了熊熊大火。然后由于火灾导致电梯停止运行，步行楼梯又因为了防止女工偷窃工厂产品而被工厂主锁住，该火灾导致 146 人死亡。[76]从一个安全隐患到城市的一场重大安全风险，看似很遥远，但依照“蝴蝶效应”却是近在咫尺。除了共同安全风险外，“蝴蝶效应”也可以体现在城市群体事件风险之中，如 2011 年广东省的“古巷事件”，一名外来务工人员因讨薪发生争执而受伤，成为了一次严重群体性事件的导火线，对广东古巷镇造成了严重的经济损失。冲突的不断升级反映了“蝴蝶效应”扩散、递增的影响。

上述两个案例分别从城市公共安全风险及城市群体事件风险两个角度展现了“蝴蝶效应”在城市风险问题上的影响。下文将详细描述社会学中“蝴蝶效应”的三个构成要件并基于此分析“蝴蝶效应”在特大型城市风险关联性上的体现。

“蝴蝶效应”之所以能发挥作用，离不开主体根源、最初状态以及连接链条，换句话说，“蝴蝶”“扇动翅膀”和“周围空气系统相互影响”是产生“蝴蝶效应”的三个根本条件。

首先，对于特大型城市风险而言，“蝴蝶效应”中“蝴蝶”指的是特大型城市系统。特大型城市系统具有根本上不同于传统城市系统的时空异质性、空间复杂性及决策复杂性，导致了特大型城市系统初始较普通城市更具有系统论上的“混沌状态”。特大型城市风险的发生是一种“决定性随机”，即同时具有决定性和随机性双重特点。其决定性来源于特大型城市系统的根本属性所具有的本质缺陷。而特大型城市风险的发生却完全是一个随机性的事件，它可以发生在任何时间、地点、区域，所涉及的对象、群体也是完全随机的。但其随机性又受到其必然性的约束，特大型城市系统的本质缺陷不可避免，从而特大型城市风险发生也是无法回避的。

其次，特大型城市风险的“扇动翅膀”是指特大型城市秩序运行中出现微小偏差的初始触发因素。“蝴蝶效应”最大的特征在于一个微不足道的因素可以引发极其严重的后果。这个微不足道的因素在特大型城市风险中指的是与特大型城市一般秩序产生偏差的初始诱发因素。本章第 3.2 节对于上海市各部门、各单位的调查研究的目的便是探寻上海市各个领域的城市发展中存在的问题，即不符合城市安全发展的状况或者可能性。因为这种状况或者可能性极容易成为“蝴蝶效应”中的“扇动翅膀”。一些不规范、不合法的措施看似无关紧要，但正是这种对于特大型城市秩序微小偏差放任不管的态度导致了微小的偏差最终蜕变为特大型城市风险的触发因素。稍不注意，这些微小的偏差就会像多米诺骨牌一样，层层叠加，最终引发令人无法想象的风暴。

最后，特大型城市风险的“周围空气系统相互影响”是指在初始偏差形成以后，一个较小的特大型城市风险根据特大型城市系统的相关链条传导、放大，最终导致一个严重的危害后果。“周围空气系统相互影响”证明了特大型城市的诸多风险是“一而二，二而一”的。看似性质完全不同的两种或多种特大型城市风险会相互转化和演变，最后由一种特大型城市风险演化为多种城市风险并存的局面。城市风险通常不是独立存在的，就像多米诺骨牌那样，一种风险的形成与发展往往会导致新的风险的产生与扩张。而新产生的风险的影响范围或危害程度往往要大于最初风险的危害。[77]以 2011 年 3 月的抢盐事件为例，城市谣言导致了抢盐事件的爆发，抢盐事件的事态严重性扩张导致了普通公民疯抢食用盐，而在疯抢的过程中演化出踩踏事件及城市盐荒等其他城市风险。抢盐事件、城市盐荒进一步滋生舆论风险、公众恐慌及市场动荡等其他城市风险，最终导致整个城市社会秩序混乱。抢盐事件暴露出了城市风险相互影响的现实性问题。特大型城市较之普通城市而言更是不得不直面"周围空气系统相互影响"。"新媒体拥有远超传统媒体的传播速度，使得短短几天内抢盐风波由几个城市扩展到全国各地。其中不仅有谣言的影响，还有社交媒体对此次事件夸大报告的影响等，种种原因之间的相互交融使得抢盐风波成为了当年的重大社会事件，也让人深思现代信息爆炸式的传播速度。"[78]特大型城市系统的高度发达媒体属性成为了特大型城市风险传导性极强的"周围空气系统"，特大型城市系统的系统整体复杂性决定了特大型城市风险转化、演变的关联性和易变性。综上所述，"蝴蝶效应"中"周围空气系统相互影响"对特大型城市风险的传播、演化产生了重要的影响。

3.1.4 特大型城市风险关联性之破解

特大型城市风险之间关联性具有三个特点：密集性、流动性与叠加性。其中系统论中的"蝴蝶效应"理论可以阐明特大型城市风险关联性的本质——基于特大型城市系统的本质缺陷产生的风险特点。在分析完特大型城市风险关联性的特点之后，有必要依据该特点作出破解特大型城市风险关联性的理论分析。

对于特大型城市风险密集性特点，可以从建立更加完善的流动人口管理体系和城市规划设计体系两个层次来解决人口与建筑物规划的密集性。根据国家人口和计划生育委员会发布的《中国流动人口发展报告 2018》，从 2010 年到 2017 年，我国城镇人口比重连续多年超过 50%，且一直呈逐年涨高趋势，流动人口规模达到历史新高，流动人口的流量、流向、结构和流动人口群体的利益诉求都在发生深刻变化。特大型城市是流动人口的主要流向，大量人口流向特大型城市造成了特大型城市中心区域人口的高密集度，这一特大型城市特点本身蕴含了特大型城市风险密集性的风险特征。因此建立特大型城市流动人口管理体系，疏散特大型城市中心高密集性人口，将其分散至特大型城市的其他区域，作出有利于人口流动的政策性导向，是防止特大型城市风险密集性的一个重要措施。另外，在特大型城市规划设计中也需要注意防止特大型城市建筑高密集度设计。如密集性建筑已建成，则在密集性建筑群中确保风险防范通道的通畅与安全，确保在密集性建筑群中人员的生命与财产安全。通过上述两方面的共同作用，预防特大型城市风险的密集性，从而削弱特大型城市风险的关联性特征。

对于特大型城市风险流动性特点，可以尝试建立社会稳定指标体系和社会风险预警机制。特大型城市风险的流动性决定了特定种类的城市风险传播速度非常快，一种在特大型城市本没有的风险可以在一天之内被传入，并在几天内蔓延至整个城市之中。为此，特大型城市需要建立一个更为高效的社会稳定指标体系和社会风险预警机制。例如，美国建立了诸如福兰德指数、痛苦指数以及哈佛景气动向指数等预警指标，而以英国为首的七个国家则建立了"经济指标相互监测”体系，对国家经济进行监控，及时了解社会经济发展情况，以便建立相应的应对机制。[79]通过建立社会稳定指标体系和社会风险预警机制，任何快速流入特大型城市的风险都可以被及时识别，在该风险通过“蝴蝶效应”爆发成为严重风险之前，及时将该风险有效化解。通过这种途径预防特大型城市风险的流动性。

叠加性因为“蝴蝶效应”的扩散成为了特大型风险关联性最重要的特点。破解特大型城市风险关联性的根本——破解特大型城市风险的叠加性，在于补足特大型城市系统的缺陷与不足。根据前文论述，特大型城市风险根植于特大型城市系统之中，是特大型城市系统中缺陷与不足的直接反映。因此，理解特大型城市系统及其属性缺陷成为了政策制定者和每一个公民必须考量的因素。理解特大型城市系统也称为“城市思维”。特大型城市是由经济、社会、工业、生态等要素共同构建的人类生存空间，实现人的生活、生产、交通、休憩需要的有机整体。理解特大型城市系统便是要建立以系统论为思维基本模式的思维形态。系统论的创始人奥地利生物学家塔朗非提出系统论的三个基本原则：一是有机整体性的原则。任何一个城市都不能被看作一个独立的单元，其内部的政治、经济、文化、社会等诸多要素都要进行统一管理。二是组织开放性原则。城市固有环境不可避免地会影响城市发展的思路与实际路径，应当因地制宜，因势而变，不可墨守成规，同时依据区域自身特点形成城市内各地区的战略。三是组织等级原则。城市应当被视为一个一个等级的集合体，不同等级之间的部门相互配合、通力合作。不同等级的部门、不同等级的区划发挥着不同的作用。[80]预防特大型城市风险最好的手段在于根治特大型城市系统的缺陷与不足，这种缺陷与不足是建立在“城市思维”对特大型城市系统的理解基础之上的。因此改变对特大型城市的认识论与方法论，寻找特大型城市系统的缺陷并加以修正，是解决特大型城市风险最根本的途径和方式。

当然，特大型城市系统随着时间的推移不断发生变化，与此相对应的是特大型城市风险也是随着时代的不断更迭而不断变化。我们当然无法规避所有的特大型城市风险，但掌握特大型城市系统思维能让决策制定者和一般民众提前预判或规避部分特大型城市风险。即使无法规避，也可以借助完善的特大型城市风险防范体制减少特大型城市风险对特大型城市及其内公众的危害和损失。特大型城市风险的关联性是特大型城市风险问题中最为复杂的一个，正确认识特大型风险的关联性，是全面理解特大型城市风险制度、解决特大型城市问题的核心之一。无论是政府决策者、一般民众还是企业生产者都需要树立起完善的特大型城市系统思维，共同努力，携手应对特大型城市风险给特大型城市带来的挑战。

3.2 上海市城市风险防控总体情况

伴随着我国城市化进程的显著增速，城市规模、城市功能和城市人口等也都在不断扩大，再加上城市发展方式、产业结构的调整升级，让现今城市的运行系统日益复杂，任何一个领域出现问题，都会带来整个系统的震荡，对城市安全管理工作带来极大的挑战。一旦城市在安全管理工作上有所疏忽，就极易产生城市安全风险，造成安全事故频发，不仅产生经济上的损失，还会带来政府公信力的下降和民心的涣散。如果事故发生之后处置妥当，那么尚可在一定程度上安抚民意，反之，就会出现不同程度的反对抗议行动，造成社会秩序的混乱，城市安全风险引发城市社会风险。

作为一座实有人口超过两千万[81]的超大型城市，上海时时刻刻面临着治安、消防、交通、反恐等众多传统与非传统安全威胁的严峻考验，即所谓的城市安全风险。而这样的特大型城市又由于人口高度聚集、人员活动强度大等特征，一旦发生安全事故，往往具有强烈的扩散性，且伴有衍生事故，因而其危险性强、舆论关注度高，对民众心理冲击大。上海也认识到了自身在城市安全管理中所肩负的重担，早在 2006 年就根据其特大型城市特点和未来发展的需要，编制了《上海市突发公共事件总体应急预案》，并落实到了上海各区县。2014 年又依据国务院办公厅发布的《突发事件应急预案管理办法》《上海市实施〈中华人民共和国突发事件应对法〉办法》等，制定并颁布实施了《上海市突发事件应急预案管理实施办法》，进一步加强城市的安全管理。近些年来，上海市政府的工作重心已不再仅仅是“以事件为中心”，而开始向“以风险为中心”转变；从只注重“事后应急”向“事前预警、事中防控”作转变。

以下就上海城市运行中与民众生活密切相关的几个领域的城市安全管理总情况进行介绍。相较于其他领域来说，这些领域如果发生事故不仅规模大并且连锁反应明显，传统风险的生成在所难免。于上海而言，这座特大型城市能够顺利平稳地运行，也正是因为这些领域对风险意识的强化和日常安全管理的到位。

3.2.1 轨道交通领域

得益于上海轨道交通领域的有效管理，上海市地铁在多年的运行中，并未发生大的安全事故。截止到 2018 年 3 月，上海市轨道交通网络共 16 条线、666 km(含磁浮线)、389 座车站，规模位居世界第一。2017 年，全年路网共运送乘客 35.5 亿人次，日均客流 968.13 万人次，位居世界第二，单日最高客流 1 186.67 万人次。轨道交通客流在全市公交分担比例达到 54%，在公共交通体系占骨干地位。上海申通地铁集团有限公司(简称“申通集团”)于 2004 年重组后，成为上海轨道交通投资、建设和运营管理的责任主体，是国内首家加入国际地铁协会(CoMET)的企业，现担任改革后的中国城市轨道交通协会首任轮值会长单位。该公司定位为公共服务类企业，所属二级企业分为公共服务类、功能类和市场竞争类三个类别；该公司本部设 19 个职能部门，29 家下属单位(含项目公司)，员工总数 2.9 万余人，平均年龄约 30.9 岁。

3.2.1.1 轨道交通运行安全工作总体情况

1. 运营安全管理

申通集团建立了两级安全生产委员会制度，设立运营安全生产监督管理机构，形成集团、运营单位、基层班组三级运营安全管理网络和“党政同责、一岗双责、齐抓共管”的责任体系。通过落实安全生产责任制、突出重大安全风险管控机制、重视员工技能培训、确保设施设备运行良好，与社会各方合作建立大客流应急处置等工作的“四长联动”机制、轨道交通反恐怖防范工作责任体系、火灾隐患自查自救和消防实战联动等方案。不断强化管理，上海市轨道交通运营安全质量总体受控，运营安全事故率持续降低，每百万车公里的事故件数，从 2010 年的 0.17 件下降到了 2017 年的 0.013 件。网络 5 分钟延误事件间行驶里程，2010 年为 15.7 万车公里，2017 年该指标提升到了 367 万车公里。2010 年，列车正点率为 98.10%，2017 年达到 99.83%，在国际同行中处于先进水平。

2. 提升运营服务

一是增能提效。为减缓高峰时段的过度拥挤，申通集团通过扩大列车编组、加快增购车辆、改造信号等设施设备、挖掘管理潜能、优化运营组织和列车运行图等多种手段，不断提升网络运能、缩小发车间隔。2015 年以来，网络高峰时段发车间隔平均从 3 分50 秒缩小到 2 分 55 秒，10 条线路缩小到 3 分钟以内，11 号线最小发车间隔缩小到 2 分钟，达到业内先进水平。二是延长网络运营服务时间。在确保安全运营的前提下，申通集团自我加压，提升夜间维修保养效率，2017 年 4 月起，对 6 条线路实施周末和节假日延时运营过零点，平均延时 83 分钟，最长延时 105 分钟，让深夜晚归的市民交通更加方便快捷，也促进了上海夜市经济的发展。三是探索推广智能化、信息化的运维手段和服务举措。探索开展基于大数据的智慧运维，包括智能数据采集、设施设备状态监控、智能分析、远程维修指导等。建成了“1+6”乘客信息服务系统，在业内率先实现无线信号在地铁站厅和车厢的全覆盖，加快推进地铁移动支付，并开通“Metro 大都会”App 平台，为乘客提供“导乘、导读、导游、导购、导吃”的“五导”服务。

3. 企业文化和公共文化建设

一是履行企业的使命与责任。申通集团确立了“社会责任第一、安全质量第一、团队协作第一”的企业核心价值观，通过培育先进典型、制作“小人物真故事”微视频、运用自媒体开展教育培训等，强化意识形态宣传引导，用身边事激励身边人，教育引导集团内每一位员工“严字当头、爱岗敬业、忠于职守”，营造风正气顺、团结和谐、奋发有为的企业文化氛围。二是坚持“开门办地铁”的理念。推进企业文化与地铁公共文化、地铁文明建设与城市精神文明建设的有机融合与互动，形成多层次的地铁公共文化体系，让乘客在地铁中“看得到作品、听得到音乐、学得到知识、悟得到精神、感受得到文化氛围”。

3.2.1.2 面临的主要困难和问题

(1) 超大规模客流及其不均衡性给运营组织带来的挑战。超大规模网络客流早晚高峰的时间不均衡性以及不同线路、不同区段的空间不均衡性更加突出，对运行计划安排、车站客运组织、应急调度指挥、乘客信息服务提出了更高要求，任何一个环节出现问题都有可能发生延误，产生大客流风险，某一条线路发生故障，必然影响到关联线路，甚至波及整个网络，对社会影响也会被放大。

（2）隧道结构安全和设施设备系统可靠性、稳定性的挑战。由于上海软土地基特点，隧道结构容易发生沉降变形，管理维护的体量巨大、情况复杂。轨道交通保护区范围内的违规施工作业、超负荷堆土或周边开挖等外界侵袭因素时有发生，极易造成隧道结构变形、构件脱落，甚至断裂坍塌，导致严重事故。此外，由于上海轨道交通发展历史的特点，上海轨道交通网络装备系统的制式种类多、新老系统并存、集成度差异大、兼容程度不同等特征更加凸显，对系统运行的稳定性以及设备维护提出了更高要求。

（3）资金可持续的挑战。上海轨道交通网络规模日益扩大，2020 年将超过 800 km，远期要达到 1 000 km 以上，网络日常运营投入巨大。有些郊区线路客流需要培育，部分线路进入老化期，维修成本增大。轨道交通票价十多年保持未变，资产资源开发收益还相对较小，轨道交通日常运营收支难以平衡，特别是大修更新改造、安检安保政府资金缺口较大。

（4）治安反恐的挑战。轨道交通的特点是线路长、站点多、人流高度密集，公共安全防范难度极大。特别是近年来，针对轨道交通的恐怖袭击呈多发高发趋势，上海又是国际化大都市，在全球范围内具有重要影响，各类重大会议、重大活动和重点赛事安排较多，安全反恐压力巨大。

3.2.2 安全生产领域

随着上海这座城市的快速发展和城市规模的不断扩大，各类要素的流动性和集聚性进一步增加，上海的经济发展和社会文明进步达到新的高度，全社会对关爱生命、关注安全的呼声和期望值逐渐增加，从业人员对生产安全和职业卫生的维权意识随着法治社会的建设亦在逐年增强，对安全生产监管效能、事故灾害应对处置能力，社会也提出了更高的要求，这都对上海的安全生产监管工作提出更高要求。

3.2.2.1 上海市安全生产领域总体情况

据统计，2017 年上海市因安全事故死亡的人数共 463 人，其中生产性交通事故 200 多起、安全生产监管事故 202 起，发生比率总体比 2016 年分别下降了 3%和 7%，实现了双下降。此外，涉及工矿商贸的事故共 3 起，死亡 18 人，比 2016 年同期下降 10%以上。在安全生产监管工作上，扎实推进并落实五个坚持：

（1）坚持完善责任体系，上海市的安全生产已经做到党政同责。

（2）坚持推进依法治理，2017 年 9 月，为全面加强和改进本市安全生产工作，促进安全生产形势持续稳定好转，根据《中共中央、国务院关于推进安全生产领域改革发展的意见》，结合本市实际发布了《中共上海市委、上海市人民政府关于本市深化安全生产领域改革发展的实施意见》（沪委发〔2017〕21 号）（简称《实施意见》）。该《实施意见》对本市安全生产监管执法工作举措进行了系统梳理、调整、优化、细化，并体现了本市安全生产监管执法中已试点实施和准备实施的部分工作，形成加强安全生产监管执法的系统性举措。

（3）坚持改革创新。

（4）坚持强化重点管控。

(5) 坚持夯实基层的基础。

3.2.2.2 面临的主要问题

(1) 企业在履行主体责任方面还有待于加强,特别是中小企业。

(2) 上海基层监管的体制机制效能有待进一步提高。相比北京,上海安全执法力量不足。区域层面的监管体制运行情况较好,但基层乡镇的监执法力量并不到位,两个层面差异较大。

(3) 上海的城市运营风险。一方面上海是个脆弱的城市,包括上海轨道交通每天 1 100 万人次左右的客流,反映了上海安全生产的形势非常严峻。另一方面,现在大众和社会对安全事故的关注度越来越高,容忍度越来越低,对安全生产工作提出了更高的要求。

3.2.3 舆论管控领域

上海属于互联网产业的重镇,网络活跃个体数量庞大,背景繁多,地域特色明显。从数量上看,上海有 40 万家网站,300 多万个微信公众号(注册在上海并运营在上海)。虽然上海没有像网易、凤凰网、百度、腾讯这样的互联网企业,但是上海的财经咨询类网站、生活服务类网站,包括澎湃这样的新闻网站以及娱乐网站数量较多。社会稳定的舆情虽平稳可控,但舆情风险却不断涌现。

3.2.3.1 上海市网络舆情管理工作总体情况

自 2015 年 5 月上海市委网络安全和信息化领导小组办公室(以下简称"市委网信办")成立以来,上海全面贯彻落实网络安全工作责任制,构建关键信息基础设施网络安全保障体系,加快建设网络安全态势感知体系,加强网络安全应急体系建设,形成具有上海超大型城市特点的统筹协调、高效运转的网络安全工作机制。

(1) 网络舆情方面,总体平稳可控,但是仍存在一些风险点,主要集中在涉金融案件所引发的群体性关注。此外,民生、教育与环保、公共安全等主题也是网络舆情集中的主要风险点。

(2) 网络安全管理方面,市委网信办的依法管网主要从规范执法流程、分类施策、以专项行动为抓手、加强应急管控四个方面入手,保证网络舆情平稳可控。除此之外,还要发动社会各方的力量,探索政府监管、网络自净、网民自律等多管齐下的管理模式。

(3) 制度建设方面,上海市各级党委(党组)网络意识形态工作责任制实施细则已通过。

(4) 网络空间安全保障工作方面,目前本市已经构建了市委网信领导小组、行业主管部门和关联性基础设施单位的三级责任体系;建立了包括建设运维、监测检查、通报整改、应急处置等方面的关联基础设施综合保障设施,建设了网络安全的设施平台;拟建立本市政府、行业、企业网络安全信息共享机制,成立网络安全威胁情报中心。

(5) 网络违法和不良信息处理方面,引入上海市信息网络安全管理协会的力量,提前发现网络舆情,及时化解信息与沟通误会,有效提高网络社会管理与治理效果。

3.2.3.2 上海城市网络舆情管理面临的主要困境

(1) 变化莫测的网络技术发展与滞后、有限的监控技术之间的矛盾。互联网技术发展一日千里,技术管网、以网治网的手段还不完善,导致监控技术的发展与网络技术发展相比具有滞后性,一些网络问题不能及时监管。

(2) 日益突显的技术人才需求与浮躁低配的人才市场之间的矛盾。网络监管需要以高级专业性人才储备作支撑,但目前技术岗位人才流失较为严重,出现需求与供应不匹配。

(3) 纷繁复杂的综合治理难题与多头隔绝的管理模式之间的矛盾。网络舆论监管背后总涉及多部门联动的配合,没有统一的部门来协调,导致效率降低。

(4) 日益庞大的网络监管客体与兵微将寡的监管队伍之间的矛盾。随着网络监管各类网站、公众号数量的不断飙升,不良信息的形式也日益多样,图片、音频、视频等形式的信息处理工作量日益增加,但监管队伍及人数增长较为缓慢,网络监管压力重大,监管队伍亟须创建和扩充。

(5) 持续增加的网络监管成本与杯水车薪的财政支持之间的矛盾。随着网络监管客体的不断飙升、人才要求的不断提高、监管成本的不断上升,相对应的资金需求也不断增加,但国家财政支持与其需求不能够成正比,资金缺口较大,监管成本与财政支持保障之间的差距不断变大。

网络舆情管理是城市风险防控的重要环节。网络是意识形态的主战场,网络安全任务重、困难多。要做好上海这类特大型城市的网络信息安全与舆情监管需要发挥政府、市场、社会的力量,要重视这方面工作的经费保障,确保网络信息监管技术的与时俱进。通过制度创新,在有限的客观条件下,创造性地找到相应的应对措施,从而为上海的发展营造更加和谐稳定的环境。

3.2.4 应急管理工作领域

3.2.4.1 上海市应急管理工作总体情况

2004 年,上海市成立“上海市应急联动中心”作为突发公共事件的指挥平台。2005 年,上海市成立“突发公共事件应急管理委员会”(以下简称“市应急委”),2018 年 12 月“上海市应急管理局”挂牌成立。

(1) 依法建立了“统一领导、综合协调、分类管理、分级负责、属地管理为主”的应急管理体制。与之相对应的是狠抓风险防控责任落实、严格安全生产风险管控措施、全面加强自然灾害风险管控。

(2) 建立健全优化协同高效的城市应急管理体制。加强市区应急管理机构建设,推动建立与市级层面基本对应的区级应急管理机构和队伍。推动做实应急管理基层基础“六有”(有班子、有机制、有预案、有队伍、有物资、有演练)建设。同时,探索完善社会参与治理机制。

(3) 着力构建防、救有效衔接的城市应急管理体系,形成共建、共治、共享的责任体系风险隐患动态监测预警体系、专业化实战化的应急救援体系、运转有序的城市防灾减灾体系、高效通达的应急管理信息化体系、科学有效的应急宣教训练体系。

(4) 努力打造能力素质过硬的应急管理队伍。从政治建设、干部队伍建设、党风廉政建设入手，带队伍、抓改革、促融合、提本领、见水平。持续开展“大调研”活动，把实而又实的作风体现在应急管理日常工作中。全面推进落实“四责协同”机制（党委主体责任、纪委监督责任、党委书记第一责任和班子成员“一岗双责”的责任），坚决执行党风廉政建设各项纪律规矩，为奋力开创新时代应急管理事业改革发展新局面提供坚强政治保证。

3.2.4.2　上海城市应急管理面临的主要风险

上海作为超大型城市，人口多、高楼多、生命线多、产业体量大、经济要素集聚。在经济和社会发展中，各种传统的、非传统的，自然的、社会的，国际的、国内的风险和矛盾交织并存。上海可能发生的自然灾害、事故灾害、公共卫生、社会安全等突发事件多达40余种。

在自然灾害方面，全球气候变暖导致台风、暴雨、高温、大雾等自然灾害发生呈增多、增强趋势，上海市近几年极端天气、自然灾害明显增多。在事故灾难方面，事故灾难类突发事件是影响城市运行安全的主要因素，占总接报数的80%。在公共卫生事件方面，公共卫生事件的诱因和影响呈现较强的国际性特点。上海与国际交流密切，人员流动性大，公共卫生事件防控难度较大。在社会安全事件方面，上海作为国际化大都市，容易成为恐怖袭击的目标。此外，超大型城市的脆弱性也在各个方面显现，特别是高层建筑、危险化学品、生命线工程、交通和大客流、工程项目等风险凸显。面对城市各种风险，应急管理任务重、要求高、压力大，从总体上看还存在诸多薄弱环节，干部群众风险意识尚需进一步加强，基层应急体系有待进一步健全，精细化管理水平有待进一步提升，“互联网＋”等应用有待进一步加强等。

第 2 篇

城市社会风险

4 城市社会风险的生成与演进

城市作为现代社会的形态,人口高度密集,经济高度发达,社会高度集约,利益格局复杂,多种因素聚合。在公共政策、公共工程、公共安全、城市运行、社会生活、经济活动、自然灾害应对等各个领域,都容易生产和积累各种城市风险,这些城市风险是社会风险的条件和原因,在一定条件下会生成社会风险并推动其演进。

城市化已经成为当今世界大多数国家追求的潮流和现代社会发展的总体方向,其发展水平的高低已逐步成为判断一个国家现代化程度的重要标准。德国社会学家乌尔里希・贝克于 2004 年接受我国记者采访时曾认为:"当前中国社会因为巨大的社会变迁正步入风险社会,甚至可以说是进入高风险社会。这尤其表现在中国全面而高速的城市化发展,带来了城市容纳力、城市生态以及城市社会发展失衡的风险。中国目前的发展凝缩了西方国家上百年的发展,还同时融入了全球化的潮流中。历史与现实、传统与现代、本土文化与西方文明多重因素交织在一起,使得城市发展面临整体性风险,从某种意义上说,城市正在成为落后乡村包围着的'孤岛'。"我国亦有学者指出:"当前,中国城市正处于快速城市化发展阶段,城市社会面临严重风险。"[82]"根据国际经验,城镇化水平在 30%~60%是城镇化加速发展阶段。我国在 2000 年城镇化率就已达到 36%。城镇化率从 20%提高到 40%的这个过程,英国经历了 120 年,法国经历了 100 年,德国经历了 80 年,美国经历了 40 年,苏联和日本均经历了 30 年,而我国仅用了 22 年。"[83]

作为一种全球化的现象,城市化进程带来的不利影响已经严重制约城市的可持续发展。城市社会风险的爆发往往是各个领域、多个层次问题的累积,更因为其造成的后果也是相当严重的,所以城市社会风险引起了各界人士的广泛关注。城市社会风险的产生无疑滞缓了城市的发展进程,故要想使得城市得到进一步的发展,城市社会风险的防控和治理是必经之路,所谓对症下药,想要对其进行治理,就必须了解城市的社会风险是如何生成及演进的。

4.1 城市社会风险的生成因素

关于"生成"这一词,有两种含义,一种是产生、形成的意思,另一种则是生来就如此的意思。因此城市社会风险的生成也包含了两种含义,第一种含义是城市的社会风险不是本来存在的,而是随着城市的一步步发展、城市问题的一步步恶化而产生的。第二种含义就是城市社会风险是随着城市的产生而产生的，是与城市相伴而生，也就是城市化进程的附随物。而明确城市的社会风险属于二者的哪一种，对于解决城市的社会风险问题起着至关重要的作用。但是很明显，在城市发展的初期，城市社会风险并没有产生，或者说没有产生较大的影响，我们也可以说城市的社会风险是随着城市的一步步发展而逐渐产生并逐渐得到重视的。有学者指出："中国的城市风险是一种'人为制造的风险'或'有组织的不负责任风险'。这样的城市风险具有两个明显特征：其一，由于它是城市自身孕育和积聚而成的风险，所以需要从源头做起，通过调整城市发展规划寻找解决办法；其二，由于这种风险的风险种类、风险数量、风险爆发的能量，以及对社会造成的影响等远远超过了传统的静态风险，所以治理这样的风险客观上存在一定的难度，需要采取非传统的治理方式加以解决。"[84]因而城市社会风险是一种难以治理的风险，必须引起社会足够的重视。

城市社会风险的产生是多方面因素集成的结果。一座城市就是一个系统，社会风险是系统病变所折射出的问题，城市风险的产生就如疾病的外露与发作，是社会问题的表象，其深层次的原因是一系列问题的出现。想要知道城市社会风险从何而来就要从其根源找起。接下来我们就沿着城市治理的轨迹，探寻其中导致城市社会风险产生的原因，即城市社会风险的生成因素。就特大型城市的社会风险而言，其风险来源主要可以分为两部分：城市治理过程中的人为因素和城市治理过程中的内在因素。下文以城市规划与建设为例来说明这两部分风险来源。

4.1.1 城市治理过程中的人为因素

城市治理过程中的人为因素，顾名思义，是指城市的建设者和管理者在治理城市的过程中，因为故意或者疏忽大意做出的可能招致城市社会风险的错误决策和举动。从产生原因上看，这种诱因所导致的城市社会风险是完全或者说大概率可以避免的，但是由于城市建设者和管理者的人为原因，使得这种风险从可能变为现实。容易招致城市社会风险的人为因素主要是指城市规划和城市建设中的各种人为错误。以下将围绕城市规划与城市建设中的各种人为因素具体展开介绍城市社会风险的部分诱因，并简略地加以分析。

4.1.1.1 城市规划中的理念错误与朝令夕改

一般而言，城市规划是指"为了实现一定时期内城市的经济和社会发展目标，确定城市性质、规模和发展方向，合理利用城市土地，协调城市空间布局和各项建设所做的综合部署和具体安排。城市规划是建设城市和管理城市的基本依据，在确保城市空间资源的有效配置和土地合理利用的基础上，它是实现城市经济和社会发展目标的重要手段之一"。[85]城市规划中的理念错误和朝令夕改是造成社会风险的两大主要人为因素。

首先，在城市规划过程中常常会出现理念错误的弊端。有学者指出，中国的城市规划理念曾经受到两个方面的负面影响。一个是"美丽城市"理念的影响。另一个是"现实主义"(实用主义)理念的影响，"在这种规划理念之下，不顾现实需求，用搭建积木的手法让一栋又一栋的新楼拔地而起"。[84]

美丽城市的概念提出来源于十八大提出的建设美丽中国的口号。[86]应当肯定的是,各级政府提出美丽城市的口号是出于建设和谐美丽社会的目的的,但问题在于,有些政府以及领导人,以美化、亮化、改造、重建等之名,拆掉原本活力充沛的旧城区,甚至拆掉了各种文化遗址,这实在是令人痛心。

“实用主义”理念是指不顾现实的需求,忽略事物发展的客观规律,盲目地追求一些所谓的高大上的建筑。应当看到的是,“在中国大陆658个城市之中,没有一个城市具有像样的下水管道系统,但全世界87%的在建摩天大楼则云集在中国。如果这些高楼发生火灾,按照现有的消防技术装备水平,消防人员面对30层以上的高楼火情几乎是爱莫能助。摩天大楼一旦发生火灾,财产损失或人员伤亡在所难免。按照先进的城市规划理念,城市不是建筑的延伸,城市规划不是物质空间的设计,城市规划设计不是单纯的技术过程,而是一个在理解城市功能的基础上建立起来的系统调控过程,是一个对城市运行过程中反映的不同群体利益的协调过程”。[84]规划师更加需要重视的是人们的基本需要。例如在整个城市的规划中,如何解决下水道堵塞的问题,如何实现自来水的干净卫生,如何使得路旁的路灯在夜间照亮行人和车辆的前路,如何保障那些弱势群体的基本生活需要等。

其次,城市规划的朝令夕改同样会导致城市社会风险,这也是一种典型的人为因素。有学者指出,城市规划的另一个特征是它的稳定性。城市规划一旦确定下来,不会随意改变。欧洲一些国家的城市轮廓,几十年甚至上百年都没有发生或很少发生变化。反观中国,有些城市几乎是一届领导一个规划,被人称为“首长规划”。以某特大城市为例,从1993年至2012年,20年间先后经历了1993年、2005年和2013年等三次城市总体规划的大修编。因为规划所依据的标准即假定的常住人口目标和人均GDP目标被提前突破了,原来的规划不适应城市发展的需要。[84]频繁变脸的城市规划在中国已经成为一种新常态,但这绝对不是一种值得鼓励的行为,而是一种危机的警示。城市社会风险往往就孕育在城市规划的频繁变更之中,不断发酵乃至爆发,最后酿成难以收拾的灾难。

4.1.1.2 城市建设中的速度过快与方向错误

一般认为,“城市建设是城市管理的重要组成部分。城市建设以规划为依据,通过建设工程对城市人居环境进行改造,对城市系统内各物质设施进行建设,城市建设的内容包括城市系统内各个物质设施的实物形态,是为管理城市创造良好条件的基础性、阶段性工作,是过程性和周期性比较明显的一种特殊经济工作。城市经过规划、建设后投入运行并发挥功能,提供服务,真正为市民创造良好的人居环境,保障市民正常生活,服务城市经济社会发展”。[87]那么,城市建设中的哪些人为因素会导致风险呢?

首先,城市建设速度过快会带来城市社会风险。“城市作为一种有机体,其正常运作并发挥活力必须同时具备两个系统,一个是动力系统,另一个是稳定系统。二者相辅相成,缺一不可。”[88]动力系统和稳定系统是城市的命脉。在城市建设的过程中,如果一味地追求城区建设面积的增大、楼房高度的拔高,那么当我们建设了占地面积极大的城区、高耸入云的高楼大厦后，没有配套的基础设施和完备的保障系统，城市的动力系统和稳定系统完全实现不了城市正常运行的基本要求时，城市风险就会自然产生、骤然增加。

其次，城市建设的方向错误同样会导致社会风险。从经济学的角度来看，在城市发展的早期，我们需要适度地集中现有的各种资源来进行城市的建设，以此来充分发挥和实现规模效应。当资源集中的负面影响出现时，就需要城市的建设者和决策者适当引导，改变资源的配置，使之更加符合社会发展的现实需求。但政府并非总能及时“刹车”改变方向，因而聚集的负效应总有机会向城市释放，导致各种社会风险。另外一个显而易见的方向错误是，人们在城市建设的过程中不能因地制宜，扬长避短。

4.1.2 城市治理过程中的内在因素

城市治理过程中的内在因素是指与城市建设者和管理者无关的、城市所具有的天然的内在风险属性。伴随着整个世界城市化的不断推进与发展，城市也同样越来越多地扮演着人类社会更加复杂、多样化的角色。固然，人类由于自己的疏忽可能导致社会风险，但是必须承认的是，这些人为风险只是人类城市社会生活中为数极少、比例极低的一类风险，更为主要的城市社会风险来源于城市的内在风险属性。

4.1.2.1 城市规划本身固有的原因

首先，城市规划本身固有的原因会带来城市社会风险。

城市规划本身具有二重性特征。城市规划的二重性是指城市规划具有公共政策性和空间性。正如学者指出的那样，“西方近百年的城市规划发展和实践表明，城市规划虽然本质上都是一种公共政策，是市场经济条件下政府的公共行政职能和公共政策。但是，它不同于一般的公共政策，其差别在于，城市规划是一种以空间为载体来发挥作用的公共政策，它是物质的，又是社会的，既是关于空间的政策集合，也是政治、经济、社会、生态等利益关系的空间表达。城市规划具有公共政策和空间的二重性，是公共政策性与空间性在一定程序和机制下的耦合”。[89]

(1) 城市规划的第一重属性是公共政策性。“无论是从历史角度还是从逻辑角度来看，现代城市规划的主旨和本质都是解决社会问题、改良社会环境、调节社会利益关系、维护社会公平正义，城市规划本质上是一种公共政策。”[90]从城市规划的目的来看，每一个地方乃至中央政府在城市建设之前所做的城市规划，都是为了更好地建设美丽城市、建设和谐社会，都是为了实现社会主义的目的而服务，从这点来看，城市规划具有公共政策性是其应有之义。

(2) 城市规划的第二重属性是空间性。“城市规划的本质是公共政策，但不能简单地将城市规划等同于公共政策。如果说，以公共权力制约私权行使可能造成的对公共利益的危害，是公共政策存在和运作的基本逻辑，那么，城市规划正是公共政策发挥作用的一种特有路径和方法，这种特殊性就在于，城市规划是以空间为载体的公共政策，不仅具有一般公共政策的基本性质，如权威性、公共性、公正性、阶级性、动态性等。”[91]所以，城市规划的本质固然是公共政策性，但是也不能否认其空间性，城市规划的公共政策属性是建立在其空间属性之上的，是以其作为基础的。

有学者指出:“城市规划导致城市风险的可能性源于城市规划本身的二重性。”[84]城市规划设计固然为解决和方便人们的衣食住行提供了巨大的帮助,但是这只是事物的一个方面。首先,应当肯定的是,城市规划具有重要的作用。“城市规划是城市发展的起点,在城市建设、城市运行和城市管理等过程中具有举足轻重的作用。城市规划不仅是城市建设的蓝图和资源配置的依据,而且是政府公共政策和市民共同愿景的体现。”[84]城市化的过程中,需要城市建设、城市运行和城市管理等活动,应当看到的是,城市规划在其中具有极为重要的功能和作用,这是因为,城市规划为城市化过程提供了建设的方向和合理分配各种资源的依据。城市化过程是一个大方向,但每个城市有其特点,当地政府在城市建设的过程中不能盲目地借鉴甚至照抄其他城市建设的模板,而是需要因地制宜,充分发挥自己城市的优势。同时,城市规划也是政府公共政策和市民意愿的集中表现。公共政策和市民对城市建设都有自己的要求和期许,城市规划便是公共政策和市民个人意见充分表达的路径和方式,这样也体现了为人民服务的宗旨。但是城市规划亦会带来各种弊端。“城市居民对城市生命线基础设施系统和城市服务系统的高度依赖,使城市在各种灾害面前变得非常脆弱。一个系统出现问题,势必殃及其他系统的正常运行;一个环节出现问题,也有可能造成全局的瘫痪,导致城市的巨大损失。城市规划设计本身具有的二重性,在使城市变得方便快捷的同时,又增加了城市抵御事故灾难的脆弱性。”[84]例如,城市居民高度依赖水电等资源的供给,一旦这些人们必需的基础性资源供应不足,必将给人们的生产、生活带来巨大的难题。同时城市生命线基础设施系统、城市服务系统之间又是高度关联的,一种系统出现了问题,其他的系统都要受到影响,例如城市的电供应不足,便会影响人们的正常生活和工作,也会影响公司企业的正常运行。一旦城市中的各种系统连为一体时,必然增加了城市抵御事故灾难的脆弱性和难度。

4.1.2.2 承载系统的脆弱性程度高

“承灾体的暴露是指暴露在致灾因子影响范围之内的承灾体(如人口、房屋、道路、室内财产等)数量或价值。”[92]由其概念可知,承灾体的暴露是与承灾因子的危险程度、特定区域内承灾体的总量等因素息息相关的。暴露一方面表现出城市的脆弱性,另一方面又导致了城市的脆弱性。在一些容易遭受灾害的地域,暴露在致灾因子中的人口、房屋、道路、室内财产等的比例就相对较高,这也造成了灾害来临时所受损失较大的后果。

通过分析承灾体暴露的影响因素,我们可以轻易地得出特大型城市的暴露程度要高于非特大型城市的结论。就特大型城市的独有特点而言,特大型城市中的人口密集、建筑众多、服务和信息高度集中、交通拥堵,这些都会成为潜在的承灾体。以交通压力为例,有学者曾举过这样的案例:“像金茂大厦这样庞大的超高层建筑中,按平均分布比例,每天大约有 36 000 名职员在其办公室从事商务活动;有 40 名来访者进行商贸洽谈;另外还有 4 000 名旅游观光者来此参观;8 000名消费者来此购物、餐饮;等等。停车场每天至少要接受 1 万多辆车,交通负荷十分沉重。如果交通问题不能得到很好解决,大厦的存在将从本质上失去意义。还有一个潜在风险值得考虑，那就是大批逃生者可能在大楼底层的商业区形成拥堵。”[93]

与城市的承载系统脆弱性高相对应的是其抗逆性低。有学者指出：“‘抗逆性’本来是生物学概念，是指动植物具有的抵抗不利环境的某些性状，如抗寒、抗旱、抗病虫害等。灾害科学将这个概念引入进来，用以表示承灾体在致灾因子影响下保持原初状态、抗拒被破坏和扭曲的能力和性质。显然，抗逆性是与脆弱性相对的概念。承灾体的抗逆性高，则脆弱性就小。特大型城市具有防范灾害的应急措施和机制，这是其抗逆性的重要表现。然而，这些力图增加承灾体‘保持原状’的措施和机制本身也会受到灾害的影响，甚至失灵，这就是抗逆性低的重要原因。”[92]特大型城市固然建筑高耸入云、道路四通八达、信息传递迅速，但人们在享受着科技发明给生产、生活带来这些便利的同时，也时刻被其负面影响所笼罩着。首当其冲的便是城市的承载系统极为脆弱，对于各种不利因素的抵御能力不足，最终牵一发而动全身，整个城市的运行系统都会受累于某一个或某几个“点”的沦陷，届时，城市社会风险便如海啸般呼啸而至，排山倒海式地冲垮城市的正常运行和人们的生产、生活秩序。

4.1.2.3 人口的过多聚集

美国知名的城市学家刘易斯曾经这样说：“密集，众多，包围成圈的城墙，这些只是城市的偶然性特征……而城市不只是建筑物的群集，它更是各种密切相关并经常互相影响的功能的复合体。”[94]这种复合体首先表现为人的复合。在城市中，人永远是城市社会的主体，是不可缺失的部分。城市的发展，究其根本，都是围绕人而展开和进行的，人是城市发展最终极的服务对象。从四面八方聚集而来的人群通过协同工作、集体劳动，推动了城市化的进程，为城市带来了辉煌和荣耀。但矛盾的是，他们也是阻滞城市发展、造成城市社会风险的诱因之一。资源是有限的，是不可再生的，城市中有限的资源并不足以承载过多聚集的人口和人类的活动。

首先，人们对自然资源的消耗会产生有毒、有害的物质，这对于环境有着极大的压力。现代社会中，城市的环境污染问题是一个极其严峻的话题，是潜在的城市社会风险的源头之一。人类的生产、生活会不可避免地产生各式各样的污染，而城市环境的承受能力和自我调节能力是有限的，在污染不断增多的情况下，环境在不久的将来必然会面临崩溃的局面，届时各种城市风险将会接踵而来。所以，一个城市的人口容纳量是有限度的，超过了这个限度，必然会诱发城市社会风险。

其次，人口聚集有可能使得城市复杂、多元、异质。有学者指出：“巨大的人口聚集又形成了复杂、多元、异质的城市社会。沃思在《作为一种生活方式的城市性》一文中提出城市‘异质性群体’的观点。城市越大，城市人口越多，城市社会分工越分化，城市分工程度越深，城市的异质性和隔离越明显，从而形成城市人口特征。城市规模和城市人口规模越大，城市面临的各种受灾因素越多，受灾概率越大，对灾害的预防和处置难度越大；城市人口密度大，使不同灾害之间的关联度增大，使灾害具有叠加性、复杂性、群发性和突发性等特点，进而会使城市的灾情产生放大效应。”[95]

4.2 城市社会风险因素的发酵

发酵是指事物受外力影响发生某种发展变化。因此，这里的城市社会风险因素的发酵指的是导致城市社会产生风险的各种因素的发展变化过程，这是一个动态的、有规律可循的过程。在第4.1节中，我们以城市规划与建设为例阐述了城市社会风险的生成因素，在此基础上，所谓的城市社会风险因素的发酵，便是指这些因素发展变化的过程。一般地，城市社会风险因素的发酵要经历孕育、潜伏、外显和爆发四个时期。

4.2.1 城市社会风险因素的孕育期

孕育，本意是指使哺乳动物在体内培养后代，但也指事物的衍生。孕育期，本是用来描述女性怀孕的那段时间，但也有新生、滋生时期之意。城市社会风险因素的孕育期指的是风险因素诞生的那段时间。事物的发展总有个过程，都是从无到有，从小到大，风险因素自然也不例外。无论是城市社会风险中的人为风险因素，抑或内在风险因素，都有其最初的孕育期，在这个时期，风险因素的危害不明显，甚至短时间内还会为城市带来正面的推动发展效果，但从长远看来，这种风险因素却隐藏着巨大的破坏力。

城市社会风险中人为风险因素的孕育期指的是人为的错误刚刚发生并将付诸实践的时期。这里以城市规划理念误导的孕育为例。以全国各地的店招牌改造工程为例，无锡建筑路就被记者吐槽，路南侧的溪南公馆美观洋气，砖色的洋房配上个性的店招，有种老上海的味道。北侧的沿街店招经过统一改造，大部分都是褐色的底板上钉着白色或红色的发光字，看似整齐，却显得呆板。报道一出，网络平台上网友纷纷晒出自己附近的整改店面照片，千篇一律的深底白字招牌甚至被网友讽刺为“不吉利”。本是一项利民工程，却引来群众对相关部门“官僚主义”作风的抨击。

城市社会风险中内在风险因素的孕育期，缘起于城市的各个基础设施的建设。伴随着城市的建设，内在风险因素必然在不断衍生。以城市承载系统的脆弱性高为例，在城市建设水电、交通、高楼大厦等基础设施的时候，便埋下了城市社会风险爆发的种子。以交通设施的建设为视角，交通拥堵、交通事故是现代城市中人们不得不面对的城市风险。这种风险其实孕育于交通道路等设施的建设之时，并不为人的意志为转移，是必然的、不可避免的存在。2016年上海市《综合交通运行年报》显示：“因受到重大节假日、交通事故、施工等因素的影响，2016年上海市出现区域性、时段性的道路交通拥堵。春节、清明节、劳动节和国庆节等重大节假日期间，高速公路流量持续增长，同比增长9.2%，射线高速公路及与其衔接的快速路的道路交通量较为集中，拥堵现象较为严重。受‘5·23’中环高架事件影响，期间中环线、内环线内侧(延西—共和)以及沪太路交通严重拥堵。同时，因北翟路地道、北横通道、杨高南路地道、虹梅南路高架、轨道交通14号线中心城车站、13号线成山路站等一批重大工程施工，对周边区域交通造成的影响较大。"2017 年《综合交通运行年报》显示:"2017 年上半年中心城道路交通运行情况同比持平,快速路高峰拥堵指数同比上升 1%～3%,拥堵区段同比减少 4 个;地面道路高峰拥堵指数同比下降 3%～5%,拥堵区域同比减少 4 个。受车辆增多、重大交通设施施工、车辆礼让行人等因素和措施影响,下半年快速路和地面道路的高峰拥堵指数同比分别小幅上升 6%～7%和 4%～6%。整体来看,本市快速路的拥堵特征在变化,表现为车速窄幅波动,拥堵时间逐步拉长。"虽然上海市政府在治理交通拥堵方面付出了极大的努力,也获得了巨大的、长足的进步与成果,但是却无法根除交通拥堵这一社会风险因素。因为,在城市建设之初,交通拥堵便孕育在其中了,并且,其属于城市的内在风险因素,与城市同生同存。

4.2.2 城市社会风险因素的潜伏期

潜伏期,原是医学名词,指的是病原体侵入人体至最早出现临床症状的这段时间。城市社会风险因素的潜伏期指的是风险因素孕育之后至最早出现风险征兆这段时间。在这段时间内,城市风险因素已经基本成型,但是并未开始向人们展示自己的"獠牙",人们也极难察觉到这一风险因素的存在。

人为风险因素的潜伏期,就是指孕育期结束之后,城市社会风险并未外显的阶段。例如,由于城市建设速度过快,常常发生城市内涝。"城市内涝,是指由于强降水或连续性降水超过城市排水能力,致使城市内产生积水灾害的现象。"[96] 城市建设速度过快是限制城市治涝进展的因素之一。城市开发建设导致不透水面积扩大,蓄滞洪区减少,导致了径流量和洪峰流量加大。某特大城市综合径流系数,由 1980 年的 0.44 直线增长为 2013 年的 0.58。这一系数的增长意味着出现城市内涝的可能性增大。同时,部分市政建设可能造成原有排水分区改变的问题,乃至形成低洼区现象。如道路建设形成下穿通道后,没有及时采取有效排水措施,就会出现新的积水易涝区。城市建设速度过快的另一面恰是内涝治理工作进程的缓慢。之前的许多治涝工程从设计到选址,花费的时间较长,导致部分项目很长时间开不了工。内涝整治分很多面和点,前者为各个区政府,作为各片区内涝点整治的责任主体;后者包括住建局、轨道办、交通运输委等部门,负责部分内涝点的整治。重点易涝点是由水务主管部门根据暴雨内涝的情况进行详细调研和评估后确定的。针对其内涝成因、地势特点的不同提出相应的整治措施,再督促各责任单位去逐年分批治理消除。市水务局负责预算资金,向市财政委申请经费,并将具体整治指标分配给各责任单位后,由水务局综合计划处制订出相关内涝整治计划,交至上述单位落实。为此,市水务局专门设立了督导组,监督工程进展和资金效益,帮助责任单位协调内涝治理过程中遇到的问题。过去两年的暴雨期间,某条路段就因山体截洪设施不完善,出现水浸现象,一直没有解决。在上述案例中,内涝的潜伏期与城市排水系统排水的临界点息息相关,除了强降水或连续性降水超过城市排水能力的时间段,其余都是潜伏期。

内在风险因素的潜伏期,与城市自身的调节能力有关,但在内在风险因素的压力超过城市的自我调节能力之前,内在风险因素都处于潜伏的状态。仍以交通拥堵为例,特大型城市并非每时每刻都面临着交通拥堵的困境，在城市道路最大容纳量范围之内，城市交通都不会有拥堵的现象。除了节假日等特殊时间段和一些特别地段，城市交通的容纳能力都足以应付市民的实际出行需求。因此，对城市交通拥堵而言，其潜伏期主要是指城市交通基础设施建设完毕之后至市民的实际出行需求恰好能被城市交通承载能力满足的那个时间段。而对于导致城市社会风险的内在风险因素而言，其潜伏期是指孕育期之后至城市社会风险刚开始显露的这个时间段。

4.2.3 城市社会风险因素的外显期

所谓城市社会风险因素的外显期，是指城市社会风险刚刚显露出来，给城市社会和市民带来阻碍和困扰的这段时间。在这个时间段里，城市社会风险只是“小荷才露尖尖角”，给城市和市民带来的不利后果也很小，所以这可能是治理城市社会风险比较合适的阶段，但在这个阶段中，人们也会有一种风险并不严重所以无须理会的错觉。

人为风险因素的外显期，指的是人为风险因素初始发挥“威力”的时间段。以城市建设速度过快为例，在城市快速建设的初期，各种高楼大厦如雨后春笋般纷纷拔地而起，在极短时间内使城市的面貌焕然一新。但在一定时间后，城市建设速度过快的弊端，即城市社会风险就会一点点外显出来。首先，失业率会显著提高，这会成为一个棘手的问题。其次，城市贫富差距日渐悬殊。在快速建设城市的进程中，许多务工人员进城之后找不到对口的工作，也难以重新回到原地谋生，只好在城市中从事各种收入低薄、勉强维持生计的工作，如此，从事高端职业的人员与从事低端职业的人员的个人收入就会逐步拉大，久而久之就会形成难以逾越的差距鸿沟。

内在风险因素的外显期，指的是内在风险因素在经历了一段时间的潜伏之后，各种城市治理难题开始显露出来的阶段。以城市火灾为例，火灾是城市安全的重大威胁。人类历史上发生过多次特大火灾，造成严重伤亡，甚至发生过使整个城市毁灭的惨剧。城市一般都有以下容易引发火灾的特征：第一，现代城市的大量高层建筑内形成了烟囱效应，使底层火势极易向上蔓延，烟气容易上升。起火后，电梯和楼梯都成为脆弱环节和危险地段，使高层的人群逃生的困难加大。第二，现代城市大量使用塑料与有机化学装修材料，一旦起火就会产生大量有毒烟气。火灾中造成死亡的原因多数不是直接烧死的，而是吸入烟尘窒息或中毒而死。第三，现代城市生命线系统中的电缆一旦漏电，再遇到燃气管道泄漏有可能酿成大火，致使整条街道爆炸。第四，现代城市有大量地下空间和设施，一旦着火，扑救和逃生的难度要比地上建筑更大。第五，工业城市和大城市的工业区，特别是化工与能源企业集中地区，火灾的隐患更多，一旦发生火灾，规模和损失都更大。第六，快速城市化的进程中，有大量务工人员涌入城市，集中居住在城乡接合部未经改造的城中村，街巷狭窄，缺乏消防通道。务工人员居住的简易房多为木质与油毡材料，乱接电线和超负荷使用电器现象十分普遍，火灾隐患极大，加上基础设施不完善，消防设施尤其不足，住户之间缺乏组织与联系，是城市火灾的高风险区。城市的上述特征，一旦满足了火灾的发生条件，便会陷入火灾频发的困境，城市火灾治理的难题便开始逐步外显。

4.2.4　城市社会风险因素的爆发期

城市社会风险因素的爆发期，指的是城市社会风险因素在历经孕育、潜伏、外显三个阶段后仍未得到有效的控制和治理，最终全面爆发从而导致城市陷入巨大的风险之中的时期。在这个时期，城市社会风险给社会和市民带来的威胁是最大程度、最广范围、最深影响的，因而也是最难以治理和控制的。一般地，当人们普遍认识到某一城市社会风险的危害时，这一城市社会风险往往处于爆发期，因其严重的危害性才会引起人们的高度重视。但是这个时期的城市社会风险已经处于极难控制、极难治理的境地，想要扭转这一局面，往往需要付出长久的时间、巨额的金钱，以及耗费大量的人力资源。关于这方面的内容，本书将在第 4.3 节通过案例进行具体介绍和分析。

4.3　失控和危机爆发

城市化的过程中会出现各种各样的问题。城市社会风险中的人为风险因素和内在风险因素是导致城市社会风险产生的主要原因。当然，在城市治理过程中出现的问题并非是瞬间、即时就导致了城市社会风险的失控和危机的爆发，这其中有一个发展变化的过程，由量变慢慢转化为质变，最终超过了城市所能承载危机的临界点，从而导致了城市社会风险的失控与爆发，这不仅使得城市的财产遭受重大的损失，也让许多人为此付出了难以承受的代价。以下将通过数个具体的案例来介绍和分析城市社会风险的失控与爆发。

4.3.1　政策性风险因素引发的危机事件

事件 1：2008 年 3 月 9 日，有政协委员在政协大会发言时提出，山东省正在济宁新建“中华文化标志城”，因为该建设工程极为庞大，因此向大会建议，以国家的名义设立“中华文化标志城建设基金”，并将其纳入国家预算，由国家出资为其保驾护航。但在社会媒体对他的建议内容向社会公众进行报道之后，社会各界对此争议颇多。其中，有着资深考古经历的政协委员安家瑶认为，为发展当地的经济而牺牲世界文化遗产，人为地破坏传统文化的历史环境，是应坚定抵制和反对的，因此，其明确反对耗费巨额资金在世界文化遗产地建设所谓“中华”的新建筑。安家瑶进一步指出，中华文明尽管是多元的、多民族的，但仍然是一个整体。她认为，“地方建筑冠以中国、中华之名，要慎之又慎”。“同时，中华文化标志城规划所在的九龙山，坐落着曲阜孔府、孔庙、孔林，它们早已列入世界文化遗产。”政协委员安家瑶在提案中指出，“如果建新城，有悖国家《文物保护法》对古建筑遗址环境的总体规划，也将违背‘三孔’申报世界遗产时对环境维护的承诺，有损中国在世界舞台的形象。”[97]

在以上案例中，以损坏世界文化遗产为代价来发展经济的城市建设方向显然存在错误，这是属于城市社会风险中的人为风险因素。并且，由于该建设工程尚处在提案之时，故该人为风险因素系处于孕育期。此时是排除城市社会风险，将其消灭在萌芽状态的最好时机。

事件2:甘肃省玉门市于2003年8月斥巨资刚刚建成的广场,因当地政府认为广场的标准没有达到政府的要求,于是,在该年10月中旬又拆掉地面重新建设,其新建总投资达1 500万元。玉门市迁城费用总计需要7亿多元,建设项目包括新城区基础设施和市委、市政府等部门的办公大楼,其中甘肃省政府、中石油天然气集团公司和酒泉市划拨的费用分别为5 000万元、3 000万元和1 000万元,有的还没有全部落实,加上玉门市筹集的资金,目前迁城的资金只到位了3亿多元。当地群众讥讽为"穷人过富日子"。[98]

政府的领导人仅仅因为其刚斥巨资建设的广场未达标准便草草地要求拆除并重新按照新的标准再建,如此循环建设不仅耗费了巨大的人力、物力,也浪费了本可以用于城市其他方面建设的资金。这明显属于人为风险因素中城市建设的方向性错误。

4.3.2 安全事故引发的危机事件

深圳对火灾事故有着沉痛的记忆:清水河大爆炸、致丽制品厂大火、舞王大火等火灾事故,使得整个深圳对火灾都有着强烈的排斥和恐惧。根据2016年的统计,1990年以来,深圳发生的16起重特大事故,有12起是火灾,298人在这12起火灾事故中丧生。深圳市的消防安全形势极为严峻,这其中既有尚未解决的历史遗留问题,也有城市快速发展所带来的困难,除此之外,城市消防基础设施的不齐备、市民的防火意识淡薄也是造成火灾频发的重要原因。以上多种因素共同作用、相互影响,导致深圳深受火灾困扰。其中,居民的住宅和工厂厂房现已成为深圳市火灾事故的多发地,而电气老化、电量超负荷等则是火灾事故频发的重要诱因。[99]

深圳市深受火灾之害,其中既有人为风险因素,也有内在风险因素,它们共同作用之下导致了城市社会风险的孕育、潜伏、外显和爆发,人为风险因素在于城市的建设速度过快等,导致城市消防方面的基础设施难以适应城市的发展速度和现状,内在风险在于城市承载系统的脆弱性,资源的集中导致火灾的频发。火灾事故频发并不是深圳市一地的问题,在世界各大城市中,火灾都是人们必须面对和解决的城市社会风险。火灾给世界人民造成了巨大的损失,既包括物质上的损失,也包括其他损失,例如生命、身体的健康等。在现代社会城市化的进程中,火灾事故已成为人类需要共同面对和解决的城市社会风险,如要有效防范和解决火灾事故及其带来的不利后果,仅仅对政府做出要求是难以实现的,需要全人类的共同努力和付出。

4.3.3 城市治理失误引发的社会风险

2010年统计数据显示,广州排水系统的排涝标准偏低,达到一年一遇标准的排水管网占总量的83%,达到两年一遇标准的仅有9%,中心城区还有部分重现期为0.5年,有些地区如城中村还没有排水管网,全市雨污分流任务仅完成9%,中心城区一旦发生强降雨就很容易出现大面积内涝。广州老城区排水管道设计标准多为一至两年一遇,即使新城区的排水管道也是按三年一遇的标准建设。广州下水管道排水能抵御50 mm/h的降雨,极限雨量是80 mm/h。如果超过这个雨量,广州很多地方都将出现水浸。在专家们看来,广州城区水浸街的根本原因是城市建设速度过快,超出排水管道负荷。广州 2011 年的建成区面积比 2000 年时增加了 700 km^2,这就意味着这 10 年间,广州有 700 km^2 的农田、菜地或荒地消失了,变成了钢筋水泥建筑物。2000 年,广州建成区面积是 297.5 km^2,2011 年是 990.11 km^2,相当于在 10 年间又新建了两个广州城。随着城市建成面积的井喷式增多,地面的储水能力和渗透能力大大下降,每逢大雨就水浸街。同时,城市化的加速也让广州的传统排污河涌迅速消失。对比广州 20 多年间水利设施资料发现,1990—2014 年,广州一共有 57 条河涌被填。河涌太臭,老百姓有意见,于是填了河涌,这对汛期排水影响很大。城市建设快速扩张,使得广州很多河涌断面缩减,缩减了城市的泄洪能力。政府之所以对建河涌排污积极性不高,还跟建河涌的隐形成本很高有关。与其开通一条河涌,还不如把河涌的地块卖出去。一块河涌的占地,卖出去可卖好几亿元。如果河涌黑臭,治理起来也很花钱,所以政府在建河涌方面积极性不高。[100]

广州市排水系统的不完善给市民带来了生产、生活上的巨大障碍,这其中既有人为风险因素,也有内在风险因素。一方面,城市的建设速度过快,导致市政府在基础设施方面的建设工作不到位,排水系统不完善,城市的泄洪能力也就极为薄弱。另一方面,城市规划中的内在困境以及现代城市的承载系统脆弱性高、城市建筑的高度集中是其内在风险因素。内外因素共同作用导致了广州市排水系统面临的难题。这同样不仅仅是广州市一地所面临的独有问题,实际上,就中国而言,许多城市都或多或少面临着同样的问题,只是问题程度有所差别,有些城市的排水系统问题明显,足以引起全市乃至全国人民的担忧。

2012 年,有一位网友发帖称,深圳南山区春花天桥"梁架均使用航空级钛合金铝材、耗资 20 亿元",但该天桥长期存在桥面积水、上千个 LED 灯晚上不亮等问题。对此,深圳南山区官方微博"创新南山"回复,春花天桥实际造价约 5 000 万元,针对相关问题,各有关部门将认真整改和完善。有网友评价说,"作为都市夜景也还凑合,作为天桥就实在不敢恭维了"。可见,奢华的天桥看起来很美,用起来很累,不但不能提升城市形象,反而因为实用价值不高而引来公众的抱怨。[101]

这属于人为城市风险因素,且处于外显期。在城市建设的过程中,建设方向和理念极为重要,城市的主体是人,所以与之相适应的是,城市应当宜居,应当满足市民最基本的需求,如果失去了城市市民的舒适体验感,便失去了现代社会城市化的目的和初衷,质疑政府工作能力的网络舆论就会产生。

4.3.4 环境污染引发的社会风险

"随着我国社会经济的迅速发展,雾霾污染问题变得更加严重,不仅雾霾天气出现的频率越来越高,而且在严重程度上也比以前有所加大。相关研究者的数据显示,我国雾霾污染最为严重的区域主要有四个,分别是:①华南地区,主要以珠三角地区为主;②西南地区,四川盆地是最严重的雾霾区域;③华北地区,以北京、天津和河北为主的京津冀地区;④以上海、浙江、江苏为主的长三角地区，雾霾污染也非常严重。我国气象总局雾霾气象资料显示，2018 年，全国平均静稳天气指数为 11.0，与近 5 年平均值基本持平，全国平均霾日数 20.5 天，全国共发生 14 次沙尘天气过程。虽然我国大气环境数据已经连续多年好转，但是我国的大气环境仍然令人期待有更大幅度的改善。

在人们的生产生活中，废弃物的排放也是造成雾霾污染的重要因素。在社会经济的生产发展过程中，能源资源的消耗会产生大量的工业生产废弃物。这些工业生产废弃物的排放使得空气中的二氧化硫和粉尘等悬浮颗粒含量大大增加，破坏了大气环境。而城市生活中的生活废弃物、汽车尾气的排放也使得空气中的悬浮颗粒和二氧化硫含量增加，最终造成雾霾污染问题。除此之外，人们对雾霾污染的防护意识还不够强，在生活和生产中，会出现许多破坏大气环境的行为，造成雾霾污染问题。"[102]

雾霾问题的成因复杂，其中既包括人为风险因素的诱导，亦有内在风险因素的作用，并且已经处于城市社会风险的爆发期。首先，城市建设中的不合理因素是导致雾霾问题的主要原因。城市建设的速度过快导致污染问题也愈发严重，并且逐渐变得难以治理。城市建设中，政府一味追求高产能、高产出，反而忽略了环境的治理与保护，忽视了"既要金山银山，又要绿水青山"的总体发展要求。其次，城市的内在风险因素是导致雾霾问题的重要原因。人口过多集中的后果是人们对化工产品的消耗会产生有毒、有害的物质，这对环境有着极大的压力。

目前，中国的环境污染已成为城市化进程中必须面对和解决的现实问题，如果不能合理地处理经济发展与环境保护之间的关系，过于片面地追求经济发展或者环境的保护，都会给城市的总体建设和市民的幸福生活带来负面影响。雾霾问题只是环境污染的一个代表，每个城市在现代化社会建设的进程中，都需要对环境问题予以必要的重视，绝对不能以牺牲环境为代价来追求经济的发展，否则只能是涸泽而渔，不能起到应有的效果。

4.3.5 城市化的过程中所遇到的切实问题和难关易引发失控与危机

从上述几个案例可以看出，在城市化的过程中，城市规划、城市建设、城市管理与城市运行中的风险管控不当是导致城市社会风险产生的主要原因。城市规划与城市运行本身固有的二重性、理念误导，以及城市规划和城市管理的随意变动、速度过快和方向迷失都有可能导致城市社会风险的失控和危机的爆发。城市化所带来的负面影响警示着人类要合理地趋利避害，尽可能地解决和消除负面影响给人们生活生产带来的困扰。"《2012 中国新型城市化报告》介绍说，新中国的城市化发展历程迄今大致包括 1949—1957 年城市化起步发展、1958—1965 年城市化曲折发展、1966—1978 年城市化停滞发展、1979—1984 年城市化恢复发展、1985—1991 年城市化稳步发展、1992 年至今城市化快速发展等 6 个阶段。"[103] 越到阶段的尾梢，城市化所裹挟的负面问题凸显得越明显。城市风险的失控和爆发一般也发生在这个阶段。上述的几个案例，都是中国在城市化的过程中所遇到的切实问题和难关，它们又有着相同的特征。具体说来，有如下几个共同点：

(1) 风险失控和爆发的时间点相仿。这些风险在城市化前期都是可控的，其失控与最终的爆发都是发生在城市化的末期，这说明城市风险失控与爆发的时间点是有迹可循的。正因为这个时间点有规律，所以在预防的过程中，应特别重视城市化的末期可能发生的各种问题。

(2) 人为因素居多。上述案例中，无论是城市规划与城市运行，还是城市建设与城市管理中出现的城市风险，都同人为因素有关。要么是当权者过于激进，要么是他们只顾眼前利益而不考虑长远需求。应当承认，人为因素是城市风险产生、失控乃至爆发的根本原因。

(3) 自然原因往往是诱因。尽管城市风险的失控与爆发同自然灾害的发生不无关系，但是自然灾害并非是其主因，而仅仅是诱因。如果人们在城市化的过程中稳扎稳打、统筹兼顾，坚持科学的城市化理念，那么自然灾害不可能成为压倒城市社会的最后一根稻草，反而成为考验城市建设成果的一种方式。

(4) 后果往往很严重。无论是何种形式的城市风险，一旦失控、爆发之后，往往会给人们的生活生产带来巨大的威胁，也会造成巨额财产损失乃至为此付出生命的代价。城市风险不可控之后，各个系统相互依赖的整体的城市会陷入困顿之中，各种生产活动无法及时地开展，人们生活所需的基本资源也无法及时供给，甚至会造成其他难以预料的人为灾难。

(5) 城市风险难以根除。城市风险是伴随着城市化过程中的各种弊端而产生的，想要彻底根除一种城市风险，需要付出极大的代价，有些甚至是不可根除的，只能一时抑制。涉及城市建设根基性问题的城市风险，其失控、爆发后的消极影响是全方位的，想要彻底解决难题，需要付出难以想象的代价。一般情况是，当地政府并没有足够的财政预算，或是不愿意支付如此多的费用去解决问题，只能是听之任之，直到民怨沸腾或是必须解决了才去尝试解决问题，但往往又是隔靴搔痒，难以切中问题的实质。

5 城市社会风险的特点

5.1 城市特点决定社会风险特点

现代化的发展在给人类社会提供更多机会的同时，也带来了无数的社会风险，尤其是在城市化过程中，随着城市人口的增加和新兴产业的发展集聚，城市的脆弱性、社会矛盾等问题日益显现，城市社会风险问题突出。从其生成的本源上讲，风险是内生的，它的生成与人们对某些事物的决策和社会行为相伴随，是多种不同的社会制度，特别是工业制度、法律制度、科学技术的产业化应用等在社会中运行的共同结果，在不同的社会形态中，风险的表现也不尽相同。基于此，当我们在研究城市社会风险的特点时，亦不能一概而论，城市社会风险的特点是由城市的特点决定的，脱离城市的特点研究城市社会风险的特点，其研究结果定然是不尽如人意。人类智慧的运用和科技的进步，现代社会的复杂性渐次增加，与社会肇始、起源时的自然状态之间渐行渐远。人类社会愈是发达、完善，它愈是脱离所奠基在其上的自然立地，并不断加重对自然界的压迫，促使矛盾与冲突不断升级。[104]

从横向维度来看，同一发展时期的城市中，不同的城市因其地理位置、发展程度、政府政策、人口密度等因素的不同，其生成社会风险的路径和风险的特点也不同。例如，在人口密度相对较高的特大型城市，因其高密度的人口集聚带来了城市建筑密集、经济要素的集聚，并且政治、文化和国际交往的活动在特大型城市中也开展得比较频繁，这些要素之间高度关联，一旦某个要素产生问题，该问题沿着这张密织的网向四周扩散，将会给这个城市带来不可预知的风险。在人口相对较为稀疏的中小型城市中，相较而言，没有这么多因素的存在，即使此种因素存在，风险因素间的关联度也弱于高密度城市，即便某一因素出现问题，其破坏力也不足以影响到整体，导致不可控的风险产生。

从纵向维度来看，不同发展阶段的城市，社会风险亦不相同。在前工业化时期，城市主要作为贸易市场，还未形成工业化的工业技术。城市的特点主要是：聚集功能初现；产业分工有所发展但是并不复杂；经济规模小，种类少；对农村的依赖性还很大，城市的消费性远远大于其生产性，还没有形成完整的城市系统。这些城市特点决定了这一时期的城市风险，还是以自然物的危害为主，比如人的排泄物、马车的噪声及自然灾害。肇始于 18 世纪中期的工业革命，开辟了城市发展史的新纪元，城市进入了其最迅速、最剧烈的变动期，典型意义的城市化开始了。这一时期的城市主要呈现以下特点：一是人口与城市要素加速集聚，正如恩格斯在《英国工人阶级状况》一书中所写,“我们已经看到,机器的使用如何引起了无产阶级的诞生。工业的迅速发展产生了对人手的需要,工资提高了,因此,工人成群结队地从农村地区涌入城市。人口以令人难以相信的速度增长起来,而且增加的差不多全是工人阶级”。[105]二是城市产业复杂化,劳动分工形成,经济种类增多。这一时期的城市风险,除了自然因素之外,更多的是“人造风险”的生成。20世纪中叶之后,信息化时代的到来,打破了以往城市边界的明确性和地域集中性,城市运行在精细化的同时,其脆弱性愈加显现,城市在“信息城市”与“全球化城市”阶段呈现出更鲜明的风险特征。

社会风险凸显为时代问题,本质而言是时代境遇的逻辑必然。人类社会发展的逻辑预设蕴含了风险存在的客观必然性,只要人们进行实践活动就必定存在风险。城市人类的生活实践构成了城市社会风险存在的现实根基,这就决定了城市的特点和城市社会风险的特点之间的紧密联系,不同的城市、不同的发展阶段决定了城市风险的不同样式。

5.2 迅速放大效应

在信息化时代,与风险社会并行的另一种社会形态就是媒介社会,人们正在经历着“媒介化生存”的时代。根据中国互联网络信息中心(CNNIC)发布的第40次《中国互联网络发展状况统计报告》,截至2017年6月,中国网民规模达到7.51亿,占全球网民总数的1/5,手机网民规模达7.24亿,网民中使用手机上网的比例由2016年年底的95.1%提升至96.3%。如此庞大的用户群也使得新媒体的数量超过任何一种传统媒体,已经成为信息传播变革中一支势不可挡的力量。[106]根据《2017年上半年上海地区互联网报告》,截至2016年年底,上海市网民数量达到1 791万人,互联网普及率为74.1%,仅次于北京的77.8%。[107]正如赛伦·麦克莱所言,传媒充斥在我们生活的每个角落,大众传媒已经成为当今世界的“文化中心”。[108]在这种媒介社会中形成的社会风险,经过网络媒体,特别是网络自媒体的传播,会被迅速放大,此种迅速放大效应是互联网时代社会风险的一种新特征。

5.2.1 迅速放大效应的理解

“放大效应”原本是物理学中的一个概念,指的是三极管具有放大器的功能。1947年12月23日,美国新泽西州的巴丁、布莱顿和肖克莱三位科学家在导体电路中用半导体晶体管把声音信号放大时,意外地发现,在三极管中通过的一部分微量电流,可以控制另一部分流过的大得多的电流,因而产生了放大效应。[106]后来这一词被新闻传播学所借用。传播学认为,“放大效应”指信息从传播者输向接收者的传播过程中,信号被加强或减弱的情形。信息一般包含着事实性的、推论性的、与价值相关的象征性的信息。[109]在风险社会中,风险信息经由不同媒介的多级传播,特别是自媒体的传播,特别容易出现裂变,例如信息量的激增、危害性被放大、原始真实信息的扭曲,导致原有的信息变异,波及人群扩增、领域扩大。

5.2.2 迅速放大效应的作用原理

5.2.2.1 信息传播机制的风险放大

特大型城市因其发达的互联网体系和拥有的高比例互联网用户，城市社会风险一旦发生，必定会沿着这张无形的网络四散开去。在这过程中，有些人为赚取受众的注意、吸引流量，从而实现自己直接或间接的某种利益诉求，有意强化或弱化部分信息，在经过多级传播和人际传播之后，受众很难接收到客观中立的信息。西方传播学家麦库姆斯和肖的研究表明，大众传播具有一种为公众设置议题的功能，传媒的新闻报道和信息传达活动以赋予各种议题不同程度的显著性的方式，影响着人们对周围世界的“大事”及其重要性的判断。[110]由于大众传媒具有传播平台的公开性、显著性和权威性等优势，经由媒体提示的某一信息被赋予一定程度的重要性，能够在短时间内引起广泛关注和持续热议。随着传播平台的提升和扩大，尤其是近几年来“微博”和“微信”的广泛普及，最初的信息也就获得大规模传播的“支点”，信息呈现出爆炸式、病毒式的传播特征，传播的范围和影响会随之扩大。信息在被传播者多次选择与过滤的过程中，容易呈现裂变式传播并扩散，导致事件的最后舆论走向难以预见，事件中的不实信息、消极元素也会迅速传播。网络空间的“一点发信，多点感知；交互传递，滚动扩展”的传播现象，让事件不断被放大。[111]

根据美国社会学家罗杰斯的研究，信息由大众传媒发出后，不是直接“流”向受众，而是要经过人际传播中许多环节的过滤。在这个多级传播过程中，容易出现作为效果或影响的产生和波及过程的“影响流”。[106]这种效应就像三极管的放大器功能——信号的输出一方面因为放大器的关闭而被消除，另一方面则因为正向的反馈一直被扩大，并且这些被扩大了的信号常常夹杂很多噪声，于是为提高信息的说服力，个体会倾向于相信那些提供更有说服力、更耸人听闻的信息，导致所有的声音最后都会被放大。[112]这期间伴随着流言的产生，这些大容量的夸大信息会激起人们对特定风险潜在的恐惧心理，唤起人们对以往灾难事件或风险事故的记忆和想象，诱发人们对当下风险事件的极度敏感和过度反应。例如此前各种媒体对“彭宇”案的报道，在该案的传播过程中，给大众营造了一种做好事存在责任风险的思想，导致社会上部分人出于一种自我保护的心理，在面对陌生人遭遇危险需要救助的情况下，视而不见，导致潜在的社会道德风险不断被放大。

5.2.2.2 个体应对行为的风险放大

个体对风险信息的获取和处理能力是有限的。公众通常把一些社会风险的问题转移到自己对日常生活的认知框架体系中。在多元的话语场景中，纵然信息丰富，可供选择的行为方式也多种多样，但没有一个能完全涵盖个体利益关切的制度性结构来帮助或组织个体有效行动，也没有一个绝对权威的声音令个体绝对相信或绝对不相信某件事。个体需要自己判断和选择，并付诸有效行动来回应间接感知的风险信号。法国社会心理学家古斯塔夫·勒庞在《乌合之众》中指出，进入群体中的个体，其个性会被湮没，因而变得情绪化并失去独立判断，群体观点意见占据主导地位并支配着个体，个体“跟风”“从众”心理较明显。[113]个体在接受—吸收—行动的对社会风险做出反应的过程中,同样会产生行为效仿的从众现象。例如福岛核电站泄漏后,我国民众的抢盐风波。公众对社会风险认知的简单化、感性化和极端化,将随着危机情境不确定性的扩大而加强。在此种情形下,社会公众在即将构建的危机情境中,极易将具体社会风险上升到威胁自身安全的高度。[114]在现实生活中,一般公众和专家在风险感知上是存在偏差的,心理学研究发现,不确定状态容易引发人们的焦虑和担忧,人们宁愿相信最坏的结果,而不去考虑最有可能的情况。[115]这就导致一些社会风险在被公众认知的过程中被放大了,一些则被弱化。然后个体的危机心理借由各种网络沟通工具在短时间内被迅速无限放大,引发全社会的联动效应。

5.2.3 迅速放大效应产生的社会影响

现代社会的风险早已不再只是传统社会里自然灾害所带来的威胁,随着生产力进步所带来的社会前进,现代社会的风险更多地来自社会或由人为因素所造成的危险灾害,如基础设施运行中出现的差错、经济危机、人工智能带来的社会秩序危险等。“风险”概念的本质是指“产生损失的可能性”,它是危险要素(Hazards)与脆弱性(Vulnerability)相互作用的结果,可用如下公式表示:

$$Risk(\text{风险}) = Hazards(\text{危险要素}) \times Vulnerability(\text{脆弱性})$$

所谓的“危险要素”,指的是会对人的生命财产或某一地方特定的自然地理环境带来威胁的危险事件或影响因子,“危险要素”主要分为自然危险、人为危险、技术危险与环境危险四类。所谓的“脆弱性”,指的是特定的社会生态系统,在危险要素生成并作用时,对所带来的影响的承受能力。“危险要素”和“脆弱性”两个因素共同影响风险的生成,当生成的风险超过了特定社会系统的最大承受力时,灾害或灾难就会发生,风险就转变为“突发性公共事件”。

借由网络媒体和公众自身认知能力的限制,突发性事件迅速放大传播,由此带来社会风险的次级效应,即引发此次事件背后的社会风险被无限放大。这样的“放大”容易引起全民恐慌,带来社会的失序;在突发事件成为公众舆论焦点的同时,与该事件有关的当事人同样会受到来自公众的关注,难免不会带来一场“人肉搜索”的攻击,这种网络越权行为,是对当事人隐私的侵犯;这种“放大”在放大事件本身之外,还放大了政府、企业不负责的行为,容易导致公众对政府甚或国家信任的丧失,使政府逐渐失去自身的公信力,埋下了社会不安的种子。

纵然有较为显著的负面影响的存在,但此种“放大”也潜藏着积极的影响。一方面,它促使隐藏的问题公布于众,暴露出制度设计、应对策略、政府公共管理能力等多领域的问题,能够反映出隐藏在事件背后的根本症结之所在,而这些症结通常并不被人所熟知或被人们所忽略;另一方面,它还推动了矛盾问题的解决。这种放大效应会产生“舆论倒逼”机制,公众对某一诉求的呼声会越来越高,在某种程度上反映了民意,如果不予以解决或满足,极有可能引发社会秩序的动荡,政府迫于上述压力,不得不做出相应的决策,采取相应的应对措施。

5.2.4 案例分析

近些年来,随着互联网技术向纵深发展所带来的自媒体的兴起,人人手中都持有一个“放大镜”，身边的一件小事，例如早高峰地铁里的一起争吵，通过自媒体的传播，由点及面式地扩散开来，将事件信息迅速扩大，原本一起小争吵经过信息传播的放大，带来对当事人双方的“人肉搜索”，导致事件在网络上持续发酵。因为当今互联网的存在，迅速放大效应尤其显著，不过迅速放大效应在放大某些信息的负面影响时，也会放大一些正面影响。信息时代和其他时代的不同之处就在于，社会事件在信息时代中，不仅会被传播报道得十分迅速，并且对相关事件的报道也非常全面，然而在非信息时代同样的事件会因为传播机制的不顺畅而被埋没在历史之中。正如上文所述，迅速放大效应在某种程度上也会带来积极影响。

2018 年 3 月 30 日 10 时，甘肃省白银市中级人民法院一审宣判被告人高承勇死刑，被告人当庭服判，不提起上诉。至此，近几年沸沸扬扬的“白银杀人案”有了最终的结果。

在抓捕高承勇之后，各大媒体纷纷对该案件进行报道，起初这些报道都是针对案件的经过、犯罪人高承勇的生平及其作案动机展开介绍。随着案件信息的不断传播，受众面的增扩，这些新闻报道中逐渐出现了一些探讨此种连环杀人案中连环杀手是否有“犯罪基因”问题的信息。这些报道对该事件由浅入深的及时报道，不仅满足了受众对案件的好奇心，同时对犯罪人心理的深度报道，也给社会公众上了一堂公开课。然而，33 年前在陕西案发的 48 人连环杀人案，当时不仅没有关于该案的深度报道，就连基本的案件情况报道也寥寥无几。

两起案件之所以会有如此大的不同，与案件案发时所处的社会发展阶段有着密切的联系。20 世纪 80 年代初，我国互联网的发展还尚未开始，受众接收信息的渠道少之又少，接触到的信息量也十分有限，一起事件发生并不会形成今天这种在全国闹得沸沸扬扬的局面，最多是在该省范围内被传播。两起相似的案件，却有着不同的传播轨迹，这种不同就是信息时代所带来的影响的直接显现。获取和传播信息渠道的增多，一方面让信息传播范围扩大，另一方面带来的是信息量的激增。身处信息时代，我们需要深入了解信息传播过程中带来的迅速放大效应，使其最大程度地发挥积极作用，而非使负面信息的放大造成社会风险因素的生成。

5.3 连锁反应效应

5.3.1 连锁反应效应的理解

在古代，人们就已经对连锁反应效应有了深入的见解和论述，例如“城门失火，殃及池鱼”“拔出萝卜带出泥”，这些都是连锁反应效应的表现。连锁反应效应，是指在一个相互联系的系统中，事物像锁链似的一环扣一环，任何一个很小的能量或事件都可能产生一连串的连锁反应，或者使本不相干的事物因某个间接环节或事件联系在一起，从而导致起初的微小事件演变为社会重大事件。[116]

连锁反应效应不是凭空产生的，它有着自己的哲学根基。唯物辩证法认为，宇宙间各种事物都是普遍联系的。世界存在的状态，首先就是相互联系，一切事物无不处于相互联系的体系之中。世界上没有任何一个事物是同周围事物毫无联系、互不相干的，任何事物和现象都是统一的物质世界这个有机整体的一个部分、一个方面。世界不是孤立事物的偶然堆积，而是相互联系着的事物的集合体系。在这个体系中，任何事物都与其他事物相联系而存在，都是在联系中存在。[117]正如恩格斯所说："当我们深思熟虑地考察自然界或人类历史或我们自己的精神活动的时候，首先呈现在我们眼前的，是一幅由种种联系和相互作用无穷无尽地交织起来的画面。"[118]唯物辩证法正是从客观世界固有的联系出发，在理论上把世界多种多样、丰富多彩的联系再现出来。连锁反应效应是这种联系的动态显现。在风险社会中，表面看似孤立的不同领域的风险，内质上却存在着某种不易察觉的联系，就风险显现而言，风险的爆发不是孤立的，引起风险爆发的因素、推动风险发展的因子以及风险爆发所带来的影响，这些都有相互交叉关联在一起的可能，如此一来，风险管理体系就必须要面对系统性风险的巨大挑战。对不同种风险之间关联性的研究集中于21世纪，在此之前传统的风险研究认为不同种风险之间是相互独立的，然而这一假设在现实世界中却很容易被推翻。风险之间具有关联性，重大风险事件很少是单独发生的，多数情况下会形成风险系统，系统中不同风险之间相互关联、扩散叠加。一旦系统内某种风险爆发，这种关联性在条件成熟时就会诱发其他风险，像多米诺骨牌一般产生连锁反应。风险关联性所带来的风险的另一面是风险的复杂性。由于人类实践活动导致全球范围内的风险广度拓宽、深度增加，风险社会中风险的构成及其后果也趋于更加复杂，从自然风险转向人为风险，从个别风险、区域风险转向全球性风险，从物质利益风险转向文化风险、道德风险等非物质风险，从单一风险后果转向多重风险后果，从单一风险主体转向多重风险主体，风险从简单应对方式转向综合应对方式。[119]当一种风险爆发，如果不能及时得到控制，它就会给整个社会带来相关的连锁反应。例如，经济风险爆发后，如果处置不当，造成市场崩盘、货币贬值，那么这种经济风险极有可能诱发公众对政府的不信任，带来信任风险，并最终转变为后果严重的政治风险，使整个社会处于崩溃的边缘。

5.3.2 连锁反应效应的显现模式

社会风险连锁反应效应的作用原理，同"蝴蝶效应"有相似之处，在诸多矛盾客观存在的社会中，如果其中一个矛盾突然爆发，由于矛盾之间的关联性，可能会激发其他矛盾的突然活跃，使其做出反应，从而带来更大矛盾的爆发。特别是处在全媒体时代的当下社会，社会风险的迅速放大效应显著，任何一个起始于某个节点的最初信息，经过新旧媒体的传播，该信息迅速扩散，通过各种方式和内容刺激着受众的心理，影响不断聚集升级，受众由最初的心理活动转向实际行动，导致未曾预料到的社会风暴，造成震撼全社会的影响。上文所述的迅速放大效应，在这里为连锁反应效应的发生提供了条件，二者相结合将社会风险不断向前推进，为社会风暴的生成提供了土壤。

随着社会的发展，各环节之间关系日趋紧密，社会风险的性质发生了根本性的变化，传统意义上静止的、单独的风险已不复存在，社会风险不仅自身演化，还有不同风险之间的扩散、聚合、转化和触发，以及形成的衍生风险和次生风险，构成了一个复杂的风险系统。社会风险被触发后，在风险系统内部会以链的方式传播并以网络的方式蔓延，导致事态的不断扩大。

5.3.2.1 社会风险的链式连锁反应

社会风险积聚到一定程度或被某一突发事件所触发后，在风险系统内部，若该种显现的社会风险与另一种社会风险之间存在一定触发条件，那么就会引起另一种社会风险的发生。1987 年我国著名地震学家郭增建首次提出灾害链的理论，将灾害链定义为“一系列灾害相继发生的现象”。[120]接着文传甲又将灾害链定义为“一种灾害启动另一种灾害的现象”[121]，更突出强调了事件发生之间的关联性。本书对“链式连锁反应”定义的出发点，是将以上灾害链中灾害引申为社会风险，则社会风险链就是指一种社会风险启动另一种社会风险的现象，是在一定的时空条件下，不同类型社会风险相继触发而形成的链式结构。[122]这类链式连锁反应的最大特点是不同社会风险的相继发生，先发生的社会风险通常是后一社会风险的原因。伴随着社会的发展，不同领域的社会风险之间的耦合、转化和触发，将加剧现代社会的脆弱性并加深社会风险所带来的灾害性。

社会风险链式连锁反应是一种风险生成显现后，导致他种社会风险触发的现象。或许单一社会风险的爆发我们无法绝对避免，若我们能够认知到可能会产生的连锁反应，就可以在前一风险发生后，积极采取相应的措施，切断能够激发后一风险的风险链。因此，我们要及时发现并识别可能存在的链式反应，进行风险预警，实现断链减险。

5.3.2.2 社会风险的网式连锁反应

社会风险的网式连锁反应即网状演化，是指一种社会风险的发生不仅能被多个因素所触发，而且该风险的发生还有触发他种社会风险发生的可能性，即多条社会风险链交叉到一起，从而形成网络。社会风险的网状演化就是通过孕险环境相连而形成的网络，网络节点是各种社会风险，风险之间是否存在触发关系则决定了对应网络节点是否有连边的可能，由此而形成的社会风险网比社会风险链进一步复杂化。首先，二者的辐射结构形态不一样，社会风险链呈线状辐射，社会风险网是网状辐射；其次，二者的关注重点不一样，链式关注的是社会风险之间的一种可能关联的路径，而网式的重点是风险系统内所有社会风险之间的触发关系，关注得更加全面；再次，链式的连锁反应是一维的，网式的则是多维的；最后，社会风险的网状演化是由链式组成的。

5.3.3 连锁反应效应的影响

从世界城市历史发展的演变规律可以看出，城市的功能经历了从单一功能向多功能发展的演变过程，随着城市经济社会的发展，社会分工和生产要素组合不断创新，原有的基本功能不断拓展和复杂化。比如经济功能，现代城市所具有的经济生产、资本、金融、贸易活动功能，是古代城市所不能比拟的；又比如社会功能，城市发展带来的前所未有的形形色色的社会问题，成为现代城市治理的另一项重要内容。同时，伴随着科学技术的进步，人类为城市建立了越来越发达的运行系统，例如供电供气系统、通信系统、交通系统等，城市也因此承载了比以往更复杂的功能。各种功能交织在一起，共同承担和支撑着城市的运行。功能的多样化使得城市中的功能系统与因子存在着更复杂的联系，为社会风险系统的形成提供了温床。当系统内部联系过于紧密或者联系不当时，风险就会发生，而且如果出现问题的部分不能被隔离开来，也没有其他办法维持系统的运转，那么其过程发展是非常快速的，绝不会自动停下。由于内部联系过于紧密，系统要想从最初的、也许是微不足道的微小扰动所造成的后果中恢复过来是不可能的。

当前，我国已经发生的一些社会风险就是城市复杂的功能系统和社会风险系统相叠加后，经由连锁反应所引发的扩大风险。例如，2008 年我国南方发生的雪灾，因灾死亡 129 人，失踪 4 人，紧急转移安置 166 万人；因灾直接经济损失 1 516.5 亿元人民币；受灾人口已超过 1 亿。反观整个雪灾过程，我们不难发现在这次传统社会风险——自然灾害风险的爆发中，降雪和冻雨等只是自然灾害风险的一个触发因素，而跨地区、跨行业日益紧密的关联关系才是导致事件出现连锁反应并把影响扩大到全国大部分地区的主要原因，连锁反应效应使此次自然灾害风险在风险系统内部进一步引发电力、交通等基础设施风险的发生。

另外，一些社会舆情的风险也是由连锁反应所引发。如 2011 年 6 月郭美美炫富引发的公众对慈善部门红十字会的社会舆情风险。本来私人的炫富行为与红十字会是完全不相关的两回事，但因为郭美美在微博中将其身份认证为“中国红十字会商业总经理”，难免不会使民众将二者联系在一起，这一炫富行为最终打开了“潘多拉的魔盒”。在网络一片的质疑与舆论的引导下，私人的炫富行为将公众的注意力和焦点引到了红十字会这个运作不透明、信息不公开并且握有特殊公权力的公益慈善组织，并最终导致官办慈善类组织公信力的丧失，以及对整个公益慈善制度的反思，虽然经过官方调查证明，中国红十字会没有“红十字商会”的机构，也没有“商业总经理”的职位，更无“郭美美”这个人，但这一事件还是影响了以红十字会为代表的中国慈善事业的发展。此事件说明即便是表面上的联系，社会风险的连锁反应也可能发生，只不过相较于深层次关联下的自发的连锁反应，该种风险的关联反应中舆论推动的力量不可小觑。

社会风险的连锁反应效应，与迅速放大效应针对某一社会风险在纵向上人们对同一事物的观念冲突不一样，它所带来的更多的是一种横向维度的风险扩大，从一个领域蔓延至另一个领域。社会风险的此种特性表明，因为社会风险爆发的复杂性和突变性，会带来互不联系的事件因某个中间环节或事件联系在一起，从而加剧社会风险的复杂化和难控性的可能，所以不能忽视那些看似没有关联的社会风险，并且要学会用辩证的理性思维来剖析问题。因此，在对待社会风险防控的问题上不可孤立地思考和单独处理某一事件，而要用全面、系统、对立统一的视角对有可能相关联的风险进行及时介入和处理，使其终止于复杂社会风险到来之前。

5.3.4　案例分析

近些年来，随着经济的快速发展，金融市场的发展也热火朝天，许多新兴金融产品出现在大众的视野之中，广告宣传的高回报率吸引了众多中小投资者的目光。在高回报率的诱惑面前，投资者的理性占据了下风，不少人的投资变得盲目。近些年来的金融案件也逐年增多，根据上海市检察院发布的《2017年度上海金融检察白皮书》，2017年上海市检察机关共受理审查逮捕金融犯罪案件1 217起，涉案人员1 836人，批准逮捕1 525人；审查起诉金融犯罪案件1 662起，涉案人员3 107人。[123]金融犯罪案件的数量仍居高不下，尽管近几年金融诈骗类的案件数量有明显下降，但以非法集资为主的案件数量却在骤升。

金融犯罪案件数量之高，显示了这个领域所隐藏着的风险，由于金融系统间各金融机构、银行和投资者等相关联方的紧密联系，金融犯罪不只发生在非法金融机构，还逐渐向持牌金融机构扩散蔓延，利用各种通道业务等方式骗取银行巨额资金的犯罪案件也层出不穷。此外，互联网金融的发展让网络集资线上、线下的"共振效应"明显，一方面是集资犯罪运作模式的新型化，增加了打击和处置的难度；另一方面是受害者数量和范围的增扩。前段时间多家P2P平台倒闭事件就是一个很有力的证明，全国各地的受害者涌入杭州报案，期望抓住最后一根稻草。故连锁反应效应在金融领域的表现更为明显，一家金融机构风险生成后，如不及时处置，风险不但会积累，同时还会沿着金融系统内部的各金融链不断传播，当风险积累到一定程度爆发时，不但该机构自身会受损，许多其他领域也会受到损失，最后这种损失就由整个社会来买单，如果处理的方式不当，严重时还会带来金融体系的运转失灵，从而导致社会经济秩序的混乱，甚者会导致政治危机。

5.4 矛盾聚合效应

5.4.1 矛盾聚合效应的理解

5.4.1.1 聚合效应的内涵

现代性正经历从"稳定"的现代性向"流动"的现代性过渡，资本在流动、组织在流动、技术在流动、符号在流动、权力在流动，生活于现代社会中的人们也正在从"固定"的人转向"流动"的主体。[124]"流动"的现代性使现代化过程中滋生着动乱，当下我们正经历着从传统到现代、从现代化走向现代性的艰难的社会结构转型期，所置身的社会正处在一个从不太稳定到稳定的过程。在信息交流便捷的时代，一种矛盾累积到一定程度后的爆发，极有可能聚合其他矛盾，形成统一整体，这是社会矛盾所具有的聚合效应。

聚合效应，又称为累积效应，是指并存于某一区域的风险因素在该特定区域内蓄积、累加的情形，这些因素在长期的积累和发酵作用之下，会使得该区域的风险产生量和质的变化。任何社会矛盾都有一个产生、发展、爆发、消失的过程，同样也蕴含着很强的聚合效应。社会矛盾在发展的生成期就可能出现一些征兆或迹象，其随着主客观条件的不断变化，通常也在经历一个长期累积或持续发酵的过程，各种因素在此基础上不断聚合和反应，最终引起矛盾的爆发，又通过风险系统内部的连锁反应，激起其他矛盾的发生。开始这些矛盾具有不同的利益诉求，但随着演变会发现，这些不同利益诉求的根本目的是一致的，最终导致统一体的形成，造成社会秩序的紊乱。

近些年来，随着互联网的深入发展和新型网络媒体、社交平台的出现，社会风险的矛盾聚合效应借由这一技术手段，效力进一步增强。当前对矛盾聚集效应的探讨不能离开网络这一媒介在聚合中所扮演的角色。

5.4.1.2 网络时代聚合效应的新发展

网络时代下，聚合效应的新发展在于网络群体性事件的频发，我国学者宋宝安等认为："群体性事件是由社会矛盾引发，由特定和不特定的某些具有共同利益的耦合群体，以一定的目的为基础，带有明显的利益诉求性质的体制外活动，是以合法的或非法的规模性聚集的形式，表达利益诉求和政策主张，对社会秩序和稳定造成一定影响的事件。"[125]网络群体性事件就是指在一定社会背景下形成的网民群体为了共同利益或其他相关目的，利用网络进行组织，并在现实中进行非正常集聚的事件，干扰线上和线下秩序，扰乱社会运行。在这个"人人都有麦克风"的信息化时代，不同社会力量、利益群体纷纷主动介入舆论环境，多个舆论领域相互作用，进而形成一个统一的表达不满的整体。

从传播学上来说，网络传播的出现是对传统意义上的信息传输者与信息受众的角色划分的突破，大众传播、人际传播、组织传播、群体传播等传统传播方式被整合，进而形成新的网络传播方式，此种新的网络传播方式以融合同步传播、异步传播为显著特点。这种网络文本的传播特性对聚合网络异质人群及其所产生的利益诉求，形成网络群体性事件，起了非常重要的作用。网络矛盾聚合的规律直接关系到网络群体性事件的分析治理。从网络群体性事件一般聚合的规律来看，聚合是多样化的统一，但也具有离散性的本质。网络群体的聚合更多表现为不同个体的暂时统一，这种带有特殊语境的聚合性意味着群体性事件是可以从网络群体聚合特性中找到化解方法的。网络矛盾的聚合根源于现实，表现于网络，最终也将解决于现实。[126]

5.4.2 矛盾聚合效应的影响

矛盾的聚合显现于现实社会是具有利益诉求的社会群体的聚合，在这个聚合过程中，一方面，社会矛盾被扩大，易滋生社会乱象；另一方面，社会聚合群体的极化现象严重，群体的认知偏差严重。正如赵鼎新教授对重庆市万州区骚乱所概括的那样："对一个集体行为的发生来说，重要的并不是真实而是认知。一般化信念从某种意义上说是再造了、深化了甚至是夸大了人们的怨恨、剥夺感或压迫感……但驱动人们加入骚乱的则是一系列当时大家都信以为真的谣言，许多人正是带着一股强烈的怨恨和不公正感而卷入骚乱的。"

矛盾的聚合以群体性的聚合为基础，而群体性的聚合又以个体聚合为基本要素。矛盾的聚合之所以会产生极端的负面效应，就在于现代社会中个体的原子化生存导致大多数社会群体事件自发性强，特别是网络社交平台的出现，这些事件的发生缺乏主流组织的嵌入。聚合中的成员最初就带有某种偏向，在看客和从众心理的驱使下，成员朝着偏激的方向继续移动，最后形成群体极化倾向。这种极化倾向导致置身于其中的人往往倾向于把意见群体的力量夸大，从而完成自我肯定，并且这种自我肯定还会很快地复制，以至于事实本身常常被淹没于口水之中，导致情绪型舆论在网络中不断弥漫。[127]事件真相难以辨明，盲目的群体向着错误的方向行进，借由网络媒介不断蔓延，很难控制其影响力，极大干扰了社会的正常秩序。

由于自媒体的发展和普及，以及自媒体的多元性、自媒体群体的复杂性，越来越多的人参与其中，充分利用自媒体表达自己的意见。平时在自媒体中，不同的观点由不同的人进行表达，这些观点是分散存在于现实当中，若一旦有网民普遍感兴趣的热点事件发生，例如“微博热搜”中的热点事件，网民们就会踊跃地介入这类公共事件并展开讨论，使这些分散的观点迅速聚合。在这些信息传播的过程中，网络文本的异步性消解了亲身传播的道德维度，信息交往者的虚拟身份，更降低了信息传播的可信度和有效度，事件细节经常被渲染放大。非线性的信息交往，使参与者失去了进行“内省式思考”的时间与空间，混淆了人们对事实的判断与行动参与价值的理性抉择，升级了群体性事件的对抗性。[126]

5.4.3 案例分析

2011 年 8 月伦敦爆发的骚乱事件，可谓是矛盾聚合效应的一个体现。伦敦警察怀疑一名叫马克・达根的非洲裔黑人非法持有枪支，于是对乘坐出租车的马克・达根进行拦截，后双方发生激烈的枪战，该男子不幸中弹身亡。在随后媒体的报道中，该事件被越来越多的人知道，因为该男子是“非洲裔”“非主流年轻人”，并且被白人警察在伦敦街头开枪打死，这一系列刺激性的身份和字眼，不断刺激和挑动着社会公众的心理和情绪。事发两天后，300 多人聚集在伦敦托特纳姆路警察局附近对警方的这一行为进行抗议，该抗议活动在当天晚上演变为暴力事件，焚烧警车、沿街房屋，破坏公共交通，劫掠多家店铺，此外，暴力行为还向伦敦的其他街区扩散，一直持续两三日。当时正在外休假的英国首相卡梅伦为此连夜赶回伦敦。

这起世界瞩目的伦敦骚乱事件，其起因仅是伦敦警方的一次执法活动，也就是这一次执法活动，导致了英国长期累积的种族矛盾、贫富分化、代际矛盾等社会矛盾的聚合爆发。骚乱首发地托特纳姆区不仅是英国少数族裔的聚居地，也是伦敦低收入家庭的聚居区之一，加之当时伦敦经济不景气，也导致不少民怨的累积。表面上看起来平稳运行的伦敦社会，其内部已经聚集了各种矛盾，最终这次执法事件为矛盾的爆发提供了契机，抗议活动演变为暴力事件，看似巧合的背后实际都是必然。这起事件不仅造成了英国社会的动荡，也带来数以亿计的经济损失。

社会中存在矛盾是必然的事情，并且还会存在多种多样的矛盾，我们要做的不是去消灭这些矛盾，也不是对其置之不理，而是要尽最大的可能去化解避免矛盾的升级和不同矛盾之间的聚合，这样社会才会平衡有序地运作，不至于产生动荡事件。

5.5 动员行动效应

5.5.1 动员行动效应的理解

“动员”最早是在军事中的用语，指的是战争动员，该词是一个舶来品，来源于拉丁文形容词 *mobilis*。学界目前认为，最早记录“动员”这一军语的汉语文献是 1903 年北洋陆军督练处编印的《军语》，现在我军使用的“动员”一词即源于此。[128]随着社会的发展，“动员”一词已被赋予“发动人们参加某些活动”的新含义。

“社会动员”指的是为实现特定目标而进行的宣传、发动和组织工作。该词早先由美国学者K.道易治(Karl W. Deutsch)提出，并将其定义为“人们所承担的绝大多数旧的社会、经济、心理义务受到侵蚀而崩溃的过程；人们获得新的社会化模式和行为模式的过程”。[129]我国学者则是从社会活动和社会影响的角度来定义社会动员。郑永廷认为：“所谓社会动员，就是广义的社会影响，也可以称之为社会发动。它是指人们在某些经常、持久的社会因素影响下，其态度、价值观与期望值变化发展的过程。”[129]在不同社会，或特定社会的不同发展阶段，其社会动员的内容和方式是不一样的。动员的含义广泛，本书研究的动员主要着眼于社会动员。

“行动”一词的通常含义是指为达到某种目的而进行的活动，在社会学的研究中则往往将其定义为以他人为取向的社会行为。本书中的“行动”则是指以爆发的社会风险或社会矛盾为指向的社会行动，首先该行动是一种社会行动，其次它以爆发的社会风险或社会矛盾为指向。因此，动员并不等同于行动，行动是动员的目的，也是动员发展到一定阶段的结果，而行动的过程中也往往涵盖着动员，动员与行动的过程相辅相成。

5.5.2 动员行动效应的构成要素

当社会风险或社会矛盾爆发后，动员如何生成行动，该种效应如何在社会风险和社会矛盾的演化中起作用，需要从动员行动的基本要素进行分析，即动员的主体、动员的对象、动员的主题和动员的载体。动员的主体关注的是“谁在发起动员”，动员的对象解释了“动员的受众是谁”，动员的主题来说明“为什么动员”，动员的载体则来阐述“通过什么渠道动员”。这些要素是我们深入分析动员行动效应的坐标和维度。

5.5.2.1 动员的主体

动员主体又称为动员行动的倡导者、发起者或组织者，他们在整个动员过程中处于主导核心地位，动员主体的自身结构和素质决定了动员活动的成功与否。他们一般承担设置动员主题、制订活动计划、策划动员方式等工作。[129]一般情况下，动员的主体可以是政府、媒体、公民以及社会组织等，但在社会风险或社会矛盾生成并发生的情况下，此时动员的主体一般多为公民、媒体或社会组织。作为动员的发起者，他们通常不是真正意义上的领导者，仅仅是作为阶段性的策略化领导者出现，他们之所以能够担任动员发起者的角色，往往只是因为与动员议题存在着地缘上的邻近性或感知上的一致性而已。

5.5.2.2 动员的对象

动员的对象指的是动员活动的参与者，他们大都是较为分散的个人或社会组织，在网络社会中，动员的参与者主要是网民。于动员行动而言，动员对象的结构，如文化程度、社会阶层、参与程度以及其思想和行为服从状况和配合程度也决定着动员活动的成功与否。[129]

5.5.2.3 动员的主题

动员的主题是指动员主体发起、组织动员活动所围绕的中心议题，也是引发动员的事件因素，对本书而言，通常是生发的社会风险或爆发的社会矛盾。动员的主题起初会是一个很小的事件，但随着行动的不断升级，最后往往会在量的积累达到一定程度时，在特定条件的诱发之下，变成一种政治诉求。所以动员的主题随着行动的加深，也会逐渐进入到问题的最深层次。

5.5.2.4 动员的载体

动员载体是指动员行动发挥作用所依托的平台，是关系着动员最后能否取得成效的关键手段。在传统社会中，动员行动一般依托一些报纸、广播等传统的手段；在互联网时代，伴随着新媒体的兴起，动员行动多是在网络空间内生成和传播的活动，它借助互联网上网站、论坛、博客、聊天工具等即时通信工具与应用软件来发布信息组织实施。就目前而言，微信、微博、客户端在内的“两微一端”应用平台逐渐成为动员行动的新载体和新渠道。

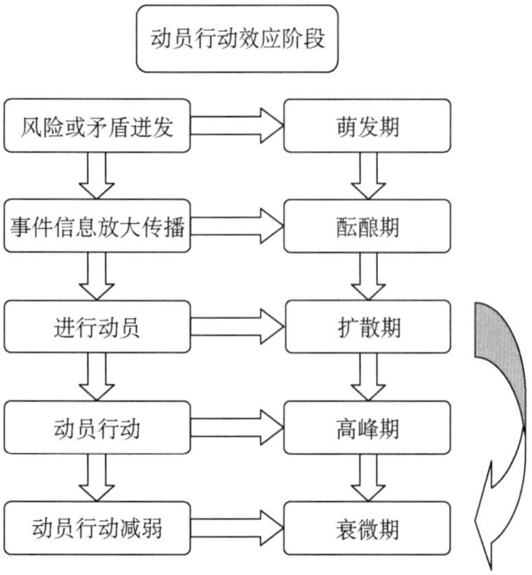

图 5-1 动员行动效应阶段

5.5.3 动员行动效应的过程阶段

动员行动从发起到结束，有着相对固定的发展规律，一般包括信息生成、信息传递、建立联系、进行动员、动员行动五个层次的递进，依托这五个层次，动员行动效应可以分成五个阶段：萌发期、酝酿期、扩散期、高峰期和衰微期，如图 5-1 所示。

5.5.3.1 萌发期

社会风险或社会矛盾从其迸发之始就伴随着动员行动效应的生成，因为能够显现并爆发的风险和矛盾，大多是关系较多数公众利益的事件，必定会引起广泛关注，促成动员行动迅速萌发，使动员走向起点。

5.5.3.2 酝酿期

借由媒体的宣传报道，相关事件信息被迅速传播，动员的主体通过这些信息的交流来传达一定的意图和价值判断，并发布与该事件有关的利益诉求、设置议题，进一步引发公众的关注，并促成公众的讨论。在受已发生事件的冲击后，由于单个个体所获信息能力的有限以及信息的混乱和失真，人们缺乏判断事实的必要信息，经历了个体心理感知之后，在大众舆论的影响下，对关键事实的价值判断便逐渐趋于一致，产生了所谓“大概率价值观”现象，逐渐形成共同的群体意识和集体来表达共识。[130]

5.5.3.3　扩散期

勒庞认为，作为个体的人尽管各不相同，一般都是理性、有教养、有文化和负责任的，但一旦聚集到一起，随着聚众的规模逐渐增大，身处其中的个体就会相互影响、感染和启发，最后导致原本互不相同的个体在思维和行为方式上渐趋一致，行为变得越来越非理性。在如今主要通过网络进行信息传达的社会，因为网络的开放性、虚拟性和匿名性，个人意见的表达变得更加自由和公开，网民在网上的行动也更加自由。公众对事件的意见在网络上汇集与碰撞，而后逐渐演化为相互激励的集体磨合、集体兴奋，进行社会感染，吸引更多的个体加入关注。

5.5.3.4　高峰期

随着事件的发酵和扩散，动员也不断深入，参与事件讨论的个体越来越多，经"无数个人意志融合的过程"后，形成的群体意见逐渐变得清晰明确，群体的情绪被全面点燃，带来网络与现实中巨大的舆论压力，故而引起社会公众、新闻媒体和政府各部门等多方力量的关注。在动员的引导者、传播扩散的讨论者、意见领袖等多种力量的推动下，动员行动开始进行，一些游行、罢工等事件由此生成。

5.5.3.5　衰微期

动员行动在上一阶段达到顶点后，伴随着权威部门的信息公布和介入等，动员行动将日渐式微，社会秩序慢慢复原。在现实中，经常出现的情形是尚未进入高峰期，动员行动在扩散期就逐渐减弱。主要原因在于：一方面，就动员本身而言，动员的信息不能激发公众的认同，相关事件随着时间的流逝逐渐淡出公众视野；另一方面，在事件发生后，相关权威部门或有公信力的社会组织及时公开事件信息，阻止了信息的交互扩散，使动员行动失去了生存的空间。

5.5.4　动员行动效应的阻断

在社会结构急剧转型的当前时期，社会风险日益激增，网络时代的众声喧哗、全民发声更是进一步加剧了风险的蔓延，规模庞大且主体不确定的动员行动力量，丰富多元的动员渠道和模式，极大地增加了应对与处置社会风险的复杂性。建立动员行动效应的阻断机制，是化解和处理社会风险的内在需要。

5.5.4.1　动员行动效应的积极影响

(1) 提升公民参与。

民主的进步离不开公民的广泛参与，动员行动效应依托现代的互联网技术，为个体参与公共领域提供了更加便捷的条件，增加了公共事务进入大众视野被关注与讨论的概率，推动了民主意识的进步与共享。

(2) 释放社会情绪。

时代的快速发展使当下的中国充斥着不安、焦躁的情绪，互联网所具有的匿名性和互动性，使其日益成为社会非理性情绪的集散地，在这里网民们宣泄自己的不满、愤怒等负面情绪。借由互联网的动员过程,这也是一个情绪共振的凝聚过程,在增进网民认同感和归属感的同时,也让公众的社会情绪得到释放,进一步缓解深层的社会压力。

(3) 促进社会矛盾化解。

动员过程中的意见表达,一定程度上突显了我国社会利益和社会结构的分化,使得潜藏在社会治理中的一些深层次的关键问题暴露出来,倒逼执政者倾听社会的呼声,促进矛盾化解、推动问题解决,从而将问题的应对与解决提上日程。

5.5.4.2 动员行动效应的负面影响

(1) 影响社会秩序。

一方面,动员行动效应下引发的集会、游行、示威等活动影响着社会秩序的正常运行;另一方面,网络这一媒介使得动员的地域性扩大,动员行动能够跨越时空和地理的限制,造成“同频共振”现象,给社会秩序带来极大的冲击。

(2) 升级社会冲突。

动员行动过程中,一些非理性的表达和情绪化的评论,经过网络大规模的扩散和传播,过度宣扬了社会的阴暗面,一旦另有企图的个人或组织进行恶意歪曲,随着事件的发酵,就极易演变为突发性的、带有特定诉求的冲突事件,矛盾聚合效应和动员行动效应同时起作用,会进一步升级对抗行动的激烈程度和破坏的规模。同时,动员行动还会将一些非利益诉求的“旁观者”转化为行动的参与者,甚至是活动的激进者,扩大事态,升级社会冲突。

(3) 挑战政府公信力。

社会风险所具有的这种动员行动效应,不再是传统的由国家、政府主导的动员,动员的主体不再具有政治权威。所以在这种动员行动中,公众参与的频繁性和政府参与的缺位形成了鲜明的对比,加之所涉事件中政府的处置不当,进而放大了民众对政府的负面印象,影响政府的公信力。

5.5.4.3 动员行动效应的阻断机制

(1) 健全群众利益表达机制。

当前各种社会利益诉求相互交织,利益表达多元化趋势明显。为了满足公众的利益表达诉求,提高公众对政府的信任度,使公众的利益表达常规化和制度化,就需要搭建个体意见表达平台,完善群众利益表达机制,让不同的意见和复杂的情绪可以得到合理释放,避免情绪的积累和发酵,减少社会矛盾的生成。

(2) 建立有效的信息反馈机制。

动员行动能够进行的一个重要原因是,焦点事件发生后,缺少权威部门或组织对事件真实信息的披露,公众对事情的真相存在疑惑。此时,一些媒体,特别是网络自媒体为吸引眼球,往往会放大事件的有关事实,不断刺激公众的好奇心,放大事件的影响。在信息传播渠道多元化的时代,政府部门要遵循信息处置的及时性原则,制订相应的应急预案,健全快速反应机制,通过发言人制度、记者招待会、网络在线交流等方式,建立有效的信息反馈机制,第一时间主动发布权威信息,及时公布事件的处理情况和进展,消除公众的疑问和不满情绪。

(3) 建立舆情引导工作机制。

互联网时代信息传播的开放性，使公众获得信息与传递信息的途径更加方便快捷，每个网民都是信息的发布者和传播者，他们用自己的视角对事件进行分析和述评。但不同网民文化和素质等因素的差异，带来营造健康、向上、积极的网络主流舆论的不可控性，这就需要对网络舆情进行监督，用积极正面的声音来取代和压制消极负面的声音，及时发布权威信息，引导正确的网络舆论方向。

5.5.5　案例分析

2012 年的江苏启东事件是近几年来规模较大的环保抗争运动，在该事件中公众自发运用网络和新媒体表达意见、联络沟通、组织协调，形成线上、线下相结合的行动指挥体系，进行环保抗争运动。

事情的起因是日本王子制纸株式会社在南通投资建设大型造纸项目，该项目计划将处理后的污水通过启东沿海排污入海，并计划建设排污管道。这一项目获批的消息被当地新闻媒体报道之后，开始有网友指出该项目将对启东和下游地区造成的影响，并进一步质疑该地政府引进污染企业的动机，这就为此后的环保抗争事件埋下了种子，该事件进入了萌芽期。

2009 年 9 月，网友继续在天涯发帖质疑并指责政府引进日本王子制纸企业的决定。同时，一些环保主义者也开始给南通市市长致信，希望政府能够及时进行信息公开，对项目做出公开的解释和说明。同年 10 月，网络上一篇名为《日本王子纸业将排污启东》的帖子，被各大论坛、网站转发并引起热议，让事件进入酝酿期。2010 年 2 月，天涯网站上疑似出现了官方的回应说明，《江苏王子制纸项目、达标水排海工程基本情况说明》一文介绍了王子制纸项目的基本情况和主要特点，并指出该项目的建设不仅符合当地经济发展的需要，且对渔业和生态的影响在可接受的范围。这一回应并未平息网友的质疑，同年 5 月到 10 月这段时间，不断有网友在天涯发帖质疑上述疑似官方的一文，并开始呼吁公众加入启东抗议行动，事件开始慢慢进入扩散期。

2011 年初，南通政府决定将排海工程停工，这一决定的宣布暂时抚慰了人心，在这一年中不管是网络上还是现实中都未再有抗争性事件发生，抗议活动似乎伴随着事情的解决也停息下来。直到 2012 年 4 月 18 日，启东市为“确保排海工程顺利进行”，成立了南通大型达标水排海基础设施建设工程领导小组。这一消息不胫而走，最初反对此项目的环保主义者们不再局限于网络中的呼吁，开始走向街头进行宣传，原本已平息的抗议行动又重新进入扩散期。随着线上和线下宣传活动的开展，参加该抗议宣传行动的启东市民人数不断增加。在此期间，虽然政府派出代表同参与各方进行交流沟通，然而双方未达成一致意见。这导致了事件的进一步升级，开始从扩散期进入高峰期。

2012 年 7 月 20 日，网友“有梦最美”根据《中华人民共和国集会游行示威法》向当地公安机关递交了游行申请。同月 28 日，参加抗议宣传活动的数千名启东市民在市政府门前广场及附近道路开始集结进行示威，并散发“告全市人民书”，更有甚者冲进市政府大楼，场面一度失控。

此时政府部门不得不出动武警维持现场秩序，然而随着示威的进行，示威人群开始出现过激的暴力行为，掀翻汽车、损毁市政府办公室物品等，这些行为已然偏离了最初示威的目的而涉嫌违法，警方不得不对一些激进分子采取强制措施，南通政府也于 28 日上午做出决定，永久取消排海工程项目，这才使得事件渐渐平息。

给社会带来动荡的群体性事件在很多情况下都是以某一社会问题为导火索，在事件发生之前，这些问题与矛盾也往往已成为舆论的引线，从而也会导致民众的信念与情绪以潜舆论的形式存在。启东事件发生的直接原因是当地民众反对日本王子纸业排海工程的选址，但究其本质，其深层抑或说根本原因则是民众赖以生存的环境同政府经济利益之间的冲突。在民众向政府多次寻求答案未果之后，无法消解的不满情绪不断高涨，最终导致潜在舆论被引燃，以显舆论形式表现出来。在这个过程中，政府封锁消息、不予报道的措施，对舆论带来了负面效果。传统媒体因其报道内容的局限也没有达到预期引导舆论的效果，这就让网络媒体在舆论形成中扮演了至关重要的角色。以互联网为媒介的自媒体的兴起，使得公共话语权得到最大程度的释放，一方面，民众有了充分表达自身诉求的渠道，另一方面，“全民皆记者”的时代，舆论也极易失衡。该事件除却其本身所牵涉的利益冲突，政府回应不力、主流媒体失语、谣言传播、网络媒体低质量的报道以及受众的易受影响等，让这原本或许可以避免的事件最终使得民众走上街头抗争，并愈演愈烈，给社会带来不小的损失。该事件也进一步表明，协调好利益冲突至关重要，但在冲突出现后，建立有效的信息反馈机制，针对公众质疑的问题，及时有效地进行公开，促进政民的良性互动，不断提高政府的公信力以及舆论的正向引导也是十分必要的。

5.6 转向变质效应

5.6.1 转向变质效应的理解

在社会物理学中，牛文元院士提出了社会燃烧理论，该理论将社会的动荡、失序与燃烧现象进行类比：第一，社会中的不和谐是引发社会不稳定的“燃烧物质”；第二，一些媒体报道的夸大、不实信息的误导、谣言的传播、敌对势力的恶意攻击、非理性的推断、社会心理的随意放大等，在社会动乱中起到了“助燃剂”的作用；第三，具有一定规模和影响的突发性事件，通常可以作为社会动乱中的导火线或称“点火温度”。[131]该理论的类比，有助于我们对转向变质效应的理解。虽然二者的内涵并不一样，但是二者都强调量的积累最终会带来质的改变。在转向变质效应的过程中，初始的社会矛盾就类似于上述理论中的“燃烧物质”；随后其他的迅速放大效应、连锁反应效应、矛盾聚合效应、动员行动效应相互交融发生作用，成为量的积累的“助推剂”；最后，这些矛盾处理措施的得当与否，就成为了引起质变的“导火线”。

总结来说，在社会矛盾生成之后，此矛盾在经历迅速放大效应的同时或当消息被放大到一定程度时，连锁反应效应带来的“交叉感染”会延伸到其他领域中的矛盾中去，带来矛盾的显现，虽然这些不同领域的矛盾在具体诉求上可能有不同的表现，但不变的是从自身立场的出发对己方利益的维护，这种根本目的一致性会带来这些矛盾的聚合，经由动员之后，在“线上线下”生成活动。

在这个过程中,这些不同效用作用的发生是一个相互交融的机制,进行着社会矛盾的量的积累,当积累达到一定程度时,就会发生转向,矛盾就会变质,由最初的诉求变质为更深层次的诉求。

5.6.2 转向变质的阈值

5.6.2.1 变质的阈值

当前中国正处在社会转型时期,这次的社会转型不是单一的,而是十分复杂的。正如学者所言,“中国的社会转型表现为结构转型与体制转型的同步启动,即在实现工业化、城市化为标志的现代化的同时,还要完成从以计划经济为特征的总体型社会向以市场经济为特征的多元化社会的转变。”[132]这种多重性的一面也决定了其复杂的一面。比起单纯的农业社会向工业化、城市化转型过程中出现的社会问题,当前时期的社会转型过程诱发的社会矛盾不仅数量上明显增加,而且复杂程度也要多得多,出现许多新类型的犯罪活动,这些犯罪活动大部分是社会矛盾激化的表现。如果不能及时有效地化解这些矛盾,或者处理矛盾采取的方法、手段不当,矛盾就会发展、激化,除了引发个人的违法犯罪活动外,还会造成群体性事件的频发,而这些群体性事件进行到一定程度后,一旦被敌对势力等利用,社会矛盾就会从非对抗性转为对抗性矛盾。

马克思认为,“追求利益是人一切活动的动因,人们为之奋斗所争取的一切,都同他们的利益有关”。[133]多元化的利益主体、日益扩大的利益差距、渐次复杂的利益关系、激烈化的利益冲突等,都是我国社会利益矛盾的特征。伴随着这些特征出现的是公开化的利益表达和多元利益阶层政治诉求愿望的激增。这些政治诉求并未因表达渠道的缺少就消失,而是默默潜藏在社会的各个角落里,伺机而动。当大型突发性事件的出现引起社会矛盾的激化和爆发时,这些带有政治利益诉求的群体就会加入,造成事件冲突的不断升级,最后导致冲突事件的变质,从利益诉求转向政治诉求,这种转向中存在着对己方价值认同的固化和对他方价值观的异化。在这些尚未被重视和解决的利益冲突中涉及的关于权利、尊严等方面的议题,就是导致冲突升级的“质变点”所在,带来从最开始单纯的以利益诉求为主导的“自利性应激反应”转变为“他利性的政策诉求”,甚至是“他利性的锐利的政治诉求”,[134]“政府或政府代理机构不成为直接诉求对象或诉求第三方的集体行动很少发生”。[135]这种政治诉求一旦出现,最初是先以微弱的声音尝试与政府进行沟通,积极向有关部门反映问题,期待得到制度内满意的解决方案,但是当此种诉求不能得到满足和合理的解决时,群众就会出现情绪激烈的对抗,甚至会采取暴力的方式围攻政府或向有关部门宣泄自己的不满,给社会秩序带来重创。

5.6.2.2 变质的推进

在网络媒体尚未兴起的昨天,传统媒体大行其道的时代,信息的传播和传播的内容主要被政府和资本所掌控,矛盾爆发后产生质变的过程十分漫长,在这一过程中,有的尚未生成转变就已被处理。但在网络媒体异军突起的现代,虽然权力依然是统治社会的手段,但权力的结构、表现方式和作用效果已同传统的工业文明时代大不相同。社会权力在从传统社会走向网络社会的过程中,从集中走向分散、从组织化转向个体化。它不再仅仅由国家政治机构、社会经济组织、财富集团和文化机构等这些权力集团所控制，而是隐含在被网络信息海洋淹没的虚拟社区中，通过符码、图像、视频等信息载体分散在网络社会中，成为显示各个社会层面群体利益诉求的工具。[136]网络社会的兴起为人们政治愿望和政治诉求的表达提供了便捷的手段，让在现实社会中处于压抑状态的政治诉求在网络中找到了突破口，借由社会关注的相关事件，在网络中表达自己的意见，寻求"志同道合"的网友形成团体，参与到事件的演进中，经由网络进一步发声，加速社会矛盾转向变质的进程。日益扩大的虚拟网络的影响力会放大网络社会中的政治诉求，经由现实的人在现实生活中产生重大影响，逐渐形成群体意识，对主流意识形态产生影响。

5.6.3 案例分析

从2012年5月杭州市余杭区一名幼儿园老师用紫外线灯照射不听话的孩子，到2014年3月西安市枫韵幼儿园在未告知家长的情况下长期给孩子服用名为"ABOB"(俗称病毒灵)的药物，再到2017年11月初携程托管亲子园教师殴打孩子的事件，不断被媒体曝光的幼儿园虐童事件刺激着公众的神经，对案件的真相、相关机构和工作人员的处罚结果，是公众舆论的主要关注点。然而在携程亲子园虐童事件处理完后不久，在同月22日被曝光的红黄蓝幼儿园事件中，公众的舆论随着网络上各种混杂的信息，开始逐渐变质。

2017年11月22日晚，朝阳警方接到十余名家长的报案，称孩子在朝阳区管庄红黄蓝幼儿园受到园内老师的虐待——扎针和喂食不明的白色药片，并提供了相关照片和孩子的证词。警方接到报案后，迅速开展调查取证，但在其取证中却并未公开园区录像，让公众对该幼儿园是否涉嫌虐童以及虐童程度等存在不少疑惑，也进一步导致了网络谣言的传播，但此时社会舆论尚集中在虐童上，直到11月23日上午，开始有网友在微博上爆料称："北京市红黄蓝幼儿园园长为其老公及其同事群体猥亵幼童，包括猥亵男童，每日都给孩子吃安眠片、打针，呼吁大家救救这些孩子，为这些孩子主持公道，我们希望看到监控，警方现在一直不让看监控!"距此消息爆出不久，另一微博通用户将其进行总结并发布："丧尽天良，园长和她老公勾结部队集体猥亵，时长一年多……"这两条消息的发布，轰动了整个网络，微博、微信等相关新媒体上都是此消息不同版本的转发。至此，在尚未公布案件真相的情况下，公众以未经证实的信息为依据，将指责的对象转向了人民军队，更有甚者专门撰文对其进行诋毁。以至于"老虎团"政委冯俊峰于11月24日就该事件所涉的部队传闻答记者问，对军方人士猥亵幼童的消息进行辟谣。

该事件起初是一起幼儿园虐童事件，但别有用心的人利用社会公众对儿童这一相对弱势群体的关注，编造军方人士猥亵的谣言，将舆论的矛头直指军队，一时之间给人民军队的形象带来了极大的负面影响，离间军民感情，事件是否已经变质，显而易见。城市的特点决定了何种社会矛盾和社会风险的生成，生成后的风险和矛盾若未能被有效及时地解决，在上述各种效应的作用下就会进一步升级，到最后变质为具有政治诉求的对抗性矛盾，危及国家政权的稳定，带来巨大破坏力，冲击社会秩序，造成社会动荡。这不仅需要我们针对风险和矛盾具有的特点，做好应对措施，更需要我们从城市的特点出发，从源头上防控风险和矛盾的发生。

6 城市社会风险的群体性事件

6.1 群体性事件概述

根据国家《突发事件应对法》的界定，突发事件主要分为自然灾害、事故灾难、公共卫生事件和社会安全事件。社会安全事件主要包括群体性事件、暴力恐怖事件、个人极端事件。群体性事件是影响当前我国社会稳定的重要因素，是城市社会风险的主要表征，因此，对城市群体性事件进行必要的研究，准确把握其发展态势及演进规律，积极预防和妥善应对处置城市群体性事件，对维护城市社会和谐稳定具有极为重要的意义。

6.1.1 群体性事件是城市社会风险的主要表征

城市作为人类文明的汇聚之地，政治、经济、文化、科技在此交相辉映。与此同时，因城市具有的流动人口集中、产业高度集聚、经济高速发展、体制深度转型、城市文化多样、社会价值多元、国际化程度高等特征，导致社会矛盾复杂多变，城市群体性事件多样、多发、高发，给城市社会稳定带来新的挑战。

6.1.1.1 从社会转型来看

改革的进一步深化使城市利益格局进一步调整。社会矛盾的多发，多以群体性事件形式反映到城市社会风险上，影响城市社会稳定。当前我国正处于经济转轨、社会转型的特殊阶段，随着改革的进一步深化，社会结构分化重组，利益主体复杂多元，贫富差距、阶层差异扩大，社会冲突加剧，以利益矛盾为主的社会风险问题日益凸显，城市群体性事件高位运行。特别是北京、上海、广州等特大型城市在发展关键期、改革攻坚期，由于利益关系不协调，加之转型过程中存在的法制不健全、市场经济体制不完善和社会保障不到位等因素，导致城乡之间、地区之间、行业之间的贫富差距可能进一步扩大。一旦“基尼系数”过高，超过社会的可承受能力，中低收入阶层就会产生“相对被剥夺感”，导致社会两极分化进一步凸显，各类城市社会风险交织叠加，极易引发社会问题和群体性事件，一定程度上将影响城市的可持续发展和社会稳定。

6.1.1.2 从城市发展来看

方兴未艾的城市建设在促进经济社会快速发展的同时，也加快了城市社会风险集聚，易引发群体性事件。世界城市化、城市世界化是当今世界发展的重要趋势之一。21 世纪以来，我国城市建设发展逐步进入快速飞跃期。《2018 年国务院政府工作报告》指出，“2012 年以来，我国城市化率从 52.6%提高到 58.5%”，城市化率逐年攀高。尽管我国城市化水平普遍较高，但由于城市发展建设不平衡、不充分，伴随着城市化进程逐步加快、城市化率逐年提高，失地农民就业不足、社会保障不到位情况逐步凸显，因农民征地补偿、房屋动拆迁、房屋买卖纠纷、历史遗留问题等，导致城市居民（包括刚进城的失地农民）信访情况居高不下，甚至引发许多社会问题和群体性事件。另外，作为各类要素资源和经济社会活动最为集中的地方，城市市场化、产业化高度集中，但随着我国经济发展进入新常态，受城市产业结构调整、土地优化利用、区域转型发展等因素的影响，部分企业关停并转迁导致各类经济纠纷、劳资矛盾多发，拖欠工程款、欠薪欠保等导致职工讨薪、聚集维权等群体性事件频发，影响城市社会稳定。

6.1.1.3 从政府管理来看

群体性事件给城市管理带来新的挑战，城市管理难度加大导致一些“城市问题”逐渐发酵演变为“城市风险”。随着我国城市化进程明显加快，城市人口、功能和规模不断扩大，发展方式、产业结构和区域布局发生了深刻变化，新材料、新能源、新工艺广泛应用，新产业、新业态、新领域大量涌现，城市运行系统日益复杂，管理难度日趋加大，社会风险不断增大。[137]同时，人民对美好生活日益广泛的需求，不仅对物质文化生活提出了更高要求，也对民主、法治、公平、正义、安全、环境等提出了更高要求。[138]城市管理、行政决策、利益调整、收入分配等方面存在的不平衡、不充分问题，已经成为制约广大城市居民日益增长的对美好生活的需求的重要因素之一，导致一些自认为因此而变成“弱势”群体的人对城市管理者不满，各级政府及其工作人员逐渐成为发泄的对象，致使干群关系紧张、官民矛盾尖锐，甚至引发大规模群体性事件，严重影响城市社会稳定。

6.1.1.4 从社会矛盾来看

诱发群体性事件的社会矛盾交织叠加，加剧了城市社会风险的复杂性和严峻性。随着城市改革进入攻坚阶段、发展进入关键时期，因国际与国内形势相互影响、政治与非政治因素相互交织、经济与社会问题相互叠加、虚拟社会与现实社会相互渗透，各种社会矛盾的关联性、聚合性、敏感性进一步增强，导致量大面广的利益诉求问题与民主权益诉求及价值观念多元问题交织叠加，部分利益诉求人员的不满情绪容易在一些重点地区、重点行业、重点领域中不断集聚、发酵，由偶发事件引发群体性事件、小问题引发大事端的可能性增大，一般社会问题极易引发深层次社会问题，个体问题极易演化为群体问题，一个群体诉求的解决极易带来多个群体类似诉求的产生，一个地方发生的问题极易波及影响到其他地方，[139]导致引发城市群体性事件的社会矛盾关联性、敏感性明显增强，城市社会风险呈现出复杂严峻的态势。

6.1.1.5 从外部环境来看

在全球化背景的掩饰下，境内外敌对势力插手群体性事件，导致城市社会风险面临转向变质的可能。21 世纪以来，随着改革开放的进一步深入，综合国力进一步增强，我国经济社会发展面临的外部环境越来越复杂，美国等西方国家把城市作为其策动、渗透、颠覆、破坏活动的“桥头堡”和前沿阵地，加紧对我国实施西化、分化战略，利用其驻华使领馆、非政府组织和网络媒体，不断插手我国社会矛盾和热点问题，煽动群体性事件、实施“街头政治”、策划“颜色革命”，并极力操纵境内外“三股”势力、“藏独”势力等，打着“维权”等旗号插手我国人民内部矛盾，利用互联网的聚焦放大、煽动助推作用，炒作社会敏感问题，组织策划分裂破坏活动，危及我国国家安全和城市社会稳定的群体性事件、突发敏感事件明显增多。

6.1.2 当前城市群体性事件的表现形式及主要特点

当前，我国已经进入改革发展的关键时期，经济成分、社会结构、利益格局、价值观念都发生了深刻变化。这些前所未有的“大变革”，一方面促进了城市的繁荣发展，另一方面也产生了大量的社会问题，不同利益群体间的矛盾和冲突增多，甚至引发了许多群体性事件。由于城市对经济发展和社会稳定都具有决定性的意义，所以必须对城市群体性事件进行深入的研究。

6.1.2.1 当前城市群体性事件的表现形式

近年来，一些城市发生因矛盾激化引发的“集体散步”“集体购物”“集体休息”“集体慢驶”等事件，其表现形式与传统的群体性事件虽有所不同，但事实上均具备了群体性事件的基本特征，应当纳入群体性事件的范畴。总的来看，目前城市群体性事件的表现形式是多种多样的，按照行为方式的激烈程度及其对社会稳定的影响程度来划分，主要有以下几种形式。

1. 集体上访

集体上访是人民群众为了维护自己的权益，由五人以上(含五人)的集体到党政机关或主管部门反映同一问题和相关要求的上访活动。由于各种原因，群众反映的诉求问题在基层久拖不决，严重侵犯了群众的利益，伤害了群众感情，部分群众因此越过所在单位或所反映问题的管辖部门而到上级机关上访，形成了越级上访，甚至赴省进京集访。有的甚至利用全国“两会”等重大会议或重要活动期间集体上访，通过正式或非正式的渠道反映情况、提出意见，向政府施压，以期政府改变工作作风和决策行为。近年来，集体上访成为一些有共同诉求人员“抱团维权”的主要形式之一，个别集体上访事件的参与人员多达数百人甚至上千人，同时，集体进京上访也呈现出大幅增多的态势，给社会稳定带来较大压力。

2. 非法集会、示威、游行

非法集会、示威、游行是指未依照法律规定申请或者申请未获许可，在露天公共场所或者公共道路上以集会、游行、示威等方式，发表意见，表达诉求，抗议或支持、声援共同意愿的事件，或者未按照公安机关规定的时间、地点、路线进行，又拒不服从劝阻、引导、解散等命令，扰乱社会秩序或者危害公共安全的事件。集体上访一旦规模过大，超过组织者的掌控范围，很容易演变成非法集会、示威、游行，如果被一些不法分子和敌对势力插手利用，煽动组织非法集会、示威、游行活动，特别是到政府有关部门、相关企事业单位、城市中心广场或标志性地标等处规模性聚集，滋事扰序，将给社会带来较大的危害。

3. 聚众扰乱、阻止社会正常运行的行为

当前，中央及各级党委政府高度重视群众信访工作，一般情况下，群众正当要求通过正常途径和渠道都能得到满足。但是，一旦群众的正当要求没有得到满足，由此引发的群体性事件便呈现出反复性，合理诉求往往通过非理性的方式、过激的行为表现出来，行为方式逐步升级、加剧，甚至发生聚众扰乱、妨碍社会正常运行的行为，主要包括聚众堵塞重要交通枢纽，聚众阻挠重大事项决策、重大项目建设、重点工程施工等，聚众哄抢等，罢工、罢运、罢课、罢市等。

4. 聚众围堵、冲击要害部门或重要场所

聚众围堵、冲击要害部门或重要场所主要是指事件参与者为了引起党委和政府的重视，唤起社会其他成员的同情和关注，组织大量人员聚众围堵、冲击要害部门或重要场所等重要警卫目标，采取围攻阻挠、呼喊口号、打拉横幅、静坐示威等方式，甚至破坏社会公共财物、扰乱社会秩序的行为对抗党政军等机关单位。如果这类事件被境内外敌对势力或别有用心人员煽动和挑唆，导致对抗不断升级、暴力冲突加剧，极易引发骚乱甚至发生打砸抢烧等造成较多人员伤亡、财产损失的严重违法犯罪行为。如 2008 年 6 月 28 日，因对县公安局对一名女学生死因鉴定结果不满，部分贵州瓮安县群众上街游行，上万人在县委、县政府和县公安局门口聚集请愿，导致一起偶发的民事纠纷失控，升级演变成为一起性质恶劣的打砸抢烧事件，造成县委、县政府、县公安局等 160 多间办公室、40 多辆警车等交通工具被烧毁，150 余人受伤，直接经济损失 1 600多万元。

综上所述，当前城市群体性事件的表现形式主要是集体上访，但规模过大的集体上访容易转变为非法集会、示威、游行，一旦转向升级极易演化成聚众扰乱、阻止社会正常运行，或围堵、冲击要害部门或重要场所的恶性事件。一般来说，基于利益表达和价值追求的群体性事件，主要表现形式为集体上访和非法集会、示威、游行等行为；基于不满宣泄的群体性事件表现为聚众扰乱、阻止社会正常运行，围堵、冲击要害部门或重要场所等行为，其发生打砸抢烧的可能性较前者更大。中国社科院 2014 年 2 月 24 日发布的《2014 年中国法治发展报告》显示：因公民间矛盾或者公民与社会组织间矛盾引发的群体性事件多数表现为非法集会、游行、罢工、示威；因社会组织间矛盾引发的群体性事件极易引发暴力事件甚至发生打砸抢烧等暴力冲突；因公民与政府或官员间矛盾引发的群体性事件具有较高的敏感性，对社会秩序的影响更明显，应引起特别关注。

6.1.2.2 当前城市群体性事件的主要特点和发生原因

近年来，我国群体性事件处于多发高发的态势。十三届全国人大常委会第十四次会议听取和审议了《最高人民法院关于加强刑事审判工作情况的报告》，报告提出，全媒体时代，刑事审判社会关注度高，特别是涉及民生、群体性事件等热点问题的案件，很容易成为社会关注的焦点。党的十九大以来，各级党委政府高度重视，坚持系统治理、依法治理、综合治理、源头治理的总体思路，运用法治思维和法治方式化解社会矛盾，全面防范处置群体性事件，使全国群体性事件进入快速下降轨道，事件总量、参与人数大幅减少，行为烈度总体趋于平缓，城市群体性事件呈现出新的发展态势和规律特点，主要体现在以下五个方面：

(1) 经济利益诉求是诱发群体性事件的首要原因。一是集资诈骗引发的群体性事件风险集中凸显。五年来，全国因非法集资问题引发的群体性事件同比大幅增多，公安部门接报因非法集资等涉众型经济犯罪问题引发的规模群体性事件，总数与参与人数较五年前同比增加数倍，E 租宝、泛亚、钱宝等非法集资案件高发，不仅严重损害群众合法权益，破坏经济金融秩序，形成潜在的系统性、区域性安全风险，而且诱发大量规模性、多省区联动的群体性事件，成为影响社会政治稳定的重要风险。二是经济结构转型转轨引发的涉稳风险日渐显现。在加快推进结构性改革特别是去产能、去库存、去杠杆过程中，一些领域降薪减资、欠薪欠保等涉稳问题高发，一些行业规模性下岗失业风险突出，部分行业职工生活困难情况及负面情绪增多。近年来，全国因就业问题、房产相关纠纷、企业经营管理问题、工资福利待遇问题等引发的群体性事件大幅增加，参与人数也逐年上升，给城市社会稳定带来较大影响。例如，2015 年 3 月，东莞裕元鞋厂 3 000 人再次罢工，要求提取公积金；2015 年 10 月，深圳福昌电子公司宣布倒闭，3 800 名工人聚集维权。三是出租汽车行业等经济新旧业态冲突引发大量群体性事件。2015 年以来，出租汽车行业中传统出租车与新兴网约车两种经营模式、两个从业群体矛盾冲突引发的群体性事件持续高发。在 2016 年 7 月底，行业改革政策文件出台之前，广州、东莞、武汉、南通、南昌、成都、上海等 10 多个省(区、市、县)先后发生起聚集停运、上访、冲突等群体性事件。在各地政策落地过程中，相关矛盾攸关方持关注立场，冲突态势趋缓，但不稳定事件至今仍偶有发生。

(2) 部分利益诉求人员“抱团维权”、组织化倾向突出。一是集体进京上访大幅增多。近年来，部分军队退役人员、涉众型经济案件投资人、原民办教师、失独家庭人员、自诉疫苗受害者等利益诉求群体，几乎每周都有策划规模性进京上访的动向。二是同一地区“抱团维权”情况明显扩散。2012 年以来，经过省市联动、多措并举，个别省市访民持续多年的“月末周五”每月定期大规模进京聚集上访问题基本化解。但是需要引起重视的是，其他个别省市上访人员开始效仿，出现了一地抱团向多地抱团、按省抱团向按市抱团发展的倾向。三是同一群体人员策划成立组织或以组织名义策划聚集活动。少数人在群体中“发号施令”，从事串联组织工作，“维权”组织化倾向十分突出。近年发生的多起 e 租宝、泛亚投资受损人员规模性进京集访中，均有少数人在背后策划鼓动组织。

(3) 涉及民生重大决策问题引发的重大群体性事件影响较大。一是高考招生计划调整等引发多个地方的规模性聚集抗议。2016 年 4 月下旬至 5 月，国家有关应届高考招生计划调整政策公布后，被部分媒体、应届高考学生家长、社会公众误读为“高考减招”，引发部分学生家长的不满。湖北、江苏、黑龙江、吉林、河南、四川等地先后发生部分应届高考学生家长集体到当地党委、政府和教育部门上访甚至聚众上街游行等群体性事件，人数最多的超过了 3 000 人。二是涉及环保问题项目建设引发的群体性事件此伏彼起。自 2007 年厦门 PX 事件以来，因环境污染引发的群体性事件进入高发期，并以相对暴烈的方式呈现出来，且在 2011 年、2012 年达到峰值，随后逐年回落。2016 年以来，一些地方"邻避心理"持续"作祟"，因垃圾焚烧发电等项目建设引发的群体性事件频发，湖北仙桃、江西赣县、河北玉田、浙江海盐、海南万宁、湖南南县、广东肇庆等地先后发生数百人规模以上的聚集、游行、堵路事件，有的还发生了冲击基层政府办公场所情况。如 2016 年 8 月上旬，江苏省连云港市部分群众因抗议中法核燃料循环项目落户连云港，连续多日上街聚集游行。三是政府决策问题引发的群体性事件"逆势增多"。全国群体性事件总量持续走低，但是因基层政府决策问题引发的群体性事件却成倍增多。基层政府决策问题涉及方方面面，共同特点是涉及部分群众切身利益，未与部分群众充分沟通、征求意见，未经社会稳定风险评估或评估工作不到位，从而引发大量涉稳问题。

（4）互联网成为策划组织群体性事件的主渠道。一是网上、网下联动特征更加明显。部分人员充分利用互联网在串联人员、宣传鼓动等方面的优势，使网上串联鼓动、网下聚集行动越来越成为诱发群体性事件的常态。二是网络"维权"组织不断涌现。三是一些群体性事件的通过网络传播扩散。如未及时有效管控，极易导致不实信息被快速扩散，诱发部分人员的不满情绪，出现事态蔓延扩大的情况。加之少数别有用心之人的渲染、炒作，从而引发热议，成为焦点，诱发敏感问题或负面影响。

（5）境内外敌对势力和别有用心人员竭力插手群体性事件。一是诱导国内群体性事件由"聚集维权"向"公民抗命""颜色革命"转化升级。妄图将社会热点问题与政治敏感话题关联炒作，煽动"自下而上、由个案到群体、从小到大掀起维权运动"，诱导利益群体维权活动"扩大化、政治化、社运化、街头化"，最终诱发非法聚集事件。二是借机挑拨和扩大民众同政府的对立情绪。把传播西方人权观作为意识形态渗透的重点，以西方主流媒体为舆论炒作主阵地，以网络新媒体作为宣传渗透主渠道，以具有自由化倾向的学者、律师、"网络大 V"、独立媒体人等为发声筒，在发生重大群体性事件时集体发声，炒作夸大社会矛盾，极力误导基层民意，将矛头直指党和政府。三是培植"维权"代理人和挑头人物。通过资金援助、业务培训、项目合作等手段，培植了一批"维权"组织和挑头人物，插手挑起一系列群体性事件，并为一些重点人员提供庇护。

6.1.3 对当前我国城市群体性事件的基本认识

对当前我国城市群体性事件发展态势的基本认识，可以从必然性、规律性、严峻性和可控性等四个方面进行把握。

6.1.3.1 当前城市群体性事件多发高发具有一定的必然性

从阶段性特征看，城市群体性事件增量多。当前，我国正处于跨越"中等收入陷阱"并开始向高收入国家迈进的阶段。历史经验表明，任何一个国家现代化发展到这一特定阶段，都不可避免地出现大量矛盾和问题。19 世纪末 20 世纪初，美国"黄金时代"先后出现经济危机周期性爆发、社会贫富两极分化、阶级矛盾冲突等问题。在拉美地区 33 个经济体中，属于中等收入阶段的经济体 28 个，都不同程度地出现经济增长回落或停滞、社会动荡等现象。改革开放 40 多年以来，我国由封闭半封闭走向全方位开放，经济转轨和社会转型过程中变化速度之快、影响程度之深、覆盖范围之广、利益调整之复杂都是前所未有的，这些变化必然导致社会矛盾集中凸显。另外，随着互联网技术特别是微博、微信、微视等新媒体和即时通信工具的广泛应用，许多群体性事件集中反映到网上，迅速被炒作放大，使公众感觉到群体性事件多、矛盾问题多。

6.1.3.2　当前城市群体性事件的发生发展有其规律性

尽管当前城市群体性事件多样多发，但从总体上看，其产生有一定的规律性，其发展走向呈现出与工业化、城市化发展同步的特点。工业化、城市化过程具有“两面性”，一面是发展的繁荣，一面是矛盾的累积。资料显示，20 世纪末 21 世纪初，全国城市群体性事件进入高位运行期，2004 年达到峰值。这一时期，东部地区工业化、城市化加速推进，成为利益矛盾的集中地、群体性事件的高发地。2004 年以来，全国城市群体性事件进入低位波动期，并呈现出西移走向。这主要是由于东部地区工业化、城市化阶段性任务基本完成，群体性事件明显减少，而中西部地区工业化、城市化建设逐步推进，成为新的矛盾集中点。2013 年以来，东部地区群体性事件又开始回升，体现出城市化、工业化升级阶段的一些特征，诱发原因则由温饱问题转向较高层次的发展性民生问题。

6.1.3.3　当前应对城市群体性事件形势具有严峻性

我国正处于经济转轨、社会转型的特殊时期，突发事件多发高发的态势短期不会改变，随着改革进一步深化和深层次利益格局的触动，一些社会矛盾可能会更加突出。近年来，劳资矛盾、征地拆迁引发的社会矛盾、环境污染引发的社会矛盾、历史遗留问题引发的社会矛盾、流动人口引发的社会矛盾、金融领域涉众型经济犯罪案件引发的矛盾不断上升，致使群体性事件诱因更加复杂、处置难度加大。与此同时，境内外敌对势力把网络作为重要平台，加紧进行意识形态渗透，境外策划煽动、网上勾联指挥、境内落地行动的特征愈发明显。一些矛盾纠纷和热点问题通过网络传播、聚焦被进一步放大，助推了矛盾升级，处置不当可能导致小事引发大事、一点引发多点、多点连成一片，甚至不排除发生系统性风险和局部性骚乱的可能，严重影响城市甚至全国社会大局稳定。

6.1.3.4　当前城市群体性事件总体上具有可控性

当前城市群体性事件面临的形势严峻复杂，但仍处于“可管理、可控制、可化解”范围内。首先，这是矛盾的性质决定的，当前我国大多数矛盾是由经济利益和民生问题引发的，与西方国家阶层对立、政党斗争、暴力抗争的政治诉求和制度诉求体现出来的矛盾完全不同。其次，这是民意基础决定的，我国各主要阶层稳定，对党中央的大政方针高度认同、高度信任、高度拥护，这是化解矛盾、处置城市群体性事件最根本的保证。最后，这是我国制度优势决定的，实践证明，我国治理体系和治理能力总体上是好的，体现了社会主义制度的独特优势和巨大潜能。一旦发生重大城市群体性事件，我们能够立即启动预案，迅速形成强大社会组织动员能力，调动各方面力量，有序、有力、有效开展应对处置工作。

6.2 群体性事件的相关理论

6.2.1 国外群体性事件理论概述

群体性事件，国外一般称为集群行为、集体行动或社会运动。[140]从社会心理学来看，人们的日常行为一般都会受到特定社会规范的约束、指引，但是在一些特定情况下，也可能不受社会规范指引，且表现出一种自发、无序等难以预测的群体行为方式，称之为集群行为。如集会、游行、罢工、骚乱等。自19世纪末以来，国外很多国家特别是西方国家在长期的实践中，形成了集体行为理论、资源动员理论、政治过程理论、社会构建理论以及新社会运动理论等极富代表性的集群行为理论流派，每一个理论流派由于研究者视角不同而又略有差异，了解这些观点各异的研究流派，从理论上认识和把握群体性事件，同时，学习借鉴国外应对处置群体性事件的经验做法，对于全面认识和有效管控城市群体性事件，具有一定的参考意义。

6.2.1.1 集体行为理论

最早研究聚众(Crowd)现象的学者是法国社会心理学家古斯塔夫·勒庞(Gustave LeBon)。1921年，受勒庞聚众研究的启发，美国社会学家帕克(R.E.Park)首先提出“集体行为”(Collective Behavior)这一概念，并成为社会学的一个专门术语，由此，西方社会运动研究中逐步形成了基于研究社会崩溃、紧张心理与集体行为反应之间关系的集体行为理论，并在20世纪五六十年代盛极一时，成为西方社会运动研究的主导范式。由于理论视角和研究取向的不同，集体行为理论又细分为多个理论。

1. 从众理论

从众理论也称为模仿理论、感染理论，代表著作有加布里埃尔·塔尔德(Gabriel Tarde)的《模仿律》(1890年)、勒庞的《乌合之众》(1897年)，主要研究集群行为中的从众心理机制。塔尔德认为，集群行为中的模仿多为无理智的、条件反射性的模仿。这是因为在集群行为中，人们用常规的方法很难应付眼前的突发或灾难事件，只能基于本能对事件做出直接反应——模仿他人的行为，因此，人群中出现了相互模仿的情况。勒庞从大众心理角度对集群行为进行了开创性研究，他认为，作为个体的人尽管各不相同，一般都是理性的、有教养的、有文化的和负责任的。但一旦聚到一起，随着聚众的规模逐渐增大，他们之间就会相互影响、启发和感染，最后导致原本互不相同的个体在思维和行为方式上渐趋一致，其行为也变得越来越非理性。“群体中的个人不再是他自己，他变成了一个不受自己意志支配的玩偶。”[141]。

从众理论认为，在集群事件中，受从众、暗示、传染、匿名等心理的交织影响，个人通常处于激动亢奋的状态，失去平时的理智思维和自我控制能力，行为上表现出趋同性的特点，往往会身不由己地模仿他人的行为，力求与现场的多数人行为一致，由此导致集群行为的产生。同时，群体之间彼此相互模仿，情绪相互传染，在这种从众心理及传染机制的综合作用下，一些行为、情绪或思想会很快成为主流和“风向标”，迅速影响并支配整个群体。此时，个体淹没在群体之中，处于一种没有社会约束力的匿名状态和“法不责众”的心理状态之下，个体会被一时的冲动所主宰，卷入非理性的狂乱之中，敢于发泄出本能的欲望，做出平时不敢做的行为，一旦失控，极易产生大规模群体性事件甚至大规模暴力犯罪事件。

2. 紧急规范理论

紧急规范理论又称自发规范理论、突生规范理论，代表作为美国社会学家特纳(R. H. Turner)和克利安(L. M. Killian)合作出版的《集体行为》(1957 年)。特纳认为，集体行为的产生需要某种共同的心理，包括共同的意识形态和思想，或共同的愤恨。这种共同心理形成的关键是聚众中某个规范的产生，这种共同规范往往产生于一个不确定的环境，且在其产生过程中，一个符号性事件以及与之相伴的谣言往往会起到关键作用。

紧急规范理论认为，在集群行为中虽然没有群体规范，但面临突发事件时，人们之间通过互动会产生一种“紧急规范”，这种紧急规范一旦产生，同样会对在场者形成规范压力，迫使他们去效仿和遵从，从而产生集群行为。一般地，最先出现而又很快被其他人效法的行为，就是该集群行为的紧急规范。但是，并不是所有的集群行为都存在紧急规范，也不是每个集群行为中最先出现的行为就一定会被其他人所效法。紧急规范理论的借鉴意义在于，在突发的群体性事件中，少数别有用心的人会蓄意制造破坏性的紧急规范，如率先攻击工作人员或利益攸关方，使群体性事件出现不确定性，甚至发生场面失控、激化升级，最终酿成打砸抢烧等恶性事件。此时，警方或政府有关人员如能在第一时间制止不规范甚至破坏性紧急规范行为，将事件处置在早、处置在小，防止其他人跟风效仿，对于维持群体性事件现场秩序、防止群体行为升级失控是非常重要的。

3. 价值累加理论

价值累加理论也就是斯梅尔塞的基本条件说。继勒庞之后，对集群行为做出开创性研究的是美国社会学家斯梅尔塞(Neil J. Semelser)。受经济学的启发，斯梅尔塞在《集合行为理论》(1962 年)一书中提出了一个解释集群行为的社会学理论——“价值累加理论”，认为集合行为是由结构诱因、结构性紧张、一般性信念、触发因素、社会动员、社会控制的运作等六个因素组成的系统化过程，这些因素孤立出现的时候也许并不足以导致集合行为的发生，但当它们按照一定的顺序出现时，它们的价值就会被放大，集合行为出现的可能性就大大增加，这就是所谓的“价值累加理论”。[142]

价值累加理论为人们认识集群行为提供了独特视角，特别是对其结构诱因、触发因素、社会动员、社会控制等环节的深入剖析，对于政府有关部门正确认识群体性事件提供了独特的视角。例如，它关于结构诱因在整个集群事件中的功能和作用的系统分析，有利于主管部门追根溯源，及时查清问题的起因、事件的根源，“对症下药”，采取措施，切实有效地从源头上预防集群事件的发生。又如，价值累加理论认为社会控制的运作是遏制集群行为发生的决定性因素，社会控制可以从集群事件发生、发展过程的前五个环节中的任何一个环节入手，产生与其他五个因素相反的作用，其功能是阻碍而不是促进集群行为的发生。从这个意义上说，面对可能发生的群体性事件，各级各部门在事前采取的防范措施以及事件发生后的应对处置措施（即社会控制）将直接影响事件的发生、发展，甚至群体行为的强度、持续性和后果。

4. 相对剥夺理论

相对剥夺理论是西方社会学中影响相当大、应用非常广的理论，最早可追溯到经典社会学家涂尔干（Durkheim），但尤以戴维斯（Davies）和格尔（Gurr）在这方面的理论研究影响最大。格尔在《人们为什么要造反》（1970 年）一书中提出“相对剥夺感”这一概念。他认为，每个人都有某种价值期望，而社会则有满足大众价值期望的价值能力，当经济、政治、社会等条件的改变导致社会的价值能力小于个人的价值期望时，人们就会产生相对剥夺感，相对剥夺感越大，人们造反的可能性就越大，造反行为的破坏性就越强。[143]根据价值期望和价值能力之间的不同关系，格尔把相对剥夺分为递减型相对剥夺、追求型相对剥夺和进步型相对剥夺三类。当一个社会中人们的价值期望没有变，但社会满足人们价值期望的价值能力降低了，就会产生递减型相对剥夺；如果价值能力未变，而人们的价值期望增加，此时就会产生追求型相对剥夺；如果一个社会的价值能力和人们的价值期望都在提高，但由于某种原因，前者的增幅降低或者跌落，导致价值能力和价值期望之间的差距越拉越大，就会产生进步型相对剥夺，而这一观点与戴维斯提出的 J 曲线理论不谋而合。

相对剥夺理论认为，集群行为的发生既不取决于人们需要满足的绝对水平，也不取决于实际满足水平与期望满足水平之间的差距，而是取决于这两种差距之间的突然扩大，因此，现实生活中，实际满足水平的不断提高不但不是好事，反而是坏事，因为它会提高人们的“胃口”。一旦实际满足水平的增速跟不上期望满足水平的增速，即使实际满足水平的绝对水平并没有降低，甚至有所增加，仍然会招致人们强烈的不满，从而引发集群行为。相对剥夺理论也说明，要消除社会的不满，仅从客观层面入手提高社会价值能力并不能完全解决问题。正确引导和调整社会预期是一项十分重要的工作，如果对社会预期的引导管理不到位，导致人们的预期脱离实际且难以满足，即使客观层面的工作做得不错，也会陷入“端起碗来吃肉、放下筷子骂人”的窘境，引发群体性事件，甚至发生骚乱或革命。

6.2.1.2 资源动员理论

资源动员理论是西方社会运动研究中第一个叛离集体行为理论的理论范式[144]。1977 年，麦卡锡（McCarthy）和左尔德（Zald）发表《资源动员与社会运动：一个不完全理论》，把“资源动员”作为社会运动的研究视角，标志着资源动员理论正式诞生。与集体行为理论将社会运动现象归因于怨愤不同，资源动员理论认为怨愤本身不足以引发社会运动，能否动员到足够丰富的资源才是决定社会运动兴衰成败的关键[144]。

资源动员理论认为，人数较多的集群事件之所以发生，取决于事件组织者进行资源动员的情况，他们通过共同的利益或诉求，动员组织人们参与到集群行动中来，谋求利益最大化。集群行为是需要资源成本的，如果没有对集群行动资源的动员，没有对成本大于收益的理性预期，即使社会上已经存在或形成了集体行动的意识形态（不满情绪或被剥夺感），集体行动也难以自动生成。只有当人们有能力组织起集群行为所需要的资源时，集群行为才可能发生。[140] 只有发动相当数量的人员，形成一定的规模效应，集体行动才可能发生。在资源动员理论看来，任何社会都存在不平等，怨气和不满随时都会存在。但是，怨气和不满最多最深的人(弱势群体)，往往也是社会中最缺乏资源的人(群体)，他们往往缺乏能力发起群体性行动。群体性行动要能够发生，需要有外来资源(外力)的帮助。资源和掌握资源的精英对于群体性行动至关重要。精英可以强化、操纵甚至制造群体性行动所需要的不满或怨气。正是从这个意义上讲，集群事件之所以发生，与其说是人们的不满造成的，不如说是经过有效的组织运作并动员相应的资源而制造出来的。[145]

6.2.1.3 政治过程理论

1982 年，麦克亚当(McAdam)出版《政治过程与 1930—1970 年黑人起义的发展》一书，标志着政治过程理论正式诞生。政治过程理论认为，集群行为是一种具有连续过程的社会现象，而不是一个个离散的阶段或孤立事件。与资源动员理论一样，政治过程理论认同社会精英在集群行为中的重要作用，认为离开他们的组织动员，一般情况下弱势群体难以形成规模性、持久性的集群行为来表达利益诉求，影响政府决策，维护自身权益。与此同时，政治过程理论不认为社会精英是集群行为的唯一决定性因素，而政治、经济、社会形势的变迁，往往可以为弱势群体的集体行动创造机会，从而通过集群行为以达到维护群体利益的目的。政治过程理论是目前国外最为流行的集群行为解释范式之一。它特别强调政治机会、组织、认知解放在集群行为中的重要作用。

政治过程理论认为，一般情况下，集群行动发生与否往往取决于三方面因素：外在政治环境的机会、弱势群体的组织能力以及认知解放。因国际国内局势变化、政治经济原因等导致一个国家或地区发生影响全局的社会变迁时，往往会改变政府与弱势群体的力量对比，出现可以被弱势群体利用的政治机会，给弱势群体组织发动集群行动创造了条件。此时，认知解放成为影响集群行动的重要因素，弱势群体认识到集群行动在改变自身所处形势的作用，从而增强了通过集体行动获取群体利益、维护自身权益的信心。弱势群体的这种心理变化，导致其将自身目前所处的不利形势由归因于他们自身的因素转变为归因于政治环境因素。最终，由于认知解放导致弱势群体开始“觉醒”，通过有效的组织动员，集体“抱团”与政府“对抗”，从而主张他们的权利，维护自身权益，因此发生集群行为。总的来讲，政治过程理论认为，集群行为就是政治机会、组织、认知解放三方面因素共同作业的结果。

6.2.1.4 社会建构理论

社会建构理论也称为框架建构理论。20 世纪 80 年代中期，美国社会运动研究者越来越强调资源、政治机会、组织力量等非话语性因素在社会运动发生、发展中的作用。1986 年，斯诺(Snow)等人发表《框架规整过程、微观动员与运动参与》，标志着框架建构理论的诞生，并逐步成为与资源动员理论和政治过程理论三足鼎立的社会运动理论支柱之一，斯诺也因此成为框架建构理论的领军人物。社会建构理论认为，个体是按照自己感知到的现实来行动的，这一原则不但适合于不满情绪，也适合于资源、政治机会以及集体行动的后果等。集体行动就是社会建构，是行动者借以生产意义、相互沟通、协商和制定决策的一个过程；集体行动既是社会建构的因变量（产物），又是社会建构的自变量（起点）。这就是说，“一方面，意义的社会建构早于集体行动，并决定了集体行动的方向；另一方面，集体行动反过来又决定了意义建构的过程”。[140]

社会建构理论认为，一般情况下，社会问题及其引发的不满情绪并不足以导致集体行动的发生。但是，通过一定的建构过程，把社会问题赋予某种特定的意义，使人们的不公正待遇、不满情绪得以解释，产生通过集体行为改变当前境遇的想法、途径及策略，从而导致集体行动的发生。它认为，集群行为（集体行动）就是人们通过建构一个框架以解释其不公正问题，并通过一定的方法策略解决问题的过程。由此可见，社会矛盾问题的意义建构对于集群行为的发生具有决定性作用，如果社会矛盾和结构紧张没有被人们解释建构并赋予某种特定的意义，不一定会导致集群行为的必然发生。这一理论对于我们正确认识和处置群体性事件具有一定的启发。例如，在防范处置群体性事件过程中，必须从政治经济、社会文化、执法司法等各方面着手，从源头上切实维护各方利益，防止因决策不当、行政不作为、执法不公等侵犯公民权益的行为发生，尽可能地阻断群体性事件组织者、参与者“不公平、不公正框架”的构建，从而有效防止群体性事件的发生。

6.2.1.5 新社会运动理论

20 世纪 60 年代，随着资本主义社会的飞速发展，西方社会涌现出了女权运动、环境运动、反核运动、人权运动、和平运动、同性恋运动等一大批有别于传统社会运动的所谓的“新社会运动”，引起了西方社会学者的广泛关注。1980 年，梅鲁奇（Melucci）发表《新社会运动：一个理论思路》，让“新社会运动”这一概念进入西方社会学研究视野，并逐步形成社会运动研究中的新社会运动理论。尽管新社会运动理论家都相信西方社会运动正在发生某种新旧交替，且这种交替与西方社会的历史性变迁息息相关，但具体到某一问题上，却是众说纷纭，因此，新社会运动研究呈现出不同的理论流派。总的来看，新社会运动理论认为，当代西方社会运动所谓的“新”主要体现在意识形态、行动策略、组织方式和社会基础四个方面。而意识形态之“新”被认为是新社会运动区别于传统社会运动（工人运动）的决定性特征。

新社会运动理论认为，与工人运动相比较，新社会运动具有鲜明的非政治和反政治特征：在意识形态上以维护认同和自治为己任，而不是以夺取国家政权为目标；在行动策略上较少使用暴力，而主要采取集体不合作、戏谑、控诉、扰乱等非暴力手段；在组织方式上反对集中性的、等级性的、科层制的政党或利益集团形式，主要采取分散性的、流动性的、直接民主的活动结构；在社会基础上，阶级界限也非常模糊，阶级对立并不明显。总的来看，新社会运动理论将新社会运动归结为文化与价值冲突，这也是整个新社会运动理论的核心观点。正是基于这一认识，第二次世界大战以后，西方国家不断将新社会运动纳入制度化轨道，使其对社会的破坏力降低，对政府的冲击力减小。当前我国正处于改革和发展的关键时期，社会的飞速发展既创造了大量的机会，也衍生出无数矛盾。西方国家将新社会运动纳入制度化的经验做法为我们更好地治理群体性事件提供了有益的参考和启示。

19世纪末，勒庞的聚众理论研究开启了西方集群行为（社会运动）研究的新纪元。经过一百多年的发展，西方集群行为研究形成了丰富且庞杂的理论，呈现出“百家争鸣”“百花齐放”的“繁荣景象”。研究视角的不同，使得各个理论流派的观点略有差异，有的甚至大相径庭。为此，我们把一些具有代表性的集群行为理论进行梳理，供大家学习借鉴。值得注意的是，西方集群行为研究虽然表现出一定的科学态度和务实作风，但是，这些研究仍然受到西方历史及价值的局限，一些观点也失之偏颇。因此，在学习借鉴的过程中，我们仍需秉持批判的精神、历史的观点和敏锐的眼光，客观、辩证、全面地认识和把握这些西方集群行为研究理论，切忌将其研究的理论和方法作为普世价值和宇宙真理，生搬硬套、照搬照抄到国内。只有结合我国特殊的阶段时期、国情民情和历史文化传统，把中国的社会矛盾和秩序问题置于恢宏的改革开放和现代化建设进程中，才能真正发现中国群体性事件的形成机理，找到符合我国国情的群体性事件治理之策，不断推进国家治理体系和治理能力现代化，切实防范治理群体性事件，有效维护国家安全和社会稳定。

6.2.2　国内群体性事件理论研究

与西方国家相比，我国国内对群体性事件的研究起步相对较晚，最早可以追溯到20世纪七八十年代。特别是，邓小平“南方谈话”以后，改革开放在繁荣经济、促进发展的同时引发了许多新的社会问题，急剧增多的下岗工人、失地农民抗争以及农民抗税、复员军人闹事等群体性事件，引起了政界、学界的普遍关注。国内学者在借鉴和运用西方有关理论基础上，结合国内实际从不同的学科角度、技术层面和理论视野，对群体性事件进行了“本土化”研究，取得了不少研究成果。概括地说，学界对群体性事件的研究主要涉及以下的内容。

6.2.2.1　关于群体性事件概念的研究

在当前的群体性事件研究中，不同的学者从不同的研究视角出发，对群体性事件有着不同的界定。例如，王伟光认为：“群体性事件是指主要由人民内部矛盾引发，一定数量的群众参与的游行、示威、静坐、上访请愿、聚众围堵、冲击、械斗、阻断交通，以及罢工、罢课、罢市等严重影响、干扰乃至破坏社会正常秩序的事件。”[146]孙元明认为：“所谓的群体性事件指在特定情景下，人数众多的群众聚集在一起，因某一种大致相同的要求或愿望结成短时期的共同体，为了共同利益或公开表达诉求，或直接争取维护自身利益，或发泄不满、制造影响，而造成重大社会影响的集群行为。”[147]冯林认为：“所谓群体性事件是指突然发生的规模较大，参与人员较多，以扩大事态、加剧冲突甚至实施暴力为手段，以满足需要为目的，扰乱、影响、破坏社会治安秩序，危害公共安全的行为。”[148]肖唐镖认为：“群体性事件是一种在体制外抗争但不反体制、聚众但非正式组织化的地方性抗争活动，并使用含暴力和低暴力的非法抗争手段，但一般是谋求现实社会的抗争行动，属于工具主义的抗争，并未呈现出反政权、反体制的特点。”[149]由此，我们可以看出，学者们在研究群体性事件时各有侧重，有的从群体事件的性质、目的方面着手，有的从行为方式、后果方面切入，有的从组织、运行方面来界定群体性事件，等等。这些不同视角的研究，对我们全面认识、诠释、理解国内群体性事件提供了较好的理论支撑和现实指导意义。

6.2.2.2 关于群体性事件原因的研究

学者们一致认为，群体性事件是政治、经济、社会、文化等各方面矛盾的综合反映，既有地方之间、区域之间、行业之间、部门之间的不平衡问题，又有公民与公民、公民与社会组织、社会组织与社会组织之间的不和谐因素。有学者认为，城市群体性事件产生的原因很多，主要有生产力的发展水平比较落后、政策的制定考虑不周、制度的不完善、腐败问题比较严重、民主法制不健全、思想文化领域的混乱，等等。也有学者提出，造成当下群体性事件频发的原因错综复杂，主要体现在触碰了民生底线、诉求渠道不畅、社会认同分化、处置技术不妥等方面。还有学者认为，群体性事件是由多方面原因引起的，其深层次原因是社会贫富差距拉大、公民权益受到侵犯、干群关系紧张、价值观念多元、社会管理滞后等。总之，群体性事件的产生是我国经济和社会变革过程中多种因素综合作用的结果，是当前错综复杂的社会矛盾的综合反映，也是各种思想、价值、利益等冲突的集中体现。

6.2.2.3 关于群体性事件分类的研究

于建嵘从社会矛盾的角度研究社会群体性事件，将其大致分为几类：维权行为、社会泄愤事件、社会纠纷、社会骚乱和有组织犯罪。[150]王赐江根据核心诉求和驱动力量的不同，把群体性事件分为基于利益表达的群体性事件、基于不满宣泄的群体性事件和基于价值追求的群体性事件三类。[151]刘能给出的群体性事件分类框架则包括了如下七个类别：直接利益相关的原生型集体维权抗争、无直接利益相关的群体泄愤事件、地方政治生态恶化诱致的突发群体性事件、行业集体行动和工业集体行动、工具性处理“死亡因素”引发的群体性事件、意识形态或政治动机驱动的群体性事件、网络场域中内生的群体性事件。[152]王国勤根据群体性事件目标所指向的对象（利益或价值）和与对象的关系（维护或索赔）两个维度，把群体性事件分成四种基本的类型：维护型利益表达、索赔型利益表达、维护型价值表达、索赔型价值表达的集体行动。[153]还有学者根据目前我国群体性事件发生的原因特点以及地域行业分布情况，将群体性事件大致分为涉及城市问题、农村问题、民族问题、宗教问题以及行业问题等方面的群体性事件。

6.2.2.4 关于群体性事件对策的研究

鉴于当前群体性事件严峻复杂的态势，有学者提出，将群体性事件预防处置工作上升为维护国家安全和社会稳定的重大战略之一，实现从被动型、回应性的应急处置向常态化、全面性的危机管理转变，工作方式从人治之治向法治之治转变，核心使命从简单维护稳定向促进社会和谐转变。也有学者认为，可以从进一步发展经济，改善民生，推进就业，规范收入分配，破除社会流动的制度障碍，建立健全法制体系，强化社会民主参与，建立社会平等对话渠道机制等途径化解社会矛盾，预防和减少群体性事件。还有学者从群体性事件舆情控制、舆论引导角度，提出健全完善群体性事件的舆情监测、会商研判、联动处置、正面引导等工作机制，妥善应对处置热点敏感群体性事件。有的学者从风险管控、危机转播的视角,研究国内重大群体性事件传播机制,提出建立与传播环境、方式、途径变化相适应的群体性事件快速反应机制。总之,这些研究和探索,为有关部门处理群体性事件,提供了诸多很好的理论启示、案例佐证和建设性思路。

6.2.3 群体性事件的界定、特征及危害

群体性事件是影响当前我国社会稳定的重要因素,是社会风险的主要表征,因此,对群体性事件进行必要的研究,准确把握其含义、特征及危害,积极预防和妥善应对处置群体性事件,对维护城市社会和谐稳定,具有极为重要的意义。

6.2.3.1 群体性事件的界定

从我国来看,“群体性事件”这一提法有一个发展过程。20 世纪 50 年代至 70 年代末,群体性事件被称为“群众闹事”“聚众闹事”;80 年代初至 80 年代中后期称“治安事件”“群众性治安事件”;80 年代末至 90 年代初期称“突发事件”“治安突发事件”“治安紧急事件”“突发性治安事件”;90 年代中期至 90 年代末期称“紧急治安事件”;90 年代末至 21 世纪初期称“群体性治安事件”或简称为“群体性事件”。[154]

2004 年 11 月中央层面把“群体性事件”定义为:由人民内部矛盾引发、群众认为自身权益受到侵害,通过非法聚集、围堵等方式,向有关机关或单位表达意愿、提出要求等事件及其酝酿、形成过程中的串联、聚集等活动[155]。从社会学的视角来看,这一定义更接近于集体行动的概念,并侧重于由利益引发的经济性群体性事件。所以,一般认为,群体性事件是指聚众实施的违反国家法律法规、危害人民群众生命财产安全、扰乱社会治安秩序、危害国家安全及其他造成重大社会影响的群体性行为。群体性事件一般具有较为明确的、特定的、具体的目的,但并不一定是有正式组织发动的行为,通常是群众自发的行动,具体表现形式有集体上访、集会、游行、罢工、静坐请愿等,严重时会发展到阻塞交通、围堵党政机关等。群体性事件对政府管理和社会秩序形成严重冲击,常常被管理者视为部分民众参与的聚众闹事行为。应该说,绝大多数群体性事件是由人民内部矛盾引起的,但也有极少数是由于背后有境外敌对势力插手,甚至是直接策划操纵。

6.2.3.2 群体性事件的基本特征

1. 聚合性

众多利益人员逐渐聚集,且后续人员不断加入,这是群体性事件的主要特征。一般来说,在群体性事件初期,参与人员往往不多。但是随着围观人群的聚集,一些“非直接利益群体”甚至一些别有用心的人员借机介入,事态容易扩大。

2. 择机性

我国群体性事件呈现出明显的时段特征。在人大、政协“两会”和国庆等重大活动期间,一些有各种利益诉求的群体往往借机聚集上访施压,以达到解决自己利益诉求的目的;而“3·10”

等敏感时间节点，则是敌对势力煽动聚集闹事的重点时段。

3. 演变性

群体性事件发生之初，参与人员往往只是表达利益诉求。但受许多难以预料的因素影响，事件往往转向变质，由一般、轻微的违法行为演变为严重影响社会稳定的打砸抢烧等暴力犯罪行为，特别是在境外敌对势力的插手下，由非对抗性矛盾演变为对抗性矛盾，使事态复杂升级。

4. 攀比性

群体性事件往往是由不同群体、不同利益主体的利益差别或利益受损而引发的。因此，在解决群体性事件中群众提出有关诉求时，往往会引起其他相关群体的攀比；同时，在解决一个诉求后，群众又可能会提出新的诉求。

5. 组织性

当前的群体性事件已由自发松散型向组织型方向发展，事件的聚散进退直接受指挥者和骨干分子的控制和影响。尤其是一些参与人数多、持续时间长、规模较大的群体性事件往往事先经过周密策划，目的明确、行动统一，组织程度明显提高，甚至出现跨地区、跨行业的串联活动。有的还集资上访，并聘请律师，寻求媒体支持。[156]

6. 反复性

有关部门单位出于“维稳”目的，在解决一些个案问题时，被个别人员误解为是通过自己“抗争”、群体性事件“闹”的结果，坚信“大闹大解决，小闹小解决，不闹不解决”，从而造成事件不断反复、矛盾难以化解。中国社科院发布的《2014 年中国法治发展报告》调查显示，“三分之二左右的群体性事件经处理后未再发生反复，但仍有近 12%的群体性事件反复 2 次或 2 次以上”。

7. 处置的复杂性

当前，群体性事件中不同群体相互碰头、利益和政策问题相互交织、历史和现实问题相互叠加、人民内部矛盾和敌我矛盾相互纠结，加上互联网的煽动助推作用和各种势力的插手利用，致使一地问题转化为多地问题，局部问题扩大为全局问题，导致群体性事件处置的复杂性。

6.2.3.3 群体性事件的危害

当前，群体性事件已经成为影响城市社会稳定的重要因素之一，往往会造成多方面的危害。

1. 造成重大的经济损失

群体性事件发生发展、处置平息过程本身就会消耗大量的社会资源。群体性事件中一些阻挠重大工程建设、重大项目上马以及损毁铁路和公路等基础设施的严重违法行为，往往造成重大财产损失。同时，政府部门应对处置这些群体性事件，往往也耗费大量的社会资源。有些群体性事件还造成了无法估量的间接损失。例如，近年来全国多地先后发生抵制 PX 项目群体性事件，在叫停 PX 项目建设的同时，也间接影响了 PX 项目给当地经济、财政、就业、税收等带来的巨大收益，甚至影响国内大量 PX 产品需求的满足，对我国经济社会发展也带来较大的影响。

2. 破坏正常的社会秩序

当前，群体性事件的规模越来越大，组织性、对抗性越来越强，动辄集结数百甚至上千人规模向政府施压，严重冲击法制秩序，破坏治安秩序，扰乱了正常的社会秩序。一些未经政府有关部门审批同意的规模性静坐、游行、示威活动，甚至罢工、罢市、罢运事件，极易造成局部的工作、生活、交通等秩序混乱，有的甚至发生与政府有关部门的直接冲突，一旦应对处置不当，被敌对势力和别有用心人员插手利用，导致群体性事件升级转向，往往发生打砸抢烧等恶性事件，严重破坏社会秩序，影响地区社会稳定，甚至威胁国家政治安全。

3. 导致社会舆论错位

群体性事件发生后，一些“网络大V”“意见领袖”“维权”律师甚至境外非政府组织等出于不同的目的，通过新媒体、自媒体等途径插手利用、制造谣言，混淆视听，加之一些政府部门正面“发声”不及时，应对处置不力，导致信息不对称，致使一些社会不稳定问题、群体性事件呈现出“互联网＋”的状态，通过互联网和自媒体对事件的传播，助推了社会矛盾升级，导致事态扩大，造成严重的负面影响。

4. 极大地损害党和政府的形象

当前，各类社会矛盾交织叠加，群体性事件呈现出高发多发的复杂态势。由于各种各样的原因，群体性事件参与人往往把矛头指向各级党委、政府及其工作人员，采取规模性聚集、游行示威等非法、过激的方式，甚至杀人、纵火等报复社会的个人极端案件形式，通过互联网的渲染放大，对党和政府的形象造成极大的损害，降低了政府公信力，导致党的有关路线、方针、政策不能得到贯彻执行，甚至影响社会和谐稳定和国家安定团结的大好局面。

5. 影响国家安全和政治稳定

一些群体性事件涉及民族、宗教问题，与传统的社会矛盾问题交织叠加，一旦处理不好将激化民族矛盾，损害宗教和睦，破坏民族团结。同时，境内外敌对势力利用我国国内热点问题和敏感问题，插手我国国内群体性事件，把利益问题炒成政治问题，把一地问题炒成多地问题，把国内问题炒成国际问题，动摇我党的执政基础，丑化社会主义制度，影响我国国家安全和政治稳定。

6.3 群体性事件的诸要素及一般演进

6.3.1 群体性事件的构成要件

从本质上讲，群体性事件是影响社会稳定并对社会造成一定危害的行为。因此，其构成一般也具有四个方面的要件，即主体要件、客体要件、主观方面、客观方面。[157]

6.3.1.1 主体要件

根据前述群体性事件的定义可知，群体性事件的主体是指在特定的情况下，聚众实施了违反国家法律法规、危害人民群众生命财产安全、扰乱社会治安秩序、危害国家安全及其他造成重大社会影响的行为的群体。一般具有以下特征：一是由一定数量的社会成员组成，且在特定环境下通过特定的方式临时聚集起来；二是这些人群数量不固定，但随着事态的发展变化，会有更多人员加入，导致人数不断增加，规模不断扩大；三是该群体具有一定的共同属性或者是某种共同的经济利益，或者是某种诉求。因此，群体具有某种共同的心态和动机，容易发生共鸣。当前，群体性事件的主体呈现出一些新的情况，必须引起各方高度关注。

第一，主体多元化。一般说来，权益相对受损群体和社会底层群体人员为当前群体性事件的构成主体。从目前掌握的情况来看，参与群体性事件的人员十分复杂，由过去的以农民工、失地农民、下岗工人、退休职工等为主，向出租车司机、集卡业主及驾驶员、私营企业业主、环卫工人、城镇居民、涉众型经济案件投资人、原民办教师、失独家庭人员、自诉疫苗受害者、知青等发展，参与人群明显扩大，呈现出多元化的格局。

第二，组织性增强。有相当数量的群体性事件逐步由自发的集体行为向更严密、更稳定的组织趋势转变，特别是当前抗议“邻避”项目设施建设、抵制“网约车”非法营运、涉众型投资受损等利益群体组织的群体性事件，参与人员多、持续时间长，往往都经过周密筹划、精心组织，分工明确、行动统一，有共同诉求、有骨干分子、有组织网络、有行动计划。参与人员目的明确、动机一致，具有一定的血缘、地缘或业缘关系。事件一旦发生，通过熟人社会的互助互惠机制和基于命运共同体的认同机制，借助高效的网络动员机制，短时间内迅速动员组织起大量的参与者。

第三，非直接利益者参与。部分群体性事件中存在借机闹事、从事非法活动的人员，这些人员通常与事件无直接利益关系，在事件中也无直接的利益诉求，更多的是借题发挥，发泄不满情绪。非直接利益者参与群体性事件，事发突然，动机多样，升级较快，社会危害程度增大。有些群体性事件往往通过非法行为、过激的方式呈现出来，加剧了行为烈度，扩大了事件态势，严重冲击社会秩序的同时，造成极大的经济、财产损失，同时，通过网络传播影响，激化了社会矛盾，损害了社会公平正义，加大了民众对政府的质疑，严重影响了政府形象和公信力。

6.3.1.2 客体要件

由于引发群体性事件的社会矛盾具有复杂性，导致群体性事件侵犯的客体也呈现出多样性、复合性。一般来看，公共安全、社会秩序、公民权益和公私财产都可以成为群体性事件的客体要件。首先，受各种不确定性因素影响，部分群体性事件在发生发展过程中，往往会偏离事件参与者的初衷，脱离事件组织者的掌控，发生一些采取不法手段或方式冲击党政军机关等要害部位、阻断交通、集体械斗等情况，破坏了正常的交通、工作、生活、生产、教育科研等社会秩序，造成公私财产的损失等。其次，一些群体性事件夹杂着违法犯罪的因素，触犯的法律关系也是多方面的，既有刑事法律关系，也有民事、行政法律关系。群体性事件涉及的领域也是比较广泛的，涵盖了经济、金融、环境、交通、生活、健康、就业等各个领域。[158]此外，一些群体性事件在事发时直接造成经济损失和社会影响的同时，其后续的破坏力还会对政府的权威和公信力、公平正义、民众心理等带来挑战，造成损害，这些损害有时在短期内不会显现，但会在将来的某个时段表现出来，甚至会以更加激烈的形式表现出来，对社会有关方面产生连带负面影响，短期内难以消除。

6.3.1.3　主观方面

一般说来，群体性事件参与者都具有这样或那样的诉求，该主体诉求是导致事件发生的内在动力。从主体诉求的性质来看，引发群体性事件的诉求主要有三种情况：一是正当合理的，责任主体应当予以满足、解决到位；二是虽属正当，但在现实生活中一时难以满足，需要在今后逐步加以解决；三是不正当的，属于无理要求。当前，我国社会转型和经济转轨这一深刻变革导致利益调整出现复杂多样的态势，群体性事件也随之呈现出诉求多元的情况。首先，个别利益诉求转向政治诉求的趋势明显。部分群体性事件利益诉求或无理要求未能得到满足时，转而提出政治诉求，企图“以政治博经济”。其次，涉及制度层面的群体性诉求不断增加。随着社会的发展，主体诉求呈现出新的特点，从过去的经济利益、自身权益等物质型诉求，升级转向到政策资源、公平正义等制度型诉求。特别是随着新生代农民工由亦工亦农向全职非农、由城乡流动向融入城市、由谋求生存向追求平等转变，要求同等享受市民待遇、平等享受教育资源等群体性诉求越来越强烈。最后，多数群体性事件参与者提出的诉求具有一定的合理性，但常常采取不合法的方式，合理要求和不合法行动、无理要求和非法行动相互交织，多数人的人民内部矛盾与少数人的严重违法行为混在一起，敌对势力和敌对分子也插手利用群体性事件制造事端。如果处理不当，导致事件升级转向，局部问题可能影响全局，非对抗性矛盾就可能转化为对抗性矛盾。[159]

6.3.1.4　客观方面

当前，各级政府高度重视群体性事件的防范处置。究其原因，群体性事件的主体在组织、参与事件过程中，客观上实施了违法犯罪的行为，且一定程度上造成了扰乱社会秩序甚至严重危害社会的后果。首先，危害社会的行为在每起群体性事件中都处于核心地位，没有危害社会的行为，也就无所谓群体性事件。群体性事件的主体为了达到某种共同的目的，往往采取一些非理性的甚至是违法的方式或手段来表达诉求，往往造成危害社会的实际后果，如危害公共安全、扰乱正常的社会秩序。其次，参与事件的各个个体的行为危害社会的程度往往呈现多层次性。有的可能已经构成了犯罪，有的可能构成违反治安管理行为。因此，造成财物的损害或者人员的伤害是群体性事件客观方面最直接的体现。有时在特定的情况下，还会对利益关系、经营方式、管理秩序、社会规范等产生深层次的负面影响。此外，值得注意的是，相较于正常、理性和按程序的诉求表达方式而言，当前许多群体性事件诉求表达方式呈现出非理性化的态势，不在现行的法律制度框架内按程序反映诉求，而是采取过激行为，甚至采取对社会正常秩序造成破坏等行为表达诉求。这些表现有一个共同的取向，就是想通过各种手段来放大声音、扩大影响、博取同情与支持，增加与政府博弈的分量。这种趋势如果得以发展，后果令人担忧，因为不顾一切寻求利益最大化的心理与行为极易被人利用，用非理性方式逼迫政府就范，一旦屡试不爽，势必挑战秩序权威，体制外维权成为事实上的范式，所产生的波及效应将弱化党和政府对群众权益维护的主导地位。[160]

6.3.2 群体性事件的演进过程及阶段分析

群体性事件从发生、发展到平息，是一个持续的动态过程。一般而言，一个完整的群体性事件的演进过程可分为事件萌发、酝酿显露、积聚发展、爆发升级、平息事态、善后处理等六个阶段，且每一个阶段有其自身的规律和特点。

6.3.2.1 事件萌发阶段

该阶段的主要环节及特点是：

(1) 当事人权益受损。由于各种原因以及基层政府的不作为等，使当事人认为自己的权益受到侵害，这是诱发群体性事件的基础条件，也为今后群体性事件的发生埋下伏笔。

(2) 正常渠道维权未果。当事人权益受损后，一般会通过正常的信访、行政、司法等常规渠道寻求解决问题，维护自身权益，但是，当通过这些途径维权无果后，当事人就产生了通过非常规渠道甚至非法形式制造影响，博取同情与支持，向政府施压以解决事件的动机。

(3) 萌生发动群体性事件决定。一旦当事人认为通过正常渠道无法达到其解决问题的初衷时，就会产生发动群体性事件的想法，意图将事情"闹大"。如相关矛盾仍久拖不决，当事人的不满情绪会进一步累积，并通过一定的形式表达出来，但若未得到应有的"回应"，此时，群体性事件的苗头就出现了，群体性事件处于一触即发的临界点。

6.3.2.2 酝酿显露阶段

这一阶段的主要特点是网络日益成为矛盾当事人表达利益诉求、宣泄不满情绪的空间以及群体性事件酝酿准备、组织发动的重要渠道。

(1) 网络舆情显现。互联网因其简便、迅捷、广泛和匿名等特点，日益成为社会公众表达诉求、发泄不满的绝佳空间，涉及矛盾的多方观点、态度、意见及情绪等在网络上酝酿发酵、交锋碰撞，网络舆情成为群体性事件的"晴雨表"和"风向标"。

(2) 线下组织策划。矛盾经网络披露或口口相传后，引起社会普遍关注，个别"意见领袖"从"普罗大众"中脱颖而出并成为事件的组织策划者、核心参与者，建立组织网络，并明确了分工。经过这些挑头骨干人员的交流和商讨，酝酿形成维权行动方案并最终确定统一的着装、口号、宣传海报、时间、地点和线路等。

(3) 线上串联发动。事件的组织策划者、核心参与者及活跃人员等利用手机短信、微信群、QQ群、微博、博客和论坛等，进行快速、广泛的传播、联络、组织和煽动，短时间内迅速集聚起大量具有思想共鸣的社会公众，为后续实际开展群体性事件攒足了"人气"。

6.3.2.3 积聚发展阶段

该阶段正式表明群体性事件已经发生并进入人员集聚阶段，其主要环节及特点是：

(1) 人群不断聚集。在群体性事件的初始阶段，一般只是少数骨干人员的"路演"行为，在现场实施小范围的抗议行动，同时，视情形不断通过微博、微信、短信等方式主动向外部传播信息，甚至制造谣言，混淆视听，以图扩大影响，动员裹挟更多的当事人加入事件中来，吸引更多的围观人员集聚，导致现场人数不断增加。

（2）事件标识出现。随着事态发展，为了制造更大的声势，事件参与者开始统一标识或着装，出现打拉标语横幅、呼喊口号等较为温和的方式来制造影响，这些行为不但强化了群体识别、凝聚更多的同类人员，同时也起到了宣传、鼓动、吸引更多的旁观者并向政府施加压力的作用。

（3）发生违法行为。群体性事件发展至此，随着事件信息和现场情况通过QQ、微信、视频等大众媒介传播出去，出于不同的目的，部分利益相关的摇摆人员、观望者等陆续加入，使得群体性事件的规模逐渐扩大，各种利益诉求或行为动机交织叠加在一起，由于匿名或法不责众的错误思想作祟，个别人员蠢蠢欲动，欲借机发泄心中不满，于是发生小范围、小规模的轻微违法行为。

6.3.2.4 爆发升级阶段

该阶段的主要环节及特点是：

（1）人员大量集聚。随着发起者的信息传播和邀请等，受制于个人关系网络和利益共同体的考虑，第一批核心的参与者会加入群体性事件中，形成群体性事件演进过程中的第一个放大环节，参与群体性事件的人数在短时间内迅速增多，影响范围扩大，事件出现失控的苗头，并面临升级的风险。

（2）集会示威游行。大量集聚的人群在政府有关部门、涉事单位公司企业、城市中心广场或敏感区域路段集会、示威（静态），随着事态发展，有的进一步演进为参与人员规模性游行、示威事件。公安机关开始先期处置，启动现场控制、交通管制、教育劝散、重点目标保卫、现场秩序维护等工作；事发地党委、政府及有关部门、单位赶赴现场，参与事件处置。

（3）实施暴力行为。事件进一步演进，但相关利益诉求仍未得到有关部门单位的正面回应，事件发起人或核心参与人试图通过暴力手段进一步扩大社会影响，向政府施加压力；加之少数别有用心的“非直接利益者”为报复社会、发泄不满，趁机实施打砸抢烧等暴力行为。至此，暴力的使用标志着群体事件进入一个新的阶段，如果有关部门应对不及时，处置不力，极易引发严重的违法犯罪行为，造成极大的负面影响。

6.3.2.5 平息事态阶段

该阶段的主要环节及特点是：

（1）政府强力处置。为有效控制现场局势，根据预案机制，地方政府迅速采取交通管制、人员疏散、重点人控制、重点目标警卫、舆情管控等紧急处置措施，切实维护现场治安秩序、交通秩序，及时控制现场事态发展，保护重点区域、敏感部位及现场人员人身安全，收集并固定现场人员违法犯罪证据，对事件中违法犯罪的人员及插手事件的敌对分子依法打击处理。

（2）动员群众离场。事发地党委、政府及事件涉及部门、单位根据现场实际情况，面对面地开展群众工作，做好释疑解惑、疏导教育等工作，尽最大努力缓解矛盾。群众来源地所属党委、政府派员做好疏导化解、人员分流和接访工作，动员群众离开现场，对不听劝阻人员实施强制带离。

(3) 恢复现场秩序。根据现场处置实际情况，相关部门、单位进一步采取有效措施清理现场、恢复秩序，同时，密切关注事件发展动向，掌握事发现场动态，防止事件出现反复，确保事态得到有效控制，现场得到清理，秩序逐步恢复。

6.3.2.6 善后处理阶段

该阶段的主要环节及特点是：

(1) 防止事件反弹。现场处置结束、事态基本控制后，有关部门要及时开展对事件中伤亡人员的救治及其他善后处理工作，安抚涉事群众，迅速恢复地区社会秩序。对一些仍在现场观望的人员，要采取进一步措施，开展人员疏导、现场固守等工作，依法处理事件涉及的相关责任人员，及时回应群众关切，防止事件再度发生。

(2) 做好矛盾化解。相关责任部门、单位要采取措施从源头上解决问题，对因决策偏差损害了大多数人利益的，要坚决纠正；对政策落实不到位、群众合理要求得不到满足的，要抓紧落实；对办事不公、侵害群众合法权益的，要严肃查处；对干部作风不好、伤害群众感情的，要及时整顿，切实防止群体性事件的再度发生。

(3) 进行评估反思。对引发事件原因、事件损失、事件责任以及政府有关部门的应对处置等进行全面评估，及时总结经验教训，建立健全群体性事件的预案和处置工作长效机制，根据事件处置过程中暴露和发现的问题，提出修改、完善工作预案和补充相关法律、法规、政策的意见建议。

6.3.3 影响群体性事件演进的变量因素分析

群体性事件是一个涉及多个主体、汇聚多种因素的博弈过程，除了受事件的诱发因素、爆发的时间地点、信息的传播途径等影响外，还与群众的参与热情、政府的应对处置等因素密切相关。一般来说，影响群体事件演化的变量因素主要有以下几个方面：诱因事件与事发环境、参与人群与人员结构、事件标识与传播媒介、组织化与暴力化程度、事件性质与政府应对。

6.3.3.1 诱因事件与事发环境

诱因事件(又称导火索)，是引发群体性事件的诱发条件因素，它使业已存在的社会矛盾加速演进、升级。而事发环境在一定程度上决定了群体性事件的规模大小及持续时间。

1. 诱因事件对社会的波及程度直接影响群体性事件的发生

当诱因事件波及面比较广泛，对社会的影响程度较大时，发生群体性事件的可能性将大大增加。当诱因事件处于孤立状态，为个别事件时，影响波及面有限，如果有关部门及时处置，很难演化成群体性事件。诱因事件控制不力，往往会引发次生事件，对群体性事件演化也具有推动作用。诱因事件发生后，如果应对处置不力，可能引发谣言传播、人群围观、交通堵塞、破坏公物、人身攻击等次生事件，导致群体性事件发生的可能性将大大增加。如贵州瓮安“6·28”事件最后演化为冲击县机关的事件，是因为次生事件——警察办案不作为、家属被打致死谣言、政府处理时机延误等与“矿群纠纷、移民纠纷、拆迁纠纷、干群关系紧张、治安环境不好”等长期积累的深层次诱因的深度耦合、发酵，最终导致群体性事件的发生。[161]

2. 事发环境为群体性事件快速演进升级提供了空间

为了吸引更多的人员加入，制造更大的社会影响，实现向政府施压以达到解决问题的目的，群体性事件的组织策划者一般都将事发地点安排在政府有关部门、相关企事业单位、城市中心广场或地标等处。一些突发的群体性事件往往也发生在城市中心、主要交通要道、商业中心等人员密集的场所，易使群体性事件的参与者快速集聚，使事件升级。事发环境在一定程度上也影响了政府应急处置策略的选择。如果群体性事件发生在重点区域、重要部门、繁华路段等敏感区域，人员的规模性聚集、滋事扰序，将给社会带来较大的危害，若管制不力则有可能酿成大的事端，这也强化了政府采取强力措施快速稳妥处置事件、降低社会影响、恢复正常秩序的决心，加速了群体性事件平息的进程，加快了事件演进的过程。

6.3.3.2　聚集人群与人员结构

聚集人群是群体性事件的主体，一般都是由一定区域、行业内具有相似身份和地位的特定群体人员组成，个别群体性事件中也有不特定群体人员参与进来。聚集人群规模、人员结构、心理状态及行为模式，直接影响群体性事件的发生和发展。

1. 规模庞大的聚集人群容易导致事态失控

聚集人群规模越大，事件的组织者对聚集人群的控制力就越弱，容易导致事态失控。虽然有的群体性聚集行为事先会有挑头、骨干人员进行组织，但是由于现场聚集人员来源复杂、组织纪律性程度不一等因素，在人数较多的情况下，组织者很难控制现场，可能导致事态失控。社会学匿名理论也认为，参与者在群体性事件中处于一种匿名状态，感到自己身处一个互不相识的陌生人环境中，因此，受社会规范和社会控制的约束力大大减弱甚至失效了。人们会认为自己的行为无人知晓，可以不用对行为后果承担责任，从而导致破坏性行为。因此，聚集人群规模越大，这种匿名性就越强，加剧人们“法不责众”的心理，更容易导致暴力破坏行为的实施。

2. 结构复杂的聚集人员容易导致事态升级

群体性事件中除了直接利益相关人员之外，还存在大量的无直接利益诉求人员或其他诉求群体人员交织汇合在一起，造成聚集人员结构复杂，导致活动组织者难以控制其他群体人员，部分其他群体人员趁机提出自身诉求，使事件性质发生变化。特别是部分无直接利益诉求人员借机实施暴力破坏行为，发泄心中不满，客观上使事态不断扩大。一些别有用心的人制造传播谣言，散布虚假消息，恶意进行炒作，进一步激化矛盾。例如，湖北石首“6·17”事件中，大量无直接利益诉求人员传播谣言、参与游行，甚至纵火滋事、打砸警车、攻击民警，造成了严重的破坏后果。浙江瑞安“5·28”事件中，个别人员制造谣言，通过网络传播扩散，导致事件逐步升级，由游行示威最终演化成非法打砸事件。

6.3.3.3 事件标识与传播媒介

群体性事件实质是一种公共事件，事件的主体会利用各种途径来提高动员组织效率，表达诉求，制造影响，吸引“眼球”，博取同情，争取活动效果最大化，增加与政府或有关部门利益博弈的砝码。

1. 事件标识对群体性事件演进起着一定的催化作用

有的群体性事件往往会利用一些明显标识来展示决心、表达诉求、制造影响。标识的形态多种多样，主要表现为标语、口号、服饰等形式。近年来，个别群体性事件也出现集体散步、集体购物、集体旅游等新情况。总的来看，标识是事件主体维护自身权益的一种手段，其目的是吸引“眼球”，制造影响，向政府施压。一般说来，标识在群体性事件中起到群体识别、凝聚组织以及宣传鼓动、施加压力的作用。从实践来看，标识一般不会在群体性事件一开始就出现，而是随着事态的发展，当群体性事件进入积聚发展阶段时，为了制造更大的声势，推动群体性事件进一步演进，事件参与者开始启用统一标识，出现打拉横幅、展示标语、呼喊口号等方式来制造影响。

2. 传播媒介管控不力会导致群体性事件复杂化

当前，网络媒体已成为大众获取信息、认知世界、发表观点、参与公共事件的重要途径，同时，也为社会公众的诉求表达与利益博弈提供了一个新的渠道与手段。网络媒体作为新型的传播媒介，对群体性事件进程演进的影响也是显而易见的。一方面，事件参与者通过网络媒体“选择性”地传播渲染现场态势，虚构甚至捏造事实，误导群众，助长极端情绪，在一定程度上加剧群体性事件的烈度。另一方面，随着技术的成熟、门槛的降低，网络、微博、微信、QQ 群，以及本地网站、手机短信、电子邮件等多层次、立体化、低成本、高效率的传播和动员，提高了民众的利益聚合与组织动员的能力，最终导致群体性事件规模扩大化、矛盾复杂化、演进加速化、冲突剧烈化。当前，网络和其他现代通信手段的发展无疑使得群体性事件的组织和沟通变得更为容易，同时，也增加了政府管控群体性事件演进的难度。

6.3.3.4 组织化与暴力化程度

组织化和暴力化是影响群体性事件进程的两个重要维度。群体性事件组织化的程度高，则发生暴力行为的可能性相对较小；反之，已发生暴力行为的群体性事件，其组织化程度一定不高，甚至是无组织的。

1. 组织化程度高的群体性事件行为方式更为理性

群体性事件大多是临时性的非正式组织模式，组织化程度较低。但是，国内大量存在的基于利益表达的群体性事件的组织化程度相对较高，在一定程度上决定了群体性事件的演进过程及持续时间。此类群体性事件因具体的经济利益引发，由一定区域、行业、企业、单位内具有相似身份和地位的人员，基于共同的利益诉求、相似的处境、相同的目标，自发或有组织地结成特定的“利益共同体”，呈现出较强的集体化、组织化，维权目标、方式和策略也较为明确。个别“意见领袖”“维权精英”参与其中，串联、组织、策划维权活动，以静坐、集会、游行等方式反映诉求，施加压力。正是由于组织化特征使得该特定群体的维权活动、利益表达方式较为温和，整个群体性事件也呈现出较为理性的方式，但持续时间可能更长。

2. 暴力行为决定是群体性事件解决的关键因素

暴力行为是划分群体性事件形态和演进阶段的标准，它加快了群体性事件演进终止的速度。如前所述，在“意见领袖”和“维权精英”的组织策划下，通过正常渠道多方维权未果，同时又缺乏其他抗争资源的情况下，组织者遂产生采取暴力方式维权的动机。个别群体性事件中往往会有来自不同阶层、处于不同地位特别是相对弱势地位的“无利益诉求人员”参与其中，他们出于“仇官、仇富”心态，产生报复社会的怨念，实施暴力行为，发生打砸抢烧等恶性事件，导致“官民冲突”“警民冲突”。这类暴力行为具有很强的突发性、自发性和攻击性，其暴力化程度及社会危害程度直接影响政府采取的处置方式和策略，要求政府有关部门及时采取强制措施，制止和控制暴力行为，使群体性事件迅速演进到处置平息阶段。

6.3.3.5 事件性质与政府应对

面对日益多发高发、严峻复杂的群体性事件，只有准确判断其性质、发展态势，并针对性地采取应对措施，才能依法果断处置，确保事态得到有效控制和平息。

1. 准确判断事件性质是应对处置群体性事件的前提

群体性事件的性质不同，处置方式、措施和手段也会不同。当前，绝大多数群体性事件是人民内部矛盾引发的，本质上是非对抗性、非政治性的，处于“可管理、可控制、可化解”范围内，应当采取说服教育、疏导缓解的方法予以解决。在现场处置时要有针对性地开展思想教育、正面引导、疏导劝散、秩序维护等工作。对不法分子实施打砸抢烧行为的，要及时制止，严厉打击；对敌对势力插手的，要坚持露头就打，防止坐大成势。一般情况下，一些不明真相的群众会被敌对势力、敌对分子蒙蔽欺骗，裹挟利用。但总的来说，除极少数敌对分子外，其中绝大部分仍是支持、拥护党和政府的人民群众，属于“人民内部矛盾”，必须按照“团结大多数、孤立极少数”的原则进行处理。

2. 依法果断处置是迅速控制群体性事件事态的关键

当前一些群体性事件的发生发展和扩大升级，与政府有关部门缺乏有效的应对处置密切相关。政府有关部门的应对处置能力强，可以及时发现不稳定因素，提前预知、预警、预防，从而避免引发次生事件及事态的扩大激化。面对严重影响社会稳定并伴有严重暴力行为的群体性事件，必须从维护社会稳定、维护社会主义法制、维护人民群众根本利益出发，把握先机，争取主动，坚决依法果断处置，迅速控制事态。要坚决防止因犹豫不决错失处置的最佳时机，坚决防止事件由小变大、由大变乱，最终导致事态升级、蔓延。在处置过程时，必须调集足够的维稳力量，配备有效的装备，形成强大震慑之势，确保事态得到有效控制和平息。

7 城市社会风险的网络舆情事件

7.1 网络舆情事件

习近平主席在2016年网络安全和信息化工作座谈会上指出："我国有7亿网民，这是一个了不起的数字，也是一个了不起的成就。"在我国推进城市现代化的过程中，过去的30年中前面的20年是非网络化时代形成的城镇化，而在最近的这10年是网络开放的社会，尤其是近几年在新媒体成为信息时代主角的时代背景下，公民通过网络发声，表达对社会不公平、公共服务不均等、住房紧张、资源枯竭等社会方方面面的意见。在微博、微信普及的时代，越来越多的网民通过这些新媒体参与到城市的社会建设和公共政策决策中，由于网络传播速度快，网民很容易在短时间内对城市管理的某一事项形成集中的舆论高峰。各种真相与谣言交织的同时，社会不稳定因素增加，城市社会风险也随之增加。

7.1.1 舆情与网络舆情

关于舆情和网络舆情的概念，国内外学者已经有丰富的著述，但是对舆情与网络舆情的界定尚未达成共识，在此，通过对一些学者的相关著作和论文进行研究分析，试图厘清舆情和网络舆情的概念。

7.1.1.1 舆情

舆情是一种复杂的社会现象，在现代社会中引起了广泛重视，但对于舆情的界定却仍然很模糊。关于舆情的说法，首先可以从词典的解释开始了解。"舆情"的基本含义指民众的意愿(《辞源》)。"舆，车舆也。"(《说文解字·车部》)"舆"字本意为车厢，转意为车或轿子。舆与人连用指造车的人，后演化为与车相关的各色人等，如车夫、随车士卒、差役、管车男女、小官吏等。"舆人"因此具有了与坐车官吏相对应的平民百姓的含义。至汉代，其含义范围超越了国人(城里人)、庶人(乡下人)，成为了涵盖国人和庶人在内的中下层平民百姓。随着"舆人"一词的出现，产生了"舆人之议""舆人之谋""舆人之颂""舆人之诵""舆人之谤"等概念，以表示平民的言论和意见。"舆情"这个概念据查出自《全唐诗》中五代南唐诗人李中所作《献乔侍郎》一诗，诗中有"格论思名士，舆情渴直臣"一句，它表达了世间在奇谈高论方面需要声誉显赫的名人，在表达百姓的情绪和意愿方面渴望出现正直忠贞大臣的美好愿望。清臣李鸿章曾奏请在天津建"曾国藩专祠"，奏折中写道，"仰恳天恩，俯赐照准，以顺舆情"。此奏折后作了该专祠的碑文。"舆情"

即指民众的意愿。

舆情作为社会科学研究中一个新的领域,学界还未形成权威性的定义。目前有两种比较普遍的观点:一是从广义上来说,舆情就是指民众的全部生活状况、社会环境和民众的主观意愿的总和,也即"社会民意"[162]。二是从狭义上来说,舆情是在一定社会空间内,围绕社会事务的产生与发展,而作为舆情主体的社会民众对国家事务管理者所形成和保持的社会政治态度。[163]从传统的社会学理论上看,舆情是民意的综合反映,属民意理论范畴;从现代舆情理论上看,舆情并不是简单的民意规律概括,而是对"民意及其作用与执政者及其政治取向规律"的描述。综合上述,舆情是指社会意识形态的特殊表现形式,是一定时期内,特定的社会环境中,社会群众对国家统治者或管理者的管理或行政行为,所产生和持有的群体性社会政治情绪与态度的总和,简言之,就是民众对管理者及其政治取向和政治行为的意见、看法和态度。

7.1.1.2 网络舆情

20 世纪 90 年代,我国开始加强网络舆情管理。1996 年以来,我国政府已经颁布和实施了一系列有关计算机及互联网的法规和条例,如《中国公用计算机互联网国际联网管理办法》(1997)、《互联网信息服务管理办法》(2000)、《互联网文化管理暂行规定》(2003)、《中国互联网行业自律公约》(2004)、《互联网站禁止传播淫秽、色情等不良信息自律规范》(2004)、《互联网新闻信息服务管理规定》(2005),2006 年 5 月 10 日国务院公布《信息网络传播权保护条例》,《中华人民共和国政府信息公开条例》也于 2008 年 5 月 1 日起施行。中国共产党十六届四中全会在《中共中央关于加强党的执政能力建设的决定》中提出"建立舆情汇集和分析机制,畅通社情民意反映渠道",把建立和完善舆情信息汇集和分析机制作为一种制度性的设计和安排,标志着党对舆情及网络舆情研究重要性的进一步认识。[164]

由于网络舆情作为人类心理活动所具有的复杂性和历经社会学、心理学、信息学等多样化、多角度的阐释,其含义几乎已经变得像"文明""文化"一样既广泛又模糊。目前各种相关的网络舆情定义多达十几种。尽管对此尚未形成共识,但大多数学者赞同网络舆情是社会舆情在互联网空间的映射这一观点,认为网络舆情作为社会舆情的一部分,是社会舆情的直接反映。国内第一本关于网络舆情专著的作者刘毅认为,网络舆情就是通过互联网表达和传播的各种不同情绪、态度和意见交错的总和。[165]另一关于网络舆情专著的作者王国华则认为,网络舆情是由于各种事件的刺激而产生的通过互联网传播的人们对于该事件的所有认知、态度、情感和行为倾向的集合。[166]高承实等《网络舆情几个基本问题的探讨》一文在总结不少网络舆情概念界定研究成果的基础上,指出网络舆情定义一般应该包含主体、客体、本体、载体和引体五个方面的内容。严格看,网络舆情是指由于各种事件的刺激而产生的、通过互联网传播和形成的人们对于该事件的所有认知、态度、情感和行为倾向的集合,即舆情传播和形成的途径为单一的互联网,而不包含其他传播载体。宽泛看,网络舆情是由于各种事件的刺激而产生的、主要通过互联网传播和形成的人们对于该事件的所有认知、态度、情感和行为倾向的集合。从上述研究可以看出,除了与现实社会的舆情有不少相似之处外,互联网技术的发展和社会的进步还赋予了网络舆情定义新的内涵和意义，网络舆情的客体及本体范围得到进一步扩展，不仅包括公共事务、社会议题，一些私人事务、小众话题也有可能成为网络舆情的客体，网络舆情所代表的也不仅仅是人们的情绪、态度等，还包括具有较高鼓动性的网络言论，并表现出一定的行为倾向。[167]

综合上述观点，本书将网络舆情定义为：网民或社会公众对某一热点问题、事件或现象集中表达出来的具有多数一致性和时间持续性，并带有强烈情感色彩的态度、体验、情绪的心理状况或行为倾向，由语言、文字、图像、影音等形式来表现。传统媒介或网络媒介通过互联网发布的新闻、报道、评论等，诸如网络评论员、网络推手、网民等各类型主体发布的微信、微博、帖子、图片、视频、音频等文字或非文字的信息都认定为网络舆情。

7.1.2 网络舆情要素

要素是指构成一个客观事物的存在并维持其运行的必要的最小单位，网络舆情的存在和运行同样由不同的要素构成。下面我们依据网络舆情的主体、客体及载体来分析其构成要素。

7.1.2.1 网络舆情主体——具有共同利益诉求及价值理念的网民

网络舆情主体是指发起、参与、形成舆情活动的人，即网民是网络舆情的主体。“网民”概念最初源于米切尔·霍本(Michael Hauben)，他认为网民是一群具有社区意识的、彼此之间发生行为联系的网络使用者，而这里的社区并非以一般意义上的地理区域来划分。新闻学研究者则认为，网民指网络信息的传播者与接收者。社会学研究者认为，那些被社区所接受并获得社区授予的合法“居民”资格(如获得有合法效力的账户名与电子邮件)的网络参与者就是网民。[168]而中国互联网络信息中心(CNNIC)则提出了一个简便的概念，网民即互联网网民，也就是每周使用互联网时间不少于1小时的中国公民，包括使用互联网的个人或群体。网络舆情主体就是借助于互联网工具，就某一社会热点或者突发事件发表自己的评论性意见，进而影响社会舆论的网民。

中国正成为世界上少有的一个舆论超强磁场，某个突发事件在网上一曝光，很容易引起全国网民评论，把地区性、局部性和偶然性的事件变成全民“围观”的公共话题，甚至变成需要中央政府出手干预的群体性事件，从而引发社会风险。而且在网络环境下，现实生活中的主体失去了自己身份上的各种标签，网络的隐匿性带来了民意狂欢的释放，消除了阶层差异、贫富差异、职业差异、教育背景差异等，每一个网民都可以平等的身份匿名地在网络中发表自己的意见，获取与传播信息。特别是涉及官员、警察、城管、司法、央企、富人、豪车、农民工、房价、物价等敏感因素，就容易引发铺天盖地的舆论浪潮。正是因为网络社会中信息无障碍地流动，激励了网络社会主体可畅所欲言，丰富与繁荣了网络社会的信息。

7.1.2.2 网络舆情客体——引起全民广泛关注的公共事件

与主体相对应的是客体，网络舆情的另一要素是构成网络舆情的客体，即公共事件。在互联网中引发高度关注并掀起巨大舆论的公共事件，实质上是对当前社会风气、社会矛盾以及社会心态的代表性反映，网络舆情在表性层面上虽然是针对某特定事件或社会现象的舆论批判，在深性层面上传达的却是普通民众对当前社会环境风气的意见和心态。我们可以把网络舆论客体分为新闻报道型客体和互联网曝光型客体。新闻报道型客体是指由新闻媒体发布的社会重大事件和热点现象信息，在网络中所引发的舆论及传播，具有公开性、透明性和权威性等特点。根据新闻报道的内容，新闻报道型客体又可进一步分为突发性事件客体（如“海南天价饭馆”事件）、国家重大性事件客体（如全国两会召开）和社会焦点性事件客体（如医改、教改、房改等）。互联网曝光型客体是指任何个人、组织或机构借助互联网发布的揭发曝光信息，在网络中所引发的舆论及传播，具有开放性、自由性、民间性和原生态性等特点。[169]互联网曝光型客体目前在网络舆论传播方面已与新闻报道型客体不相上下，但在网络舆论监督方面却已明显超越，占据相对主导地位。在网络便捷性、即时性的影响下，公共事件的网络传播能在短时间内形成强大的网络舆情。

7.1.2.3　网络舆情载体——网络互动空间

网络舆情生发、传播与演化皆离不开网络空间，网络空间是网络舆情形成和演化的场所，有时传统媒体也会加入并拓展；网络舆情的载体空间有博客、微博、QQ、评论、BBS、RSS 等。网络舆情在此空间中生发、演化，其传播渠道由单一渠道开始，逐步向多渠道扩展，可能向全渠道覆盖。传统大众媒介处于“把关人”体制下，“把关人”是大众传播媒介内部的工作人员。因为大众传播的一切信息，都要经过这些工作人员的过滤或筛选，才能同公众见面，所以他们便是信息传播的“把关人”。“把关人” 理论是由美国社会心理学家、传播学四大先驱之一的卢因率先提出的。他在《群体生活的渠道》（1947 年）一文中，首先提出“把关”（gate keeping）一词。卢因认为，在研究群体传播时，信息的流动是在一些含有“门区”的渠道里进行的，在这些渠道中，存在着一些“把关人”，只有符合群体规范或“把关人”价值标准的信息才能进入传播渠道。[170]“把关人”这一“信息过滤器”使群众从传统媒介获得的信息和了解的事件情况都经过了筛选，此空间中的“把关人”影响甚至决定网络舆情的演化进程，传统媒体的日趋式微和网络媒体蓬勃发展，使传统的处于垄断地位的“把关人”被淡化、边缘化，很多网络舆情被推向极致、异化的主要原因即在于“把关人”的缺位、错位及越位。

如果将网络舆情运用到网络空间传播的过程中去，如图 7-1 所示，在受众接收到相关信息前，原本可以由政府机构、网络媒体等舆情控制人员以及信息服务商三重立体式把关过渡，从而到一个更为宏观的层面。把关人在这中间本身也是一个受众个体，这两种身份在整个网络舆情处理过程中的互换相

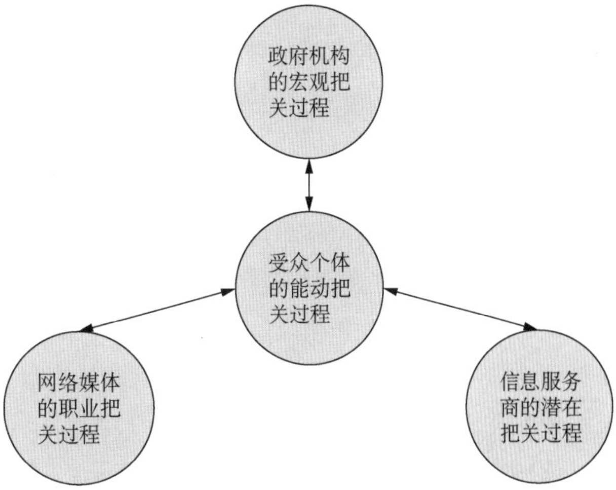

图 7-1　把关过程具体模式

融，会形成一个良性闭环，维系符合价格标准的信息进入传播渠道。

7.1.3　网络舆情对城市社会风险的影响

网络舆情事件对城市社会风险的发生、发展、变化会产生较大的影响，对网络舆情的影响应采取客观、全面、科学的态度，既要了解其负面的影响，也要看到其正面的效应。

（1）网络舆情具有释放社会能量，消解和减少社会风险的积极影响。

现今，我国的经济社会正在转型，在这个特殊时期，经济体制在作变革，社会结构在作调整，利益格局也在发生变化，而利益的主要部分和价值取向随着特殊时期下的变化也越来越呈现得多样化，大众的思想活动亦是变得多变与反复，自此便使得将民众内部矛盾作为主体的社会矛盾也在变得多发、多样和颇具复杂性，从而在很大程度上引发社会风险。因此需要给予社会利益表达行为的正确引导，以缓解社会压力和公众的不满，这就要求尽快构建合理的诉求和表达渠道、有效的利益沟通和不同阶层意见表达的平台。网络能为社会公众提供一种方便、低成本的表达诉求、宣泄情绪的手段和渠道，能够在不影响现有社会结构的前提下，释放出长期积压的一些社会压力，宣泄公众的不满情绪，使部分心理失衡的公众获得心理上的平衡，这对社会矛盾有缓解作用。城市社会风险从初始状态到爆发会经历一个潜伏阶段，如果能及早发现苗头并予以合理的疏导，就可能帮助公众重建对公权部门的公信心理，从而使处于萌芽状态的风险被消解。网络舆情是公众的愿望和诉求在互联网上的集中反映。网络舆情的内容已成为政府制定公共政策的重要决策依据之一，对网络舆情进行积极的反思有助于公权机关更深入地了解公众的意愿和诉求，制定有效的策略，消除能引发社会风险事件的危机，从而有效减少引发社会风险事件的发生。

作为信息交流与知识共享的平台，互联网无疑为社情民意的传达和反馈提供了更为有效的渠道，但同时不良的网络舆情极易激发网民的非理性情绪。从政府议程设置和行为策略看，多数情况下单个问题无法引起政府足够关注并引入政策议程，而当某类问题重复、频繁出现或持续被媒介报道并成为公众热议的议题时，政府会力求采取大量措施化解这一问题及诱发的舆情，或至少从表面上消解这一问题。从各种系列事件看，不少类型事件系列化呈现后，政府不仅采取了措施，还取得了良好的治理效果。网络舆情作为社情民意的集中表现和重要内容，越来越被政府所重视，人民网舆情监测室每年都要公开发布“地方年度应对网络舆情能力排行榜”，有效地推动了地方政府网络舆情治理工作，更加注重研究网络舆情的引导作用，使网络成为公众表达意愿的渠道，在政府与公众间形成良性互动的局面。网络是把双刃剑，政府及公权机构应当看到网络舆情的积极效应。通过合理引导网络舆情，建立健全信息公开和信息回应机制，发挥网络媒体优势，形成网络干预和网络参政新机制，通过网络新闻发言人等方式，充分发挥网络舆情的引导能力，使其起到释放社会压力、消解和减少社会风险的作用[171]。

（2）网络舆情具有使城市社会风险出现恶性发展的消极影响。

网络舆情对于公众参与社会管理、提高政府治理的效果有一定的促进作用，但是网络舆情是把双刃剑，它的负面作用也不可忽视。引发网络舆情的事件往往是相对敏感的社会现象，涉及问题也往往是利益表达制度缺失，网民虽然不是处于事件当中，但因为问题的普遍性而多半感同身受，同时也多半缺乏利益表达途径。因此，当敏感事件被公之于众时，网民会表现出广泛的关注和持续讨论[172]。虽然网民是分散于网络中的独立个体，但会因为事件表现出集合行为，自发组织成为虚拟共同体。经过集群化之后显现出趋同性，逐渐发展为群体共同的信念。经过“蝴蝶效应”和“煽动挑拨”，网民受涉及公共利益的敏感事件的影响，借助网络发布，大规模传播这些敏感信息。在突发事件来临之期，因为传统媒体的延迟性，使得公众试图从网络上得到更多信息。如此，非常容易使得谣言滋生不断以及具有情绪性的舆情大肆弥漫。故而极有可能让此类信息朝不佳境地发展下去，此外，网络具有匿名性特征，也为编假信息者创造了信息的呈现和流通基地，这些人能够隐藏真实信息参加到讨论当中，而且几乎不考虑发言所带来的严重后果，因而很可能无限制地歪曲事实的真相，大规模的网民群体借助网络优势互相联系、沟通，有计划地组织、策划和联络，最终使事件发展成为带有特定诉求的群体性事件，从而引发城市社会风险。

7.1.4　当前中国网络舆情的新特点与新趋势

7.1.4.1　网络舆情的主要特点

张一文认为非常规突发事件网络舆情具有爆发性、特殊性、环境复杂性、群体扩散性和演变不确定性五个特点。[173]喻国明指出，在突发网络舆情热点事件中，我国网民有两大特征，精英阶层较少，“草根”居多；在网络上的发言是“有主张，少论据”，易于情绪化。[174]张玉强认为突发事件网络舆情除具有公共性、突发性、破坏性和可控性特点外，还具有爆发概率高、爆发周期短、影响范围广、危害程度深和控制难度大等特点。[175]徐晓日指出，网络舆情具有以下特点：①网络舆情来源具有广泛性和匿名性；②网络舆情倾向于问题揭露与现实批判；③网络舆情具有突发性；④网络舆情传播容易出现群体极化倾向；⑤网络舆情能够形成更大的群体压力。[176]

本书认为，网络舆情除具备一般网络舆情的即时性、自由性、自发性、隐匿性、广泛性、互动性、多元性、情绪化和非理性等特点外，其在社会风险防控中表现出来的主要特点有：①突发性，信息传播的速度在时间维度和空间维度大大加快，当民众的神经被触动，民众会自发地追问事件真相、分析缘由、捋清脉络、发表意见，迅速引起积极关注和纷纷热议的局面。②议题广泛，信息泛滥。因为网民自觉可以比较容易地摆托责任，对自己言论的约束性降低，各种信息蔓延，谣言和虚假信息比往常更具杀伤力。③危害放大，政府和社会在不确定环境下陷入被动信息不确定性，造成判断力下降，民众心理恐慌。④群体极化，利益相关群体迅速积聚，形成群体压力。[177]美国学者凯斯·桑斯坦认为：“志同道合的人可以在网上轻易且频繁地沟通，但听不到不同的看法。持续暴露于极端的立场中，听取这些人的意见，会让人逐渐相信这个立场。”这就是网络舆情呈现出群体极化的原因。[178]控制难度大，各种关系错综复杂，一旦形成舆论，控制难度增大，权威性受到挑战，危及社会稳定。

7.1.4.2 网络舆情的新特点和新趋势

自媒体时代网络赋予了每个网民话语权，人人都有一个向世界发出声音的话筒，网络言论的影响力也达到了一个前所未有的高度。纵观近年来网络舆情的综合演变过程，能更加快捷地发布信息和讨论的微信、微博、论坛等平台在网络舆论场中迅速崛起。网络舆情在新媒体时代中也具有了新的特点和趋势：一是新媒体平台爆发式增长引发激烈竞争。随着新技术的不断发展，AcFun 和 bilibili 弹幕视频网站，抖音、网络直播等新平台悄然兴起，并且开始扮演着源头作用。这使得网络舆论生态更加复杂多变，并且这些新技术平台是目前公开舆情所监测不到的盲区，传统的舆情监测与预测往往很难抓取到这些新平台的封闭数据，造成舆论危机只能被动应对。二是网络社区"抱团"群体极化趋势加剧。线下与线上社群的"抱团"群体极化现象使得网民从简单的"表达者"转变为"行动者"，各社群对社会公共议题的探讨有"抱团"趋势，容易造成观点极化。当某些观点在特定的社群内达成普遍共识时，极易形成"社会认同"效应，难以被打破。比如在连云港核废料处理事件中，虚拟社群通过微信、QQ 等平台达成共识，极易转化为现实生活中的"行动者"。将来，这种"抱团取暖"的群体极化现象趋势会愈演愈烈。三是公与私的领域界限越来越模糊。私人领域叠加在公共领域之上，而公共领域越来越呈现出私人属性。之前的网民更关注社会公共事件，随着自媒体平台的兴起，网民对社会公共议题的总体关注度在下降，反而越来越关心自身的生活和境况，社会情绪的表达也拓展到伦理道德、社会信任、社会审美等领域。

自媒体时代带来了民意诉求的狂欢，政府部门应该积极应对，不能动辄采取"封、堵、捂、瞒"的方式，而是应该及时准确地收集、应对舆情信息，减少引发社会不稳定的因素，防范城市社会风险。

7.2 网络舆情事件在城市社会风险中的作用

网络舆情和城市社会风险在同一时空呈现、交织，彼此互为表里和因果。这使前者成为双刃剑：既可能加剧风险，成为一种"软风险"；也可能消解社会风险，成为一种"软实力"。如何发挥网络舆情在城市社会风险防控中的作用值得我们去研究。

7.2.1 网络舆情事件的"软风险"作用

网络舆情有助于现代社会建构的同时，也可能引发群体性事件、消解政府公信力、重塑社会意识形态、影响国家文化安全、挑战国家政治安全等，这些都会加剧城市社会风险。

7.2.1.1 引发群体性事件

本书认为，群体性事件是由某些社会矛盾引发，特定群体或不特定多数人聚合临时形成的耦合群体，以人民内部矛盾的形式，通过没有合法依据的规模性聚集、对社会造成负面影响的群体活动、发生多数人语言行为或肢体行为上的冲突等群体行为的方式，或表达诉求和主张，或直接争取和维护自身利益，或发泄不满、制造影响，因而对社会秩序和社会稳定造成重大负面影响的各种事件。网络群体性事件是诸多群体性事件中的一种，是基于网络而发生的集群行为。社会心理学研究表明，互联网提供了一种便利条件，使相同目的的人集结起来，令分散的敌意更加明确。[179]群体性事件借助网络得以发生，通过网络表达声援，通过网络进行线下集结，通过网络酿成群体性事件。随着经济、社会的发展，公众表达意见、维护自身权利、参与政治进程的诉求日益强烈。由于社会公众能够宣泄情绪的渠道和场域的现实局限性，网络不经意间成为公众利益表达和诉求的主渠道和主场域。有关的统计数据也显示，近些年发生的社会群体性事件背后都与网络社会动员有着密切的联系，而且群体性事件的发生和发展也出现了一些新的特点，由消极转向积极，由经济转向政治，由个人转向社会等。网络为群体性事件的诱发提供了便利，这也是网络时代群体性事件在地域上、数量上和规模上呈现愈演愈烈之势的原因。网络舆情信息传播速度快、势能大、范围广、影响深，难以实施有效控制。在群体心理的影响下，网络中所传播的舆情信息会发生变化，有可能形成一边倒的狂热，催生一呼百应的气场，产生了所谓的“回音室效应”。

7.2.1.2 消解政府公信力

政府公信力是政府依赖于社会成员对普遍性行为规范和网络的认可而被赋予的信任，并由此形成的社会秩序。政府作为一个为社会成员提供普遍服务的组织，其公信力程度通过履行其职责的一切行为反映出来，因此，政府公信力程度实际上是公众对政府履行其职责情况的评价。法国哲学家德里达创立的解构主义学派目的在于试图打破现有的秩序，进而创造他们认为更合理的秩序。网络舆情全球性、开放性、复杂性、去中心化、匿名和实名交织等特质决定了网络舆情可以成为现代社会一种强大而隐秘的解构力量。政府在网络舆情处置和应对过程中的不专业乃至生疏的表现吞噬了政府的公信力。政府公信力涉及两个主体：信用方（即政府），信任方（即社会公众）。它包含公众对政府的信任和政府对公众的信用，其中政府信用是政府公信力的核心内容。政府信用是社会组织和民众对政府信誉的一种主观评价或价值判断，是政府行政行为所产生的信誉和形象在社会组织和民众中所形成的一种心理反应，它包括民众对政府整体形象的认识、情感、态度、情绪、兴趣、期望和信念等，也体现为民众自愿地配合政府行政，减少政府的公共管理成本，以提高公共行政效率，是现代民主和法治条件下责任政府的重要标识。一个负责任、成功、高效的政府必然致力于追求良好的公信力。政府的公信力不足还会导致政府合法性危机，近而遭遇执政危机。负面网络舆情对政府公信力的影响越来越大，可以从多个维度消解政府公信力，使得政府的社会治理能力和社会控制能力下降，导致政府的公信力危机，一个没有公信力的政府势必面临着更大的溃败风险。网络舆情强化了“塔西佗陷阱”效应。作为西方政治学的一个重要假说，“塔西佗陷阱”可理解为：当政府失去公信力时，不论说真话还是假话，不论做好事还是坏事，都会被认为说假话、做坏事。网络舆情应对中的信息不公开影响政府公信力。政府的信息公开透明是现代政治的基本要求，然而公众的知情权常常被政府选择性忽略掉了。舆情危机发生后，面对民众的诉求和追问，某些政府部门迟迟不公开信息，或者有选择性地公开信息，民众对政府公开的信息也将信将疑，将政府置于尴尬的境地。

7.2.1.3 重塑社会意识形态

话语与权力的结合实际上构成了话语霸权。网络社会重新分配了社会风险，也重新确立了话语权力。传播学者麦奎尔认为，在传播是基本权力、权力必须平等与多元的前提下，更应该保障与尊重弱者参与媒体运作的权力。在网络社会里，民众的话语权得到了彻底伸张，并且通过网络舆情在一定程度上重塑了社会意识形态。网络舆情是凝聚社会共识的“黏合剂”。公民的想法、意见和建议，知识分子的政治主张、时局建言、文化思潮借助网络沟通、互动、汇聚，最终达成一致，变成了某种主张、学说和观点。网络社会之前，社会意识形态主要通过大众传播媒介进行和完成，在某些传统上偏好封闭管理制度的国家中通过内循环构建的意识形态在传统社会中是非常有效的。网络的发展尤其是新媒体的飞速发展，使传统的意识形态在不断地解构之中，而新的意识形态建构起来十分不易。由此，网络社会中新旧两种意识形态的控制和反控制、较量与反较量、渗透与反渗透会持续进行，一旦掌控、引导出现偏误就有可能引发严重的政治问题。意识形态是一国政治安全的精神支柱。某种意识形志的式微隐喻着某种政治即将崩盘。史蒂文・莱文认为，正式的意识形态是政府制定社会经济发展目标与行动计划的指导，多数以文字或图像形式存在并被公众广泛认知；非正式的意识形态是由一个社会的价值观、道德、宗教、习俗等组成的一系列制度约束，其涵盖范围要远远大于正式的意识形态，而且对社会公众的影响更加深远与持久，在一定条件下也会对正式的意识形态产生影响。[180]而且，非正式意识形态与正式意识形态之间存在相互制约、相互促进的关系，通常地，非正式意识形态的演变会早于正式意识形态，并最终引起正式意识形态的变迁。网络空间正好为各种不同类型、不同形态的意识形态较量提供了天然的重要场域。

7.2.1.4 影响国家文化安全

文化安全一般是指主权国家的文化领域没有受到威胁或者处于危险情境当中。一方面指主权国家文化现状不受外部侵扰，保有相对独立性；另一方面是指个体没有恐惧、害怕、担忧的文化、心态和心理。随着网络舆情在全球的无国界传播，如何保持本国的文化相对独特性，是所有国家面临的重要问题，尤其是广大发展中国家。与传统媒体受到地理位置与范围的影响不同，网络媒体突破了地域限制，从而网络媒体对人类的影响也在加速度扩展。其中，网络文化传播是网络传播的重要内容之一，发达国家的文化通过网络对欠发达国家文化构成了巨大的冲击，在一定程度上冲击了人们固有的价值观和世界观，让人思想混乱、无所适从。通过网络传播，西方世界观和价值观大肆入侵。西方的技术优势和语言优势使得网络信息都是从经济发展国家、强势文化国家流向欠发达国家、弱势文化国家。进一步地，控制了网络信息输出的国家就控制了文化输出的制高点，在某种程度上也就控制了意识形态的话语权。如果说麦当劳充当了美国饮食文化、资本文化向全球扩张的急先锋，那么也可以说网络也有可能充当美国文化向全球渗透的急先锋。美国掌握着国际互联网的控制权，把持着国际互联网的 13 台域名根服务器。2004—2009 年，美国通过操控互联网服务器，先后瘫痪了利比亚、古巴、朝鲜、叙利亚、苏丹和伊朗六国的互联网服务。

7.2.1.5　挑战国家政治安全

国家政治安全是一个国家独立自主发展的重要保障，受到一个国家经济、社会、文化、宗教、意识形态等多种因素的影响。虽然国家安全似乎与普通民众的生活并无直接关联，但却是非常重要的，没有了国家安全，民众个体利益也将失去依存。可是，不争的事实是网络舆情成功地吸引了社会公众对某些具体事件的关注，以及大量网民受西方所谓普世价值的影响，忽视或者漠视国家主权意识与国家安全问题。树立国家理念与国家安全理念是一个国家政府的重要职责，通过网络平台传播政府的国家理念与国家安全理念是必然而合理的。然而，现实中随着网络的发展，其对国家主权的挑战性却日益突出。一是网络对国家安全的冲击。网络对国家安全的冲击包括多方面，如直接作用于政治安全的组成部分，如削弱国家主权、危害意识形态安全等，或者指向国家安全的其他组成部分，从而间接地影响国家政治安全。二是网络舆情导致国家主权的相对化。传统的国家权力遭遇重大挑战而迅速削弱。就对内主权而言，网络的开放性架构制约了国家对网络空间强力管制的效果，主要原因就在于网络社会的匿名性隐藏了个体在群体中的特征，导致国家管控能力减弱。就对外主权而言，网络的流动性特质催生了“地球村”，在虚无缥渺的世界主义口号下，网民对主权国家的网络管理活动进行了针对性“对抗”，部分地削弱了主权国家的管制能力。此外，诸如NGO等非国家行为组织借助于网络获得了快速发展，其社会影响力明显放大，非国家行为主体代替了国家行为主体的行使权力。例如，反全球化运动实际上没有一个常设的专门组织，但该运动却真实存在并可短时间内快速聚集，然后又遁于无形，如反全球化的人士调集舆论对抗各国政府的能力充分证实了他们已经在网络时代成为国际事务的行为体之一。正如曼纽尔·卡斯特指出的，苏联的衰落和解体与信息革命的发展密切关联，也显示出在处理向信息时代的过渡上国家主义的无能为力。[181]正如阿尔文·托夫勒预言的，信息与权力、政治密切相关，而且在信息时代前述关系会更加深入。[182]在网络时代，主权国家完全独立自主地处理国内事务和涉及本国的国际事务的权力在不断削减或渐趋弱化，只能行使一种相对意义上的主权。传统安全观念中军事政治安全的比重开始下降，政治安全的内涵不断得以拓展。网络舆情给所有的主权国家撕开了一道口子，就像随着二氧化碳的堆积，地球上空出现的温室气体层带来全球天气变暖一样，所有的主权国家都无法逃避其所带来的影响。尤其是对那些转型国家、经济发展水平较落后的国家，面临着重大的政治安全、主权安全的挑战，如西亚、北非近年来出现的颜色革命，网络社会信息传播在其中起到了巨大而且可见的作用。[183]

7.2.2　网络舆情事件的“软实力”作用

随着网络技术的飞速发展，网络舆情在社会舆论形成和传播格局中发挥着越来越重要的作用，成为公众、民间团体或社会组织表达观点和参政议政的渠道。中国社会科学院发布的《中国新媒体发展报告》指出，网络舆论已成为当今社会重要的“主流”建设性力量，在近七成事件中起着正面积极的作用。网络舆论已成为一股重要的“主流”建设性力量。据对中国210起重大舆论事件的研究，网络舆论在近七成(67%)的事件中起到了推动政府解决问题的正面积极作用。

这充分表明尽管中国网络舆论中还存在不少问题，但还是要客观看待其正面的作用，网络舆论已经成为中国社会中消解城市社会风险的一股重要的“软实力”。

7.2.2.1 促进民众参与公共政策的制定

公民参与各项公共政策的制定是衡量现代社会民主化程度和水平高低的一项非常重要的指标。人民当家做主，不仅体现在法律意义上的公民权利，而且要落实在具体的权利使用上，公民要参与到行政管理活动中，特别是公共政策的制定中。促进公民参与公共政策的制定是时代发展的需要。网络舆情无疑是反映民众参与政策制定的风向标。一是网络舆情提供了最真实的民意。民意是政府公共决策重要的基础。制定公共政策首先要把社会公共问题转化为政策问题，而社会问题转化为政策问题必须要求社会公共问题反映公众的普遍诉求。网络传播的开放性、快捷性、交互性是对传统新闻媒介反映民意不足的缺陷的有效弥补。网络舆情由于其传播与生存空间的虚拟性，使得民众敢于直接表达自己的真实心声，由于其主体参与的平等性，使得广大民众参与政治决策成为现实的可能，由于网络空间问题指向的公共性，使其与公共政策的制定密切相关，网络民意内容的丰富性、公共性和直接性，则为公共决策提供了最直接、最全面、最真实的“原生态”民意。二是网络舆情提高了公共政策制定的民主性。政府部门只有了解公众的切身需要，才能制定出更合理的和有针对性的政策。由于网络民意表达的成本低、效率高、影响广，普通民众通过互联网来表达自己的政治主张已经成为参政的主要渠道之一。

7.2.2.2 实现民众平等进行政治参与

政治参与是政治学研究的重要内容，政治参与是政治主体通过直接或间接手段影响和参与社会政治生活的行为。只有实现普通民众广泛参与社会政治生活，社会政治生态环境才会得到可持续的发展。在这一层面上，网络给希望参与政治的人提供了一个更好、更便捷的平台。

一是网络舆情促进政治参与的平等性。由于网络舆情的传播在时间上具有迅捷性，空间上具有无限性，使其具有强大的生命力，通过网络表明政治诉求是当今民众政治参与的重要形式之一。普通民众只要有上网的能力和条件，理论上就可以获得发言的渠道，就可以通过互联网便捷地、低成本地对时政进行评价，表达自己的政治诉求，从而影响政府施政。由于人数众多而且总是占了道理和道德的上风，网民的意见和诉求只要具有较高普遍性，就可能获得广泛的支持，从而形成一种舆论，就有可能对现实的立法、决策产生影响。网络彻底实现了政治参与的平等性。

二是网络舆情凸显群体性政治参与。群体性政治参与是指一定的社会利益团体通过社会组织或采取临时集结的方式进行的政治参与活动。互联网给共同的利益群体提供了进行群体性政治参与的平台，网络舆情极大地触发了社会公众利益表达的愿望和政治参与的热情。目前，网络群体性政治参与有两种发展趋势，一种是非制度化政治参与行为的扩展，另一种是群体性政治参与行为的大幅增加。虽然社会上现有的社团组织和公民团体能够为公民参与政治生活提供一定的渠道，但绝大多数民众对这些组织化渠道利用得还不够充分，民众自发地通过互联网聚集起来，以网络群体方式来增加影响力，增大话语权，以期达到影响政府的决策和行为的目的，维护自身的利益诉求。

三是网络舆情有利于政治稳定。互联网提高了民众政治表达的自由，开创了信息多元化和言论自由的新局面，增加了公民政治参与的渠道，为广大民众提供了便捷的、直接的、低成本的参政工具，激发民众政治参与的热情，提高社会成员政治参与的程度。民众能够通过互联网平等地享有事件的知情权，平等地维护自己的政治权益和表达政治观点。同时网络虚拟空间也是一个进行政治交流和政治宣泄的平台，缓解了民众由于现实政治挫折带来的焦虑与紧张。网络舆情可以是民众同政府形成的良性互动，有效引导公民了解政治信息、参与政府决策，对网络中出现的各种冲突、矛盾进行积极引导，将其化解在网络当中，避免其向现实恶性转化，对政治稳定和政治民主化带来积极影响。网络政治参与提供的便利的利益表达方式，使得社会主体对政治参与表现出更加积极的参政心理。这些都将大大地推进社会政治环境的优化进程。[184]

7.2.2.3　保障广大民众监督的实现

习近平总书记在2016年网络安全和信息化工作座谈会上强调："网民来自老百姓，老百姓上了网，民意也就上了网。对网上那些出于善意的批评，对互联网监督，不论是对党和政府工作提的还是对领导干部个人提的，不论是和风细雨的还是忠言逆耳的，我们不仅要欢迎，而且要认真研究和吸取。"舆论监督就是人民群众通过某种传播媒介对国家政治、经济、法律、文化、教育、行政等各项活动进行褒贬与评价的行为过程。舆论监督的主体应该是公众，以前，由于运作机制和技术手段的限制，传统媒体上出现的舆论多是知名人士的言论或媒体自身的意见，尤其是对焦点事件的评论，不是"专家指出"，就是"学者认为"，普通百姓的观点难得一见。网络时代，公民舆论监督这项权利居然在虚拟的网络空间得到了一定程度的实现。所以，从某种意义上讲，网络舆论监督更接近于舆论监督应有之义，即真正实现人民监督。《中华人民共和国宪法》中规定："公民享有出版、言论的自由。"长期以来，公众的这些权利主要通过大众传播媒介来实现，所以，人们不自觉地把公众的舆论监督等同于媒介监督，甚至等同于批评报道。网络的出现，在技术上完成了监督主体向公众的回归。网络媒体的开放性和弱控制性等特点使得人们可以自由放心地进入，在论坛、留言板等互动平台，网民可以自由公开地发表自己的言论。只要我们尽最大力量规范网络舆论监督，争取让它最大限度地发挥作用，就可以让它在复杂的社会运行当中起到积极的促进作用。如"魏则西求医财尽人亡事件"，这一事件涉及了百度的网络广告竞价排名、部队医院外包经营、"莆田系"等众多社会问题。人们充分利用了网络媒体弱控制性的特点，积极参与讨论，从普通网民刷屏、吐槽，到海内外的各种报道评论，各种观点在网络交锋。针对此次事件，一方面网络舆论揭露了医疗乱象，对医疗行业起到了很好的监督作用，使政府未来会加强对民营医院的监管，促进市场公平竞争。另一方面，网络舆论痛斥了百度为了利益的竞价排名行为，为以后互联网企业的社会责任问题起到了不容忽视的监督作用。由于网络媒体具有弱控制性的特点，公众可以在网络上大胆表达意见，促进了公众话语权的回归，不仅推动了整个事件的发展，还推动了一个行业行风的整顿，并触动了相关部门在制度层面的思考，促进了社会的发展。

7.2.2.4 建言献策促进政府科学决策

"对广大网民，要多一些包容和耐心，对建设性意见要及时吸纳。"2016年4月19日，习近平总书记在网络安全和信息化工作座谈会上，要求各级党政机关和领导干部"通过网络走群众路线"，有专家称，这是总书记向领导干部发出的一道"上网令"。我国传统社会制度中遗留下来的体制观念和体制缺陷等问题导致上情下达和下情上达渠道不畅，各级政府对社会事件和危机反应滞后。随着网络的普及，处于互联网中的每一个网民都可以是信息平台的发布者和传播者，每个人都可能成为发表意见的主体，网络已经成为我国社情民意表达最为活跃的平台。人民网"地方领导留言板"也把"社情民意的集散地，亲民爱民的回音壁"确定为栏目口号。作为目前唯一覆盖全国的互联网干群互动平台，人民网"地方领导留言板"发挥网络媒体全天候、互动性强的特点，自2006年起开启网民通过网络留言与各级领导干部互动的探索。2012年10月，"地方领导留言板"累计刊发10万项各地领导的回应；15个月后，栏目历史回复总数突破20万项，这一数字从20万上升到30万用了11个月，从30万到40万仅用了10个月。如今，这一平台已成为各地构建透明、高效、法治的现代治理架构的重要抓手和"听政声、察民意、聚良策"的重要渠道。实现了政府"问计于人民"和群众"问事于政府"的有机统一，改变了传统政府治理过程中信息不对称的局面，提高了政府工作效率。

7.3 网络舆情事件的一般演进

演进意为演变发展，最初是生物学研究中的一个概念，表示生物族群为了应对时空的嬗变而在遗传性状上有异于其远祖的现象。事实上，演进是一个没有方向的过程，也没有任何预先计划的目标，取决于"天择"的机制，演进过程的结果可能导致复杂性的增加，也可能造成复杂性的减少或维持不变。因此，演进是一个比较中性的概念，它表达的是连续和随机意义上的生物遗传性征的世代变化情况。后来演进的概念被应用到其他学科的研究中，在社会科学领域有社会演进、经济演进、文化及人类行为演进等，其目的在于解释社会及经济系统的运作过程与机制。网络舆情作为当前社会中的一种重要社会现象，它的形成和发展过程也有其内在的规律性，对这种规律性的研究，就属于网络舆情演进的研究范畴。

7.3.1 网络舆情事件演进阶段的划分方式

对于网络舆情演变进程，目前，大多数学者从不同角度进行划分，提出了三阶段、四阶段、五阶段和六阶段模型。这些模型清晰地反映出了网络舆情在传播过程中所显示出来的阶段特性，有利于对网络舆情演变进行研究。

7.3.1.1　三阶段模型

早期的相关研究将网络舆情传播阶段划分为发生、变化和结束三个阶段，以王来华、陈月生等舆情研究先驱人物为主，该划分方式以网络舆情传播进程作为划分依据，其划分简洁明了，但又由于过于抽象使得其解释能力不足。[185]以“非常规突发事件网络舆情”为研究对象的三阶段模型，以生命周期理论为依据，将非常规突发事件的整个过程划分为事前、事中、事后三个阶段，进而将网络舆情传播阶段划分为产生、传播、整合三个阶段。该划分结合了生命周期理论和网络舆情传播特点，显得更为直观和合理，但是忽略了每个阶段划分的阈值研究。[186]相较于此，有研究则通过网络舆情监测软件获取突发事件网络舆情相关数据来进行分析，将网络舆情传播阶段划分为潜伏期、扩散期、消退期这三个阶段，同时建立数据模型，以此来对网络舆情进行预测，从而确定各个阶段的关键点。[187]总体而言，三阶段模型在简洁、抽象性上具有优势，但是在创新性、解释力方面存在不足。

7.3.1.2　四阶段模型

为更好地描绘网络舆情传播的内在变动过程，更加细致地分析城市社会风险网络舆情样态，学者逐渐发现按三阶段模式进行划分已经缺乏反映舆情变动内在过程及具体特点的功能。于是，相关学者将三阶段模型扩展为四阶段模型。如刘毅提出的将动力模式和线性划分模式结合，将网络舆情传播阶段划分为涨落、序变、冲突和衰退这四个阶段。该划分模式清晰反映出网络舆情演变的一些特点，但是其划分的空间逻辑方面存在一定的缺陷性。[165]曹劲松将“四段三关模型”依据时间轴线分析，将网络舆情传播阶段划分为“散播—集聚—热议—流行”四个阶段和“爆发、升华、延续”三个关口，[188]从宏观上描述了网络舆情的发展过程，但是并没有对各阶段网络舆情的发展进行仔细分析。田卉等基于网络舆论形成和分布特点，对形成过程中可能涉及的方面进行分析，划分为潜伏期、突发期、蔓延期和终结期等四阶段。[189]方付建以生命周期为理论依据的四阶段粒子模型以时间延展为解析点，将网络舆情传播阶段划分为孕育、扩散、变化、衰减这四个阶段，[190]为舆情监控主体了解舆情形成过程提供了借鉴。谢耘耕等通过结合网络舆情传播的特点，以某个案例为研究对象，随着时间的发展变化来研究网络舆情的传播阶段，以此将其划分为形成期、爆发期、缓解期、平复期四个阶段。该模型的创新性在于将新媒体传播特性和网民的个体状态考虑进来，但该模型只采取了单一的案例对网络舆情传播阶段进行分析，其研究结果具有一定的局限性。[191]

7.3.1.3　五阶段模型

谢科范基于生命周期理论，将网络舆情突发事件划分为潜伏期、萌动期、加速期、成熟期、衰退期五阶段模型，较好地反映由网络舆情引发的突发事件在每个阶段所呈现出的不同特点，为找出在各个阶段的应对方式提供一定的理论借鉴。[192]张玉亮认为可以将网络舆情演变周期分为均衡期、需求增长期、供需极化期、供给加强期、再均衡期等五个阶段，这五个阶段反映了突发事件信息供需关系的动态化循环型变化。[193]唐超认为网络舆情随时间呈波浪形递减，按照网络影响力的演进分为窗口期、高峰期、低谷期、衰退期和潜伏期等五个阶段。[194]刘洋结合网络舆情的形成、发展、变异、作用和终结等机理，将网络舆情从产生到终结的过程归纳为散播、集聚、升华、延续和终结等五个环节。[195]网络议题升级模型认为网络舆情包括受众升级、媒体升级、舆情升级三个方面，其中舆情升级方面包括早期传播阶段、社会性知情阶段、社会性表达阶段、社会行动阶段和媒体纪念阶段等五个阶段。该模型分周期地对网络舆情从产生到发展再到行动进行阐述，为网络舆情的管理措施和控制建议提供重要的理论依据。[196]

7.3.1.4 六阶段模型

一些学者认为网络舆情的演变包括六个阶段。结合 Web2.0 环境下网络舆情的特点，金鑫将网络舆情传播过程划分为潜伏、成长、蔓延、爆发、衰退和死亡六个阶段。在潜伏期，民众对事件或部门的不满诱发舆情危机；在成长期，信息的传播者为引起关注而在网络上发布信息；当这类信息被众多网民关注并讨论时，舆情进入蔓延期；当媒体、意见领袖等介入并有所作为时，网络舆情则进入爆发期；政府相关部门控制或疏导舆情将使舆情进入衰退期，进而走向死亡期。[197]该模型从信息传播学的角度进行研究，能够较为准确地描述新媒体环境下网络舆情的传播过程。但该模型所采取的案例较为特殊，研究结论的普遍性还有待于进一步研究。

然而，还有另一种六阶段模型却与之不同。该六阶段模型将网络舆情的传播阶段划分为潜伏期、爆发期、蔓延期、反复期、缓解期和长尾期。[198]相比于前一个六阶段模型，该模型加入了反复期这个阶段。此外，该模型认为网民虽然会随着话题的兴趣衰减和新的兴趣点的出现而出现关注度下降，但由于网民的多元性和诉求的多样性，网民对网络舆情事件的关注一般不会立即停止，而会出现一个很长的消弭期。有研究认为在缓解期过后，该事件并不是进入死亡期而是长尾期。[199]表 7-1 为各阶段网络舆情传播模型比较分析表。

表 7-1　　各阶段网络舆情传播模型比较分析

阶段模型	阶段划分				
三阶段模型	发生	变化	结束		
	产生	传播	整合		
	潜伏期	扩散期	消退期		
四阶段模型	涨落阶段	序变阶段	冲突阶段	衰退阶段	
	散播	集聚	热议	流行	
	潜伏阶段	突发阶段	蔓延阶段	终结阶段	
	形成阶段	爆发阶段	缓解阶段	平复阶段	
五阶段模型	散播阶段	集聚阶段	升华阶段	延续阶段	终结阶段
	早期传播阶段	社会性知情阶段	社会性表达阶段	社会行动阶段	媒体纪念阶段
六阶段模型	潜伏期	成长期	蔓延期	爆发期	衰退期	死亡期
	潜伏期	爆发期	蔓延期	反复期	缓解期	长尾期

7.3.2　网络舆情事件演进阶段的划分原则

突发事件网络舆情变化过程纷繁复杂，各种因素都会作用于事件舆情的呈现与变化过程中，且事件舆情演变具有不确定性、衍生性等特点，由此，突发事件网络舆情演变阶段划分成了一个难题。学者的研究尝试无疑为突发事件网络舆情演变阶段划分提供了良好基础，但学者由于关注点、划分标准等的局限性，导致提出的演变模型存在不足。本节尝试提出一个更为有效的突发事件网络舆情演变模型。为增强模型解释能力、概括能力及科学性和合理性，考察了突发事件网络舆情演变阶段划分应注意的原则：

一是要具有划分的理论依据。从目前提出的演变模型看，多数学者基于对实事或现象的某种抽象，由此，虽然提出的演变模型具有某方面合理性，但却难以回答“为什么如此划分”的棘手问题。如早期三阶段演变模型按照常规的“发生、发展和变化”进行提取，这一划分的理论依据显得薄弱。

二是具有内在的逻辑思路。突发事件网络舆情演变模型需考虑时间延续性、空间延展性和视角一致性等。有些模型在解释网络舆情内在变化方面具有新颖性和说服力，但却忽视了时间延续问题，由此导致网络舆情演变模型成了对网络舆情演变特征的某种概括。如刘毅提出的四阶段演变特征模型在时空逻辑方面存在不足。

三是具有较强的应用价值。突发事件网络舆情演变作为一个复杂的现象，虽然简单的模型在理论上和思维上具有合理性，但模型简单化则会弱化模型的解释能力和应用价值，即某些突发事件网络舆情演变模型无法为人们认知突发事件网络舆情复杂变化过程提供有效指导或帮助，也无法反映舆情演变的内在特点。如舆情演变三阶段模型的应用价值比较有限。

四是具有较高的抽象性。构建突发事件网络舆情演变模型需考察大量事件的舆情演变样本，即避免依靠某个或某类事件舆情演变构造模型。虽然依托于某个单一或同类事件会增强模型的具体性，但无疑会弱化模型的抽象性，从而弱化模型的普遍性价值。如喻国明等提出的多阶段模型由于着眼于具体事件，致使模型在抽象性和普遍解释力方面有所欠缺。

五是具有较强的纯粹性。突发事件网络舆情演变模型需围绕“事件舆情演变进程”展开，即提供进程图谱的核心关键词。如果在演变进程中出现其他关键词，则是对整个事件在社会中发展和弥漫态势的考察，而不是对事件舆情变化的集中和精准阐释。[200]

7.3.3　网络舆情事件演进模型

伴随城市社会风险的网络传播，网络舆情产生了重要的影响力。这种影响力与传统的社会舆论和媒体舆论不同。本节借鉴危机传播的生命周期理论，重新审视网络舆情和网络舆论的演化过程，探寻内在的运行规律，构建从萌芽到沉寂的城市社会风险网络舆情的生命周期模式，为政府更加科学、合理、有效地引导和管控网络舆情提供决策依据。网络舆情突发事件的生命周期原理包括两个含义：一是网络舆情突发事件具有一定的生命周期，即任一特定的突发事件，都会从其萌发走向消亡(图 7-2)；二是网络舆情突发事件可以分为若干阶段，其演进具有一定的规律性。

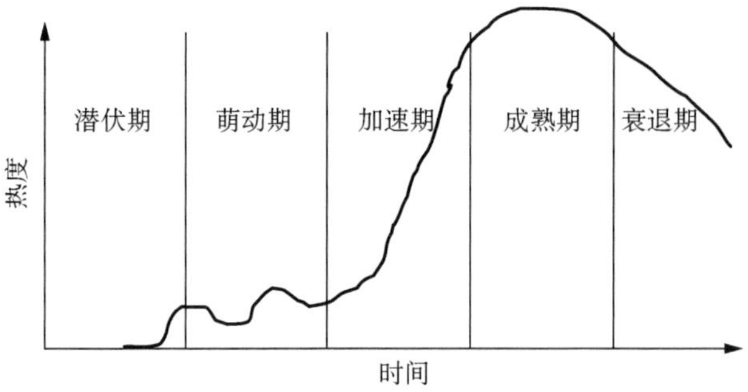

图 7-2 网络舆情生命周期[192]

7.3.3.1 以“线条”为中心的二维坐标轴模型

网络舆情事件在不同的阶段均有不同的特点，这些特点对于舆情事件的应对决策具有重要的作用。谢科范等学者分别依据网络舆情变化的数量变化构建了线性演变阶段模型。王国华、曾润喜等人根据网络舆情在不同议题或事件的传播特点下具有不同的发展路径，提出了消解型演变和螺旋形演变两种具有代表性的网络舆情演进模型(图 7-3)，并以此为基础分析了网络舆情的内在演变过程，从较深的层面探讨了网络舆情的形成规律和发展动力。刘毅依据舆情演变过程中某一变动规律或特点构建了阶段性网络舆情演变模型。武超群运用类似于统计学上的“正态曲线分布”展示了网络舆情演化过程，这也是传统社会舆情演化的常见类型。在网络环境下，这种模式也是网络舆情演化的一种类型，它的特点是城市社会风险网络舆情的演化过程相对较长，随着时间的变化，新闻报道和网络评论的数量由少变多，经过高潮后又由多变少，最后几近消失。这种“正态曲线分布”基本体现了舆情的发生、发展、消失的整个过程，反映了城市社会风险网络舆情的宏观演化态势与阶段性的动态规律(图 7-4)。

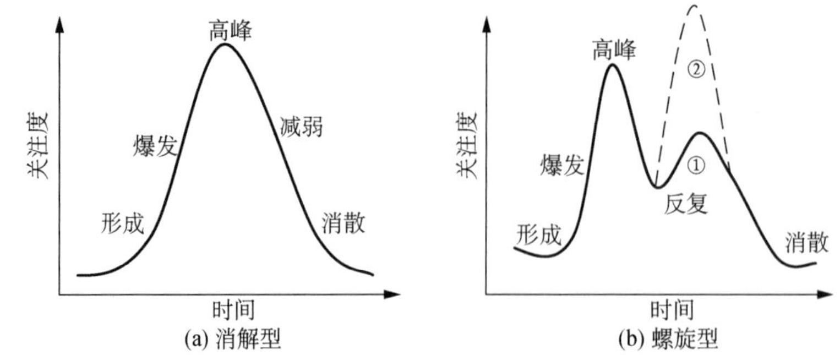

图 7-3 网络舆情演进模型[201]

在图 7-4 中，横坐标是时间序列线，表示网络舆情的时间变化(T)，纵坐标是网络舆情的实际影响程度。曲线 AG 表示随着时间变化的网络舆情演化状态。该网络舆情曲线分为五个发展阶段：AB 段是萌芽期，BC 段是生成期，CDE 段是扩散期，EF 段是消解期，FG 段是沉寂期。每个相邻的阶段之间是舆情变化的拐点。

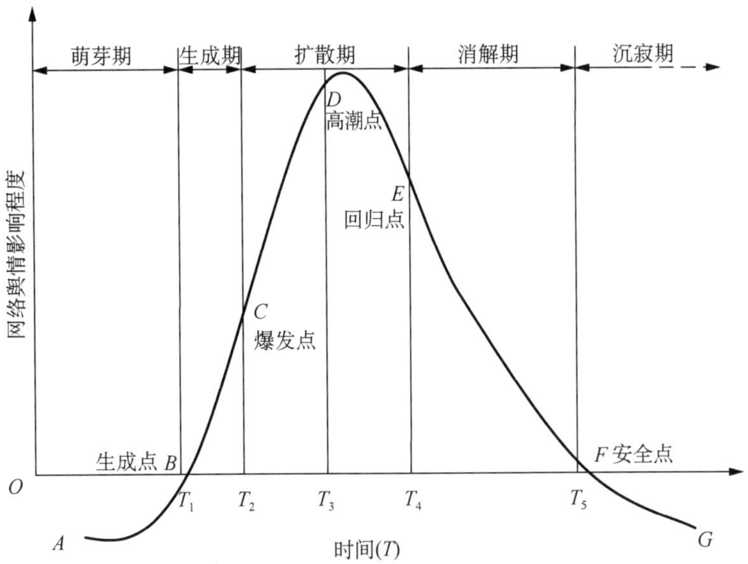

图 7-4 城市社会风险的网络舆情演化模型

虽然线性演变模型在反映城市社会风险网络舆情数量演变方面具备一定优势，但是在反映城市社会风险网络舆情的空间扩散、形态变化上仍然存在一定的局限性。

7.3.3.2 以“关键词”为模块的“过程”模型

金鑫、李小腾、朱建明[197]等学者以网络舆情演变各阶段的“关键词”为模块，构建了网络舆情演变的“过程”模型(图 7-5)，并对“过程”的方向进行了说明。刘洋[202]在对网络舆情演变划分的基础上，将其中起到主导作用的部门结合起来，构建了社会风险网络舆情传播阶段与演变机理作用的综合模型。张伟将网络舆情的演化过程中自治的网络行为主体——草根网民、意见领袖和网络传播媒体构成了互联网空间中推动网络舆情发生发展的传播路径模型(图 7-6)。总而言之，虽然“过程”模型有利于呈现出网络舆情演变的阶段特征，但是却无法呈现网络舆情演变丰富的运动过程。

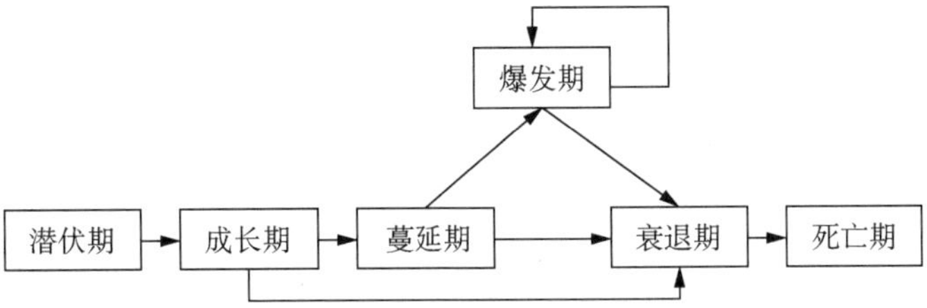

图 7-5 网络舆情过程模型[197]

7.3.3.3 以“关键词”为模块的“空间”模型

刘洋[195]将突发事件网络舆情从产生到终结的过程归纳为散播、集聚、升华、延续和终结五个环节(图 7-7)。易承志[203]将网络舆情界定为由编码维、抽象维和扩散维三维空间构成的，通

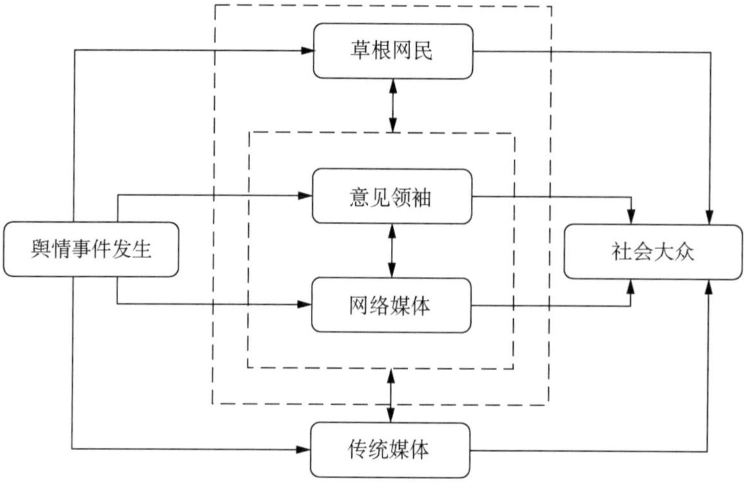

图 7-6　网络舆情传播路径模型

过网络空间传播的，由于特定事件刺激而产生的公众的态度、情感、观点、意见等的集合，并在此基础上将网络舆情划分为形成、扩散、爆发和终结等四个阶段(图 7-8)。以空间思维认知网络舆情并基于此构建突发事件网络舆情演变模型是一种新的尝试。不过，该模型虽然注意到了网络舆情的空间性特征，但并未对舆情在网络空间中的变动过程进行呈现。

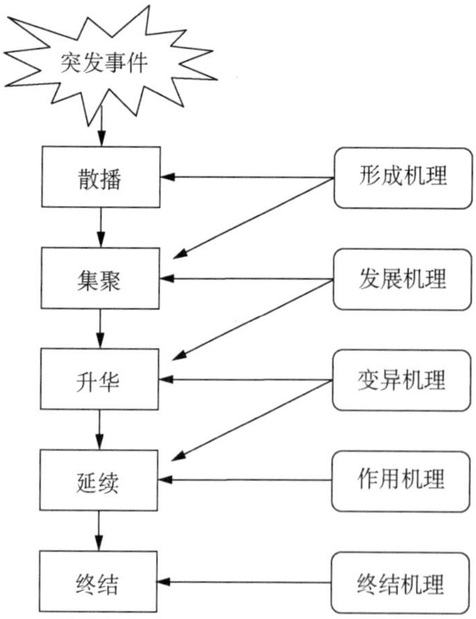

图 7-7　网络舆情传播阶段与演变机理作用[195]

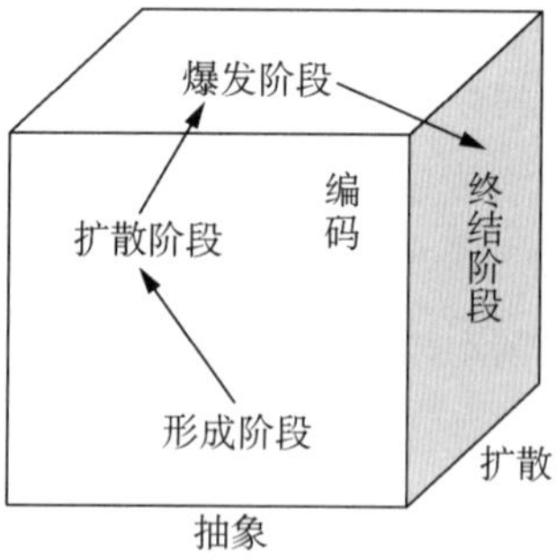

图 7-8　网络舆情演变与信息空间结构变化关系[203]

易承志认为处于群体性突发事件网络舆情演变的不同阶段和在不同机制的作用下，网络舆情信息空间呈现的特点也是不同的。网络舆情的信息空间具有编码性、抽象性和扩散性三个维度，然而在群体性突发事件网络舆情的演变过程中，上述三个维度的表现程度是不一样的。在形成阶段，网络舆情的编码程度、抽象程度和扩散程度都还比较低。之后，随着进入扩散阶段和爆发阶段，网络舆情编码程度、抽象程度和扩散程度不断提升甚至到一定的临界值。此后一直贯穿整个终结阶段，网络舆情的编码程度、抽象程度和扩散程度又不断降低直到一定的程度。[200]

7.4　线上-线下的互动

7.4.1　城市社会风险视域下的网络舆情应对困境

7.4.1.1　经济快速发展和社会转型带来网络舆情应对困境

当前中国的发展现状促使网络舆情应对呈现出日趋复杂化的倾向，主要表现在：

(1) 经济快速发展和社会形态的逐渐转型，以及市场经济的纵深化发展，我国毋庸置疑已进入社会利益结构主体深刻变动、各种社会矛盾凸显、计划体制积累下来的历史问题与市场经济新秩序建立过程中摩擦碰撞的“高风险时期”。过去比较单一的结构向复杂多元的结构转变，具体体现在利益主体更加多元化、利益需求关系更加多样化。这种形势下，因为各种利益冲突、贫富差距悬殊、社会阶层分化、官员贪污腐败、社会风气不正、就业形势严峻等问题而引发的社会矛盾和社会冲突渗透影响着每一个人，并且这种影响可能通过质疑、牢骚甚至采取极端行为予以反映和暴露。在现实发声通道不畅的情况下，民众极易借助互联网表达自己的利益诉求，成为当下常见的社会现象。

(2) 社会转型过程中官员权力异化使得官民冲突时有发生。权力异化指国家权力在私域与公域之间并存循环变化，财产在私域与公域之间并存循环变化。权力异化主要表现可分为政治腐败、经济腐败和生活腐败。官员以权谋私、滥用职权、将小集体利益凌驾于集体公共利益之上等现象时有发生，官员贪污腐化时有出现，公权力掌管者将公权力变为私权利，不仅仅偏离了领导权力的本质属性和内在要求，同时也造成了社会资源的严重浪费。尽管公众对此种现象深恶痛绝，但是国家一时难以从根本上杜绝权力异化现象的发生。在此社会背景下，公众长期的不满累积到一定程度导致心理上失衡，涉官涉腐事件总能较容易地撩动社会公众的神经。政府公信力面临“塔西佗陷阱”的巨大挑战，给网络舆情的引导带来很大困难，由此引发社会不稳定因素。

7.4.1.2　舆情监测与预警水平滞后带来网络舆情应对困境

在网络环境下，舆情监测和预警是网络舆情应对的关键技术。如果能在网络舆情初期或者危机事件进一步升级之前采取预防措施，比单一解决危机事件更有价值和意义。从源头上进行网络舆情应对可以及时、有效地解决问题，尽量减少或预防城市社会风险的发生。不过，从整体上讲，我国政府在处理网络舆情事件时仍处于被动应对的阶段，究其原因，无非是网络舆情监测与预警技术不成熟，难以及时掌握群体性事件的前后关联，无法做出预防工作。发达国家通常将网络舆情监测这项工作外包，由具有一定规模和资质的公司提供专业化的服务。比如美国国务院早就与著名咨询服务商兰德公司签订协议，由兰德公司帮助政府监测网络舆情，对可能发生的网络舆情及时进行预警并向政府部门汇报，这种合作方式取得了良好的效果，同时解决了政府部门缺乏专业化技术人才的问题。相比之下，我国的网络舆情技术有提升空间，很多网络信息需要网络信息员人工采集，与企业合作尚未形成有效模式，难以发挥网络监测和预警的实际作用。以某地PX项目事件为例，事件发生当天，当地政府一直采取消极、回避的方式，没有第一时间发布相关信息，并且采取删帖、封锁微博等手段阻断市民网络交流。这种简单、粗暴的处理方式不但没有阻止网络舆情的发展，反而造成了群体性事件的恶化。总之，网络舆情监测和预警水平的滞后使得政府不能及时发现不稳定因素，更不能在危机来临时采取有效措施。

7.4.1.3 引导思维滞后带来网络舆情应对困境

传统舆论引导中自上而下的宣传意识使主流舆论在立场和话语体系等方面缺乏与大众的接近性。在传统媒体时代，传统传播媒体在舆论引导方面具有绝对的权威，长期自上而下地报道形成了特定的报道方式和话语体系。而面对新媒体下的网络舆情，传统媒体报道方式和话语体系缺乏接近性，在新媒体背景下，网民可以在短时间内实现热点话题转发和评论，形成具有强大倾向性的舆论力量。很多问题都是先在网上汇集、酝酿和演变后，引发了网民的共鸣，进而在现实社会中演变为群体性突发事件，影响社会的稳定。线上和线下的互动越紧密，越使网络舆情迸发出强大的组织力量，影响人们的社会生活和政府的社会管理。政府的网络舆情引导工作常常是借助传统媒体来实现，直接影响网络舆情引导成效。政府等行政管理部门如果不能创新网络舆情应对，就有可能面临诸多意料之外的困难。

7.4.1.4 新媒体发展变迁带来网络舆情应对困境

传统媒体与新兴媒体的融合带来了网络世界的巨大发展变迁，它直接影响到当前社会舆论格局，信息的发布权从传统媒体向“草根”阶层转移变迁，主流媒体的声音被弱化。同时，从过去以计算机为终端代表的传统互联网到以智能手机为终端代表的移动互联网，再到物联网，加上云计算、大数据等新技术的兴起与运用，网络舆情的传播速度更快，传播空间更广。在新媒体传播速度中，突发事件借助舆论的放大作用而被瞬间引爆，从而演绎成为具有重大社会影响力的事件，引发城市社会风险。近些年来受到公众广泛关注的“抵制韩国乐天事件”“毒疫苗事件”等均源自网络，并在网络空间瞬间发酵。新媒体的不断发展使得个人开始走上信息传播的舞台，美国《时代》周刊评论，社会正从机构向个人过渡，个人正在成为“新数字时代民主社会”的公民。也就是说，即便是网络上的草根群众，也开始突破传统信息传播语境中的信息受众身份，能够更加自由、主动地从事各阶段的信息生产行为。在互联网用户中，“草根”网民具有非凡的社会影响力，他们甚至能够决定网络舆情的发展方向，这给政府和主流媒体的网络舆情应对带来极大的挑战。

7.4.1.5 法律法规不健全带来网络舆情应对困境

依法治国是建设法治国家的基本前提，互联网不是法外之地，对互联网进行法制管理是国际社会的共识。美国早在2003年就颁布了《联邦信息安全管理法》，目的是通过采取适当的安全机制保护政府安全，2010年之后又陆续颁布了一系列相关法律，使网络安全领域的犯罪问题都能有法可循。日本在2014年11月通过了《网络安全基本法》，自2015年1月9日起生效，主旨也是规范政府和公众在网络安全领域的行为。长期以来，我国在互联网领域缺乏一部正式的专门法律，对于如何规范互联网主体的行为没有针对性的处罚措施，这就带来网络管理的乱象。2014年十八届四中全会通过了《中共中央关于全面推进依法治国若干重大问题的决定》，明确提出了互联网领域立法问题，这为我国全面推进网络法制化提供了蓝图；在2016年11月7日公布了《中华人民共和国网络安全法》，该法于2017年6月1日起施行，这是我国第一部网络安全方面的法律，具有重大的意义。但毋庸讳言，互联网领域存在的问题并不能仅通过一部法律的制定来完全解决，在管理部门职能划分方面、互联网隐私保护方面、网络虚假信息传播惩罚方面都存在立法漏洞，衍生出一系列网络管理问题。

7.4.2 城市社会风险视域下的网络舆情应对策略

新媒体环境下的网络舆情，如果不加以引导而任其发展，会有极大可能带来意想不到的消极后果，所以，如何应对网络舆情进而避免其产生消极影响，成为相关研究人员及政府部门管理人员着重考虑的一项重要问题。

7.4.2.1 健全网络舆情监测预警机制

网络舆情的监测和预警是应对网络舆情的关键，其意义在于尽早发现网络舆情的苗头，获知舆情走向及发展规模，以提前通知相关职能部门共同做好应对准备。在处理网络舆情事件时，各级政府要坚持预防为主的原则，增强主动预防、及时化解、妥善处理网络舆情事件的能力，以减少舆情对社会的负面影响。

1. 加强网络舆情监测和预警

舆情预警是指政府根据经验和观测，在重大网络舆情事件发生之前，得到事件发生的可能性征兆，然后向相关部门发送紧急信号，说明危机情况，从而避免危害在无准备或不知情的状态下发生，最大程度减轻损失。[204]实现网络舆情的监测和预警，一方面要保障人力、物力和财力的投入，成立专门负责网络舆情分析的机构，对重点网站及论坛等网络舆情载体实施持续监控，对农业、卫生、教育、交通等与民生密切相关的领域进行日常监测，并从人力、资金等方面保证网络舆情监测体系的正常运作。另一方面要建立网络舆情监测系统。网络舆情的监测，离不开对信息的搜索、处理、研判、反馈和决策，政府在对网络舆情进行监测与分析时，必须借助信息系统浏览搜集大量的网络信息，如论坛、贴吧、新闻、评论、微博、博客等，从中筛选出与网络舆情事件相关的信息，并分析信息的时空分布状况，通过各种方法和手段进行正确的预警,实现网络舆情事件“发现早、报告早、控制早、化解早”。网络舆情预警机制流程如图 7-9 所示。

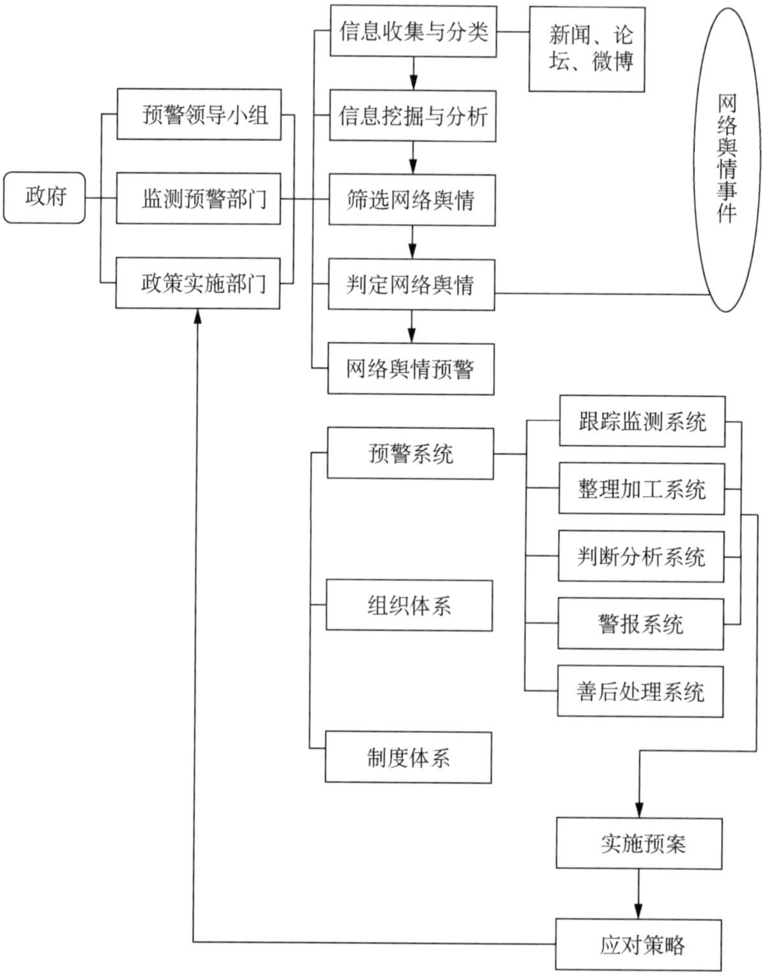

图 7-9　网络舆情预警机制流程图

2. 日常监测与突发事件监测并行

日常监测是指将网络舆情监测作为日常工作持续进行,通过自动采集技术和人工检测相结合的方法,随时掌握网络舆情的动向、特点和趋势,及时发现网络舆情苗头,建立跟踪分析引擎,一旦发现不利于社会稳定和发展的负面舆情,及时反馈到相关部门,为网络舆情的应对提供决策支持。突发事件监测是指突发事件发生时对网络舆情进行的监测。突发事件具有变化因素多、内部关系复杂、发展趋势难预测等特点,给管理机构进行研判和决策增加了难度。政府在面对突发事件时,可按照网络舆情的紧急程度、发展态势和危害程度设置不同的监测级别,根据不同的级别设置不同的监测标准。[205]网络舆情预警环节如图 7-10 所示。

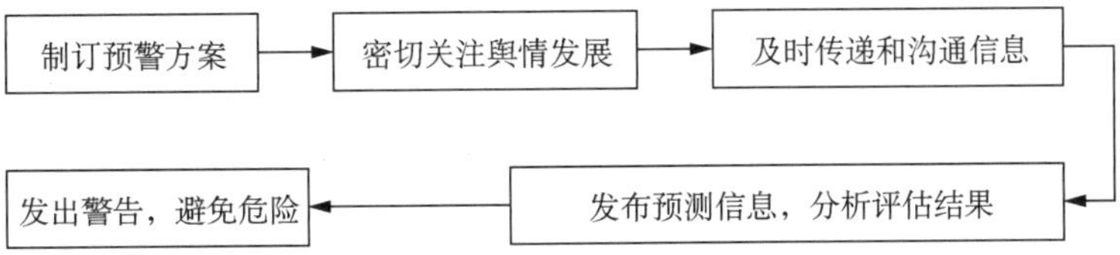

图 7-10 网络舆情预警环节

3. 构建科学合理的预防体系

政府应当充分了解群众的意见，通过信访、申诉、司法公开、政务公开等制度与群众进行理性化沟通，拓展诉求渠道，健全社会矛盾的调解和化解机制，转变工作作风，切实保障群众权益。政府应教育和增强广大人民群众的社会责任感和主人翁意识，引导他们正确看待和处理个人利益与国家利益、短期利益与长期利益的关系，理性看待事物的发展规律，克制参与网络舆情事件的不理性行为。政府在制定政策时要尽量考虑网络舆情事件的诱发因素，加强社会矛盾的信息反馈能力，将矛盾解决在基层，消除城市社会风险。

7.4.2.2 发挥网络意见领袖的舆论引导作用

网络的“意见领袖”具体是指在网络中已经形成了一定的威望，可以对网民意见产生较大影响，甚至会在很大程度上左右舆论发展的网民，他们对信息传播效果具有重大影响。意见领袖能够对网络舆情起降低作用，政府部门可以培养意见领袖，对网络舆论作出更好的引导，从而降低网络舆情风险。意见领袖最早是由传播学者拉扎斯菲尔德在 20 世纪 40 年代提出的。20 世纪 40 年代初，在传播学关于媒介传播效果的研究中，意见领袖往往是追随者心目中价值的化身。换句话说，这个有影响力的人是他的追随者所愿意追随和模仿的，他的一言一行、所作所为受到追随者们的格外重视，并希望自己也能像他那样生活和工作。网络意见领袖是自媒体时代的产物，他们通过在网上转发、评论网络信息，领导并影响着一大批人，他们中有专家学者、明星、权威人士，也有网络媒体培养的“段子手”。无论网络意见领袖的阶层、身份如何，他们在网络上的言行不可否认地影响着互联网舆情的形成、演变与传播。在移动互联网大背景下，极少数网络意见领袖拥有庞大的粉丝群体，他们的个人意见足以主导大众舆论，并可能引发“蝴蝶效应”。比如，新浪微博的大 V 博主，他们就是网络意见领袖，他们引领大众舆论已成为现实。网络意见领袖同样也是网民，他们有着先天的舆论引导优势。因此，政府在应对网络舆情事件时，要主动争取网络意见领袖的配合，从他们的专业角度出发，设置网络议题或者转发权威信息，改变舆情走势。在移动互联网时代，政府也应该注重培养自己的网络意见领袖，更好地引导网络舆论发展，达到净化网络空间的目的[206]。

7.4.2.3 加强政府部门网络舆情应对技术创新

为了更加有效地应对新媒体发展下的网络舆情，政府部门需要加强对现代网络信息技术产品的研发和应用，从而运用网络技术来获取、分析海量信息，并针对分析结果定出相应的策略。此外，网络安全体系的建设也需要同步进行，通过防火墙和智能过滤软件等方法对网络平台提供的海量信息进行筛选。互联网技术有利于政府部门更加高效地应对网络舆情,有利于维护网络环境和公众安全。目前,政府部门在网络舆情管理中心所运用的互联网技术还需要比社会公众更为先进,为了更有效地监测网络环境和及时应对网络舆情,政府部门还需加强对互联网技术的创新和运用,主要包括以下三个方面:一是信息智能搜集筛选技术。互联网已经覆盖人们生活的各个角落,其影响范围巨大,信息量庞大,传播速度快。因此,研发更为智能的信息搜集筛选技术,能够减少人力和物力资源的浪费。目前主要是通过网络搜索引擎、智能搜索软件按照信息搜集标准进行筛选。同时对网络监测点实施分级,重点监测网络舆情易发生的门户网站,及时应对,从而杜绝网络舆情的形成。二是信息分析归因技术的创新。创新该技术有利于筛选海量信息,并对信息的原因、变化趋势等进行分析,将信息按照其原因和发展趋势进行分类,并预测此类信息爆发后引起的网络舆情可能带来的影响和后果,从而制定相应的应对策略。此外,对于周期性长的信息,确定其追踪范围和关键信息,定期调查和梳理信息,形成相应的数据库,从而提高信息分析归因的有效性。三是现代信息技术创新运用。引进先进的现代化信息技术,将其应用于政府部门的官方政务处理网络,实现政府部门内外网络的交流,并确保内部信息的安全。如运用直播软件或网络平台实时公开政务,并实现与公众之间的实时交流。此外,通过总结海量信息,发现普遍存在的问题,及时预判事态走向,归纳总结出应对方法,反复改进,不断提升网络舆情应对策略的有效性和针对性。[207]

7.4.2.4 建立健全网络信息安全立法

完善与网络安全有关的法律规程,在法制建设的进程中融入网络舆情的管理控制方法,建立一个全新高效的法律体制,发挥网络舆情的积极作用,从而使中国的网络环境向绿色、健康、科学的方向发展。在制定网络安全的相关法律法规时,要以中国的实际情况为主要研究对象,科学立法,从国内外已有的立法成果中汲取经验,不断加强网络监管水平,为中国网络法制化建设营造一个良好的网络环境。从整体上来看,西方发达国家的网络治理法律体系十分健全。中国由于网络建设还正处于起步阶段,相关的法律体系还不够健全。中国相关法律还没有对网络舆情的认定标准和条件进行明确的规定,对网络舆情犯罪行为的处罚比较轻,没有形成足够的威慑力。所以,中国应该在对网络舆情进行详细调查和研究的基础上,不断加强相关立法工作,出台更多的法律法规,对网络谣言的传播者以及网络犯罪行为进行严厉惩处。同时,还要从以下几方面做重点抓手:一是严格网络媒体准入条件,严格要求网络媒体对不良信息进行过滤和屏蔽。二是要加快法律法规的建设速度,形成十分完善的网络舆情监管法律体系,确保中国网络舆情管理朝着法制化和制度化的方向发展。逐步全面实现网络实名制,杜绝匿名浏览网络,让公民自发地把现实中的道德约束与法律约束带到网上,从源头杜绝网络语言暴力的发生。政府相关部门应该加强对不良言论的监督和跟踪,对不良言论的发布者进行警告,对不良言论的发布渠道进行关闭,从源头上减少不良信息的产生。要建立信息发布机制,把涉及广大社会公众切身利益的信息向社会公布,消除广大社会公众的疑虑和困惑。政府相关部门还应该加大对网络犯罪行为的打击力度,防止因煽动不良言论而产生群体性和游行示威事件。三是政府部门之间应该加强联动合作，加强网络舆情的监管。现如今，我国网络舆情监管存在着多头管理的现象。各个部门应该明确自身的责任，加强信息的沟通和共享。各级政府部门还应该加强电子政务建设，把重要的信息通过电子政务平台向广大社会公众发布。对那些应当公开信息却没有公开的政府部门要追究责任，并在官方网站亮出观点，表明态度，来维护政府网站的严肃性和权威性。[208]

第 3 篇

城市社会风险评估与应对

8 城市风险的预兆与预警

近年来，自然灾害类城市风险（如地震与泥石流等）、公共事件类城市风险（如踩踏与群体恐慌等）、社会安全类城市风险（如恐怖袭击、抢劫和凶杀等）、公共卫生安全类城市风险（如非典、禽流感、艾滋病与“毒奶粉”等）时有出现，引起了政府和社会的强烈担忧。面对各种各样的城市风险事件，做好事前的预警起到了不可小觑的作用，而要做好风险预警，预兆的发现是不可或缺的一个重要环节。本章着重介绍了城市风险的预兆发现和预警机制两个方面，选择城市环境风险、城市公共安全风险、城市社会安全风险以及城市健康风险四个方面来阐明预兆发现，预警机制则是从自上而下的政府预警机制和自下而上的社会预警机制两方面进行分析。加强城市风险的预兆发现和预警机制，对于预防城市风险引发社会风险十分重要。

8.1 预兆发现

风险的三个构成要素是风险因素、风险事故和损失。风险事故的发生除了风险因素的影响外，还有承载体的脆弱性。发现预兆实质上就是在产生风险事故之前发现风险因素。在发现预兆后，如果能第一时间及时妥善处理，就能够减小风险事故造成的损失，甚至能避免风险事故的发生。我国地质学家郭增建提出了“灾害链”的概念，他将其定义为“一系列灾害相继发生的现象”，即一个灾害事件的发生导致了另一个灾害事件的发生。将“灾害链”这一概念应用到社会领域，就产生了“事件链”这一理论。在事件链理论中，事件与事件间的主要关系有同源、时序、互生、因果这几种。[209]用“事件链”理论可以分析风险因素与风险事故之间的关系。一些自然灾害事件（如海啸、泥石流等）或是人为事件（如恐怖袭击）都可能成为影响社会稳定风险这一“事件链”的源头因素。而发现预兆并及时处置就是减弱这一“事件链”的传递性和延续性，减弱源头因素对风险事件的影响及引起的损失。

城市作为人们聚居的生活场所，无论在经济、社会还是自然环境方面，都存在着各种各样的矛盾和问题，由此产生了社会贫富差距拉大、群体性事件时有发生、环境污染加剧和生态环境恶化等严重问题。日本福岛核泄漏、上海外滩踩踏事件、昆明火车站暴力恐怖案以及2003年的“非典”等事件，无一不挑战着城市风险管理。在这些事件中，都存在着政府和相关单位预防不到位，或是事件发生后没有在第一时间及时处理等问题。而这些问题都是可以通过完善政府及相关单位的预警机制或是发现预兆后的处理方式，来减小甚至避免其对社会所产生的影响。

城市风险的频发会导致公众对政府的认同危机，毋庸置疑地会损害政府威信和社会诚信。因此，对城市风险爆发前的预兆发现已经是刻不容缓，只有对事前的城市风险有透彻清晰的认识，才可能针对社会风险做出正确的应对措施。以下四则事件作为因子，均引发了不同程度的社会风险事故，我们应引以为戒，谨防悲剧再度发生。

8.1.1 城市环境风险

城市环境风险，也可以称作自然灾害类城市风险，是由自然事件所引起的城市风险。自然事件是指自然界发生的异常事件，是能造成灾难性后果的任何自然事件和力量，如雪崩、地震、水灾、森林火灾、龙卷风、海啸等。[210]这些灾害会给周围的生物造成悲剧性的后果，相对于人类社会而言则构成灾难，会造成人员伤亡与人类财产的损失。“3・11”日本地震引起的福岛核泄漏事件就是一个很好的例子，如果能做好预兆发现工作，或许就不会发生这样的悲剧。

“3・11”日本地震是日本有地震记录以来发生的最强烈地震，于 2011 年 3 月 11 日 14:46（北京时间 13:46）发生在日本东北部太平洋海域（日本称此处为“三陆冲”）。此次地震震级的测定，日本气象厅最初定级为 7.9 级，随后立即更正为 8.8 级、8.9 级，又调回到 8.8 级，最后定级为 9.0 级。[211]据统计，自有记录以来，此次的 9.0 级地震列全世界第五，1960 年智利 9.5 级地震和 1964 年阿拉斯加 9.2 级地震分别排第一和第二。

日本经济产业省原子能安全保安院决定将福岛第一核电站核泄漏事故等级提高至 7 级。[212]这使日本核泄漏事故等级与苏联切尔诺贝利核电站核泄漏事故等级相同。福岛第一核电站大范围泄漏了对人体健康和环境产生影响的放射性物质，因此将其核泄漏事故等级提高至最严重的 7 级。

1986 年的苏联切尔诺贝利核电站核泄漏事故被定义为最严重的 7 级。当年 4 月 26 日，位于今乌克兰境内的切尔诺贝利核电站 4 号反应堆发生爆炸，造成 30 人当场死亡，8 吨多强辐射物泄漏。这次核泄漏事故使电站周围 6 万多平方千米土地受到直接污染，320 多万人受到核辐射侵害，造成人类和平利用核能史上最大的一次灾难。[213]

在日本“3・11”地震 7 周年纪念日，日本政府部门发布的数据显示，地震过后7 年，7.3 万人仍过着避难生活，没有返回家乡。同时，搬入新住宅的老年人“孤独死”呈增加趋势，引发媒体关注。

我们不禁发出疑问，日本作为一个地震多发国，为什么没有做好事前的预防工作呢？

事实上，福岛核电站也不是第一次发生核泄漏了。1978 年，福岛第一核电站曾经发生临界事故，但是事故一直被隐瞒至 2007 年才公布于众。2005 年 8 月，里氏 7.2 级地震导致福岛县两座核电站中存储核废料的池子中部分池水外溢。2006 年，福岛第一核电站 6 号机组曾发生放射性物质泄漏事故。2007 年,东京电力公司承认,从 1977 年起在对下属 3 家核电站总计 199 次定期检查中,这家公司曾篡改数据,隐瞒安全隐患。其中,福岛第一核电站 1 号机组反应堆主蒸汽管流量计测得的数据曾在 1979 年至 1998 年间先后被篡改 28 次。[213]原东京电力公司董事长因此辞职。2008 年 6 月,福岛核电站核反应堆 5 gal(约 0.02 m^3)少量放射性冷却水泄漏。官员称这没有对环境和人员等造成损害。

造成福岛核泄漏事件的直接灾祸因子是"3·11"日本大地震,间接原因是核电站设施设备存在安全隐患。在福岛核泄漏事故发生的前后阶段里,日本政府和相关部门暴露出两个问题。首先,在事故发生之前的阶段里,日本政府和东京电力公司对于数次发生的核泄漏事件采取了欺瞒群众的做法,这无疑是不负责任的。数次的核泄漏事件证明了福岛核反应堆存在着不安全因素,当核泄漏事件发生后,应第一时间检查相关设施设备,并排查安全隐患,消除或减少不安全因素。针对数次的核泄漏,东京电力公司到底采取了什么措施来弥补改善,真相或许不得而知,但其态度必然是消极的,放任安全隐患继续存在。其次,地震发生时,日本政府和东京电力公司没有第一时间采取紧急措施,在事件发生时措手不及,导致了核泄漏事件处于失控状态。综上,我们不难看出,核泄漏事件可以说已经是一种常态了,但是在发生之后采取应对措施不积极,隐瞒对待的情况时有发生。同样在"3·11"日本地震发生之后,福岛核电站却没有作出防范,预兆发现措施缺乏,才最终导致了严重的事故。地震是突如其来的,而人是可以有准备的。如果能在灾难发生之前做好预防措施,在灾难发生后第一时间妥善处置,事故的损失是可以被减小甚至避免的。

8.1.2 城市公共安全

城市公共安全风险,也可以理解为公共事件类城市风险,群体性突发事件就是其集中表现。以下以上海外滩踩踏事件为例进行分析。

2014 年 12 月 31 日 23 时 35 分,正值跨年夜活动,因很多游客市民聚集在上海外滩迎接新年,上海市黄浦区外滩陈毅广场东南角通往黄浦江观景平台的人行通道阶梯处底部有人失衡跌倒,继而引发多人摔倒、叠压,致使拥挤踩踏事件发生,造成 36 人死亡,49 人受伤。[214]

2015 年 1 月 21 日,上海市公布《"12·31"外滩拥挤踩踏事件调查报告》,认定这是一起对群众性活动预防准备不足、现场管理不力、应对处置不当而引发的拥挤踩踏并造成重大伤亡和严重后果的公共安全责任事件。对于此次事件,黄浦区政府和相关部门负有不可推卸的责任。

(1) 政府对新年倒计时活动变更风险未作评估。大量市民游客认为外滩风景区仍会举办新年倒计时活动,南京路商业街和黄浦江对岸的上海中心、东方明珠等举办的相关活动吸引了部分市民游客专门至此观看。对此,黄浦区政府在新年倒计时活动变更时,未对可能的人员聚集安全风险予以高度重视,没有进行评估,缺乏应有认知,导致判断失误。

(2) 新年倒计时活动变更信息宣传严重不到位。新年倒计时活动变更后,主办单位应当提前向社会充分告知活动信息。但是，直至 2014 年 12 月 30 日，黄浦区旅游局才对外正式发布了新年倒计时活动信息，对“外滩”与“外滩源”的区别没有特别提醒和广泛宣传，信息公告不及时、不到位、不充分。

(3) 预防准备工作也严重缺失。黄浦公安分局未按照黄浦区政府常务会议要求，在编制的新年倒计时活动安全保卫工作方案中，仅对外滩源新年倒计时活动进行了安全评估，未对外滩风景区安全风险进行专门评估。黄浦公安分局仅会同黄浦区市政委等有关部门在外滩风景区及南京路沿线布置了 350 名民警、108 名城市管理和辅助人员、100 名武警，安保人员配置严重不足。

(4) 对监测人员流量变化情况未及时预警，未发布提示信息。2014 年 12 月 31 日 20 时至事件发生时，外滩风景区人员流量呈上升趋势。黄浦公安分局指挥中心未严格落实上海市公安局指挥中心每半小时上报人员流量监测情况的工作要求，也未及时向黄浦区委区政府总值班室报告。黄浦公安分局对各时段人员流量快速递增的变动情况未及时采取有效措施，未报请黄浦区政府发布预警以控制事态发展。对上海市公安局多次提醒的形势研判要求，未作响应。

针对事发当晚持续增加的人流量，在现场现有警力配备明显不足的情况下，黄浦公安分局只对警力部署作了部分调整，没有采取其他有效措施，一直未向黄浦区政府和上海市公安局报告，未向上海市公安局提出增援需求，也未落实上海市公安局相关指令，处置措施不当。上海市公安局对黄浦公安分局处置措施不当指导、监督不到位。此外，黄浦区政府未及时向上海市政府报送事件信息。

8.1.3 城市社会安全

城市社会安全风险，一般是指公共性的人为事件。人为事件，就是人自身主观意愿的所作所为，具有一定的目的性。公共性的人为事件，也就是与公众利益相关的事件，是带有主观故意性的事件。

公共性人为事件的发生，其根本原因在于部分民众对某种结果、某种状态存在不满情绪，久而久之积累起来的情绪在人与人之间集结，最后通过某一事件以表达自己的情绪，其目的是为了引起社会的关注、引起政府的重视，以采取措施解决，或是想要报复社会。这种事件对社会带来的影响也是可大可小，它可能不足以引起社会的关注而慢慢被遗忘，也可能被政府重视而采取一定措施加以解决。但也难以避免存在一些人为事件，它的影响足够引起整个社会的关注，严重者可能会造成社会的波动，成为社会风险形成的根源之一，比如：群体性的上访事件、恐怖分子制造的恐怖袭击案。[215]

2014 年昆明火车站暴力恐怖案就属于城市社会风险的一个典型案例。2014 年 3 月 1 日 21 时20 分左右，在云南省昆明市火车站发生了一起以阿卜都热依木 · 库尔班为首的新疆分裂势力一手策划组织的严重暴力恐怖事件。该团伙共有 8 人(6 男 2 女)，现场被公安机关击毙

4人、击伤抓获1人(女),其他3人落网。[216]此案共造成平民29人死亡、143人受伤。

这是一场有组织的群体性恐怖事件,作案暴力恐怖分子都是新疆分裂分子,他们的犯罪行为有组织、有预谋。昆明火车站暴力恐怖案对于风险防范反映的问题有两个:第一,公安机关平时的预防管理不到位,对于在重要公共场所突发性的恐怖袭击没有紧急应对措施。事发当时,率先赶到的警察大多没有配枪,只有警棍,无法及时制止歹徒暴行。第二,车站安保工作不合格,没有及时发现预兆。在火车站这种人员密集型场所,满脸杀气的暴徒团伙登场,这是明显的预兆信息,火车站广场的安保存在漏洞。

8.1.4 城市健康风险

城市健康风险,也可以称作公共卫生安全城市风险,是指一些疾病对于社会产生的危害,如非典、禽流感、艾滋病与"毒奶粉"等。本节将选取2003年非典事件作为案例进行介绍,虽然非典是一个全国性的重大事件,但是北京是特别严重的疫区,故选择北京单独讨论。

非典事件是指严重急性呼吸综合征(Severe Acute Respiratory Syndrome, SARS)于2002年首先在中国广东省被发现,并扩散至东南亚乃至全球,直至2003年中期疫情流行才逐渐终止的一次全球性传染病疫潮。

2002年11月16日,中国广东佛山发现第一起后来称为SARS的病例。[217]而第一例有报告病例的患者是于2002年12月15日在河源市发现患病的黄杏初。2003年1月10日,黄杏初康复出院,后被认定为中国首例非典型肺炎报告病例。[218]到12月底,关于这种"非典型肺炎"疫情的消息开始在互联网流传,由于当时不了解病情,相关的评论比较混乱。

到4月上旬,中国的官方媒体对SARS病例的报道已经开始逐渐增多,不过一般说法都是讲疫情已经受到控制。4月3日,中国卫生部在北京召开新闻发布会,时任卫生部部长张文康表示:世界卫生组织专家已经到了广东,而在考察北京情况后将北京排除疫区;广东省疫情已经得到有效控制,在中国工作、旅游是安全的;截至3月31日,北京市共报告SARS病例12例,死亡3例。他还对在座的国内外记者说,戴不戴口罩都是安全的。后来,很多人认为张文康的言论对国内外的民众有很大的误导,导致人们因此对疫情重视程度不够。

中国政府对非典型肺炎的认识和应对措施经历了艰难而痛苦的转变。4月20日,北京非典确诊病人和疑似病例,较前一天成倍增加。党中央、国务院明确提出要以对人民高度负责的态度,及时发现、报告和公布疫情,决不允许缓报、漏报和瞒报。卫生部决定,原来五天公布一次疫情,改为每天公布。卫生部长张文康、北京市委副书记孟学农因防治非典不力被免职。此后北京非典疫情严峻。一直到5月9日,北京新增病例数才首次减至50以内。[217]

我们可以看出,疫情的传播与爆发需要过程,非典疫情并非在北京首发。如果能够在疫情发生后第一时间采取紧急措施,慎重处理,向社会公开疫情真实情况,使民众有所准备,或许北京的疫情可以更早得到有效控制。

8.2 预警机制

本书第1章已明确，城市社会风险是反映城市群体利益、地位结构、相互关系的城市社会整体，存在着不稳定、不确定的状态，并且有可能造成社会失序和社会危害的后果。该风险不似台风、洪水等自然风险般具有转变为现实危险的突然性，也不似城市风险一般仅具有一个阶段或少数阶段。城市社会风险是慢性的隐患，它转变为现实危险的过程如蝴蝶效应一般需要经历多个阶段、多个事件，一旦爆发将导致严重、不可控、难以逆转的危害后果，最可怕的后果将是政府公信力的丧失。城市社会风险的危害后果是由多重事件的叠加作用和影响造成的，其中最为直接的隐患是城市风险的存在。潜在城市风险的大小和程度将成为衡量政府工作能力和工作水平的标杆，由城市风险产生的危害将直接影响民众对政府工作的评价。若对城市风险的处理和防范不得当，将直接导致城市社会风险的潜在危害发生，因此防范城市社会风险的方式之一就是建立城市风险的预警机制(图8-1)。风险预警机制的建立和完善是特大型城市风险防控的关键。特大型城市在建设的过程中对待风险的态度需从“应激式”转向“防控式”，即把“危险”限缩在“风险”的层面。城市风险预警的目的是通过对风险进行控制，避免社会突发事件所可能造成的危险。风险预警机制是一项防止或控制突发事件爆发和扩散的内容多元化的预防警示，按照一定的秩序和内部联系组成的预警整体[219]。简单来说，风险预警机制是通过信息数据的收集和分析，对风险进行研判之后，为防止风险转化为危险而采取的一系列措施。类似“压力-释放”模型[220]对灾害的解释，导致潜在的城市社会风险的一系列事件是城市风险，而城市风险的存在一方面是因为经济增长的原因以及随着经济增长而呈现的城市空间密度增高的社会趋势，另一方面是防范、调控手段的滞后和缺乏，当临时性的致害因子产生时，城市风险便可能转化为现实的危害结果，从而增加因城市社会风险而导致的危害发生的可能性。模型如图8-2所示。

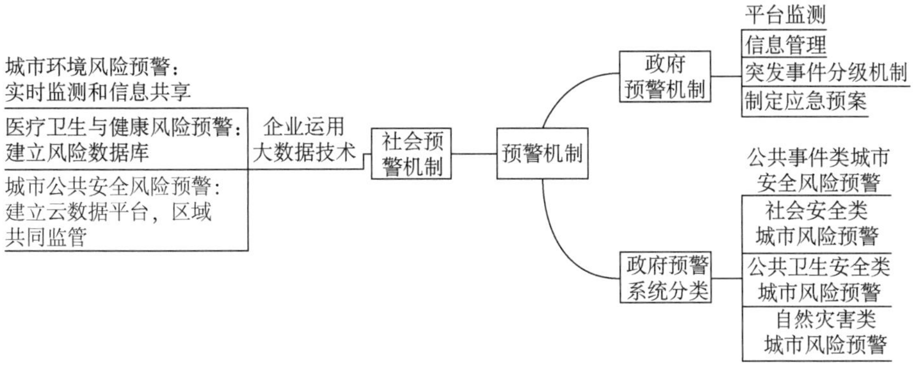

图8-1 预警机制构成

有关城市风险预警机制重要性的警示性案例是2015年的天津港危险品爆炸案。2015年8月12日，位于天津市滨海新区的瑞海公司危险品仓库发生火灾爆炸事故，本次事故中的爆炸

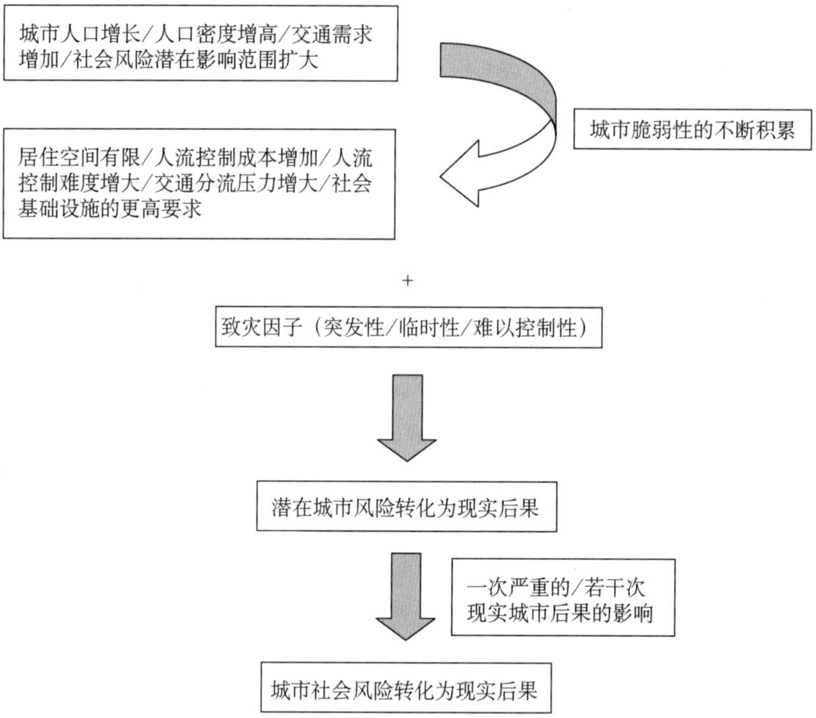

图 8-2 “压力-释放”模型在城市风险中的体现

总能量约为 450 t TNT 当量,事故共造成 165 人遇难,700 余人受伤住院治疗,304 幢建筑物、12 428辆商品汽车、7 533 个集装箱受损。根据评级机构惠誉国际的预测,“8·12”天津滨海新区爆炸事故共计损失 15 亿美元,是中国近年损失程度最高的事故。根据调查组的事故认定报告,本次事件既是企业无视安全生产主体责任,严重违反天津市城市总体规划和滨海新区控制性详细规划,违法建设危险货物堆场,违法经营、违规储存危险货物,安全管理极其混乱,导致安全隐患长期存在,也是有关部门对企业违反城市规划行为和在安全生产管理方面存在的问题失察失管所导致的。[221]在事故发生前,瑞海国际物流有限公司在现代物流和普通仓储区域违法违规从2012 年11 月至 2015 年 6 月多次变更资质经营和储存危险货物,安全管理极其混乱,致使大量安全隐患长期存在。而主要的主管、监管部门,包括但不限于交通运输委员会、安全生产监督管理局、规划和国土资源局、海关以及天津港集团等皆在行政审批、日常安全监管工作环节上存在违规批准、疏于管理的问题。有关政府部门未对危险化学品的潜在风险性保持敏感的注意和监控、防范,在仓库审批方面未考虑风险对附近公众的影响范围和影响程度,在明知危险化学品的仓储地点不符合有关法律法规规定的安全距离的情况下玩忽职守,未对仓储地点严格审查把关,违规审批该公司的危险化学品仓储业务规划,以致附近的居民遭受致命的打击。该起事故性质恶劣,城市风险转化为现实后果不仅造成人员伤亡和严重的经济损失,更是使得政府公信力大打折扣。本次事件的致灾因子是企业的违规经营,而不断积累的社会脆弱性则是各个政府部门的玩忽职守、对危险品的审批和监管消极懈怠,二者共同作用导致了极其严重的城市风险现实后果，进一步引起民众对政府公信力和管理水平的质疑。

中国已从“乡土中国”逐步发展为“城市中国”。与乡村城镇相区别的城市具有的明显特征是城市为“叠加式的空间结构”，将乡村城镇的社会经济空间及人际交往空间在更为有限的空间资源内整合、重组，因此，空间密度的提高是城市化建设的必然结果，由此所带来的空间权益配置问题是城市风险的起因[222]。工业区和生活区无论是分离或融合，都将带来交通压力风险或是居民生活安全风险，如轨道交通的客运压力不仅是如何在短时间内运载大量的同向旅客，还有如何保证运载的安全。天津港口危险化学品的爆炸所产生的余波不仅是向有关责任人追责和安置、赔偿受灾民众，还包括如何防范此类危险再次发生。乌尔里希·贝克曾提出“反思的现代化”理论，该理论认为现代化的背后是严重矛盾与缺陷，其认为：“风险生产—分配的逻辑在第二次现代化进程中上升为首要和主导性的趋势……西方的现代化一方面制造出一连串危机，另一方面又试图通过进一步现代化，即更为先进的科技、更高的生产力、进一步的功能分化、系统的更加合理化，找到克服这些危机的缺陷。然而，现代化的各种矛盾、冲突、缺陷、危机使得现代化的合理性日益动摇，以至于人们再也找不到新的出路。”无论此观点的对错，该理论明确地揭示了特大型城市的建立不可避免将产生与此相对应的风险，但贝克消极地认为不断产生和不可消除的风险和危机使得现代化失去合理性。而笔者认为，“风险”一词之所以与“危险”存在明显的区别，是因为风险从来都不可避免和彻底消除，只能尽力减少其发生的概率。现代化是文明进程的结果，应直面、猜测、分析现代化所产生的风险并保持最大程度的谨慎，将控制风险视为现代化的重要环节，其中最为关键的一步是风险预警机制的建立。如上所述，城市社会风险的预防首先是可以通过城市风险的预防来完成的，即建立城市风险的预警机制。

城市风险预警是具有针对性和目的性的系统化工程，该工程的建立程度不仅影响直接社会的安全性，更直接关乎政府公信力的建立和社会秩序的维护，因此，社会和政府皆是社会突发危险的受害者，二者皆要在危害结果发生之前具有高度警觉和准备。本节将聚焦风险转换为危险的概率控制问题，着重讨论风险预警机制的两个维度，即自上而下的政府预警机制和自下而上的社会预警机制。

8.2.1　政府预警机制

预警机制建设是一项全方位开工、投入额巨大的项目，关系到基础设施、公共服务设施建设和管理、新兴技术发展和维护、专业人员培养与信息收集、分析花费等各个方面，因此城市的财政实力和管理、调控策略是必须考虑的因素。政府作为调控社会联动发展的枢纽，其预警系统因具有公共权力属性，体现出权威性、有序性的特征。基于预警机制建设的需要，和政府先天具有的调配资源优势及协调联动各方的权威性优势，政府预警机制是城市风险预警机制的核心、基础、中枢。政府承担重点预警的责任，将关键性要素从外部袭击中隔离开来。这样安排预警的最终目标是使城市能够具备面对风险考验的实力，或者关键性要素能够受到及时保护，不会在同一时间受制于风险。[223]

政府预警机制包括：

(1) 监测机制。政府设立科学的预警指标，向各部门分配根据部门性质确定的监测内容，并由政府统一进行严格的协调、管理。

(2) 信息管理机制。分析数据，同时根据参照指标来判断信息是否客观、真实、连续、完整，保证信息实时更新，信息网络的畅通运行。

(3) 突发事件分级机制。对各类型突发事件建立数据模型，根据危险性的不同对各类型突发事件设置标签，以便应急预案的展开。

(4) 制订应急预案。应急预案是突发事件预警机制的核心环节之一与收尾环节，应急预案不能仅是理论的空谈，制订应急预案时应具体到由哪个部门负责哪一项工作，如何协调各部门的合作。

城市安全风险具有突发性、不确定性、紧迫性、连带性等特点[224]，对政府和城市当局的风险管理能力、城市治理水平和能力提出了严峻考验，人力有限的政府在面对日益扩张的城市面积和日益增长的城市人口，须提前做好更多的准备。政府的预警系统不仅仅是简单的风险信息整合和发布，这只是预警系统的环节之一，政府的预警机制是全方位的预警，包括针对各类风险专门设置的应对措施和应急预案，在风险转化为危险之前利用该类措施将风险调控在可控范围内。按照风险的类型，政府的预警系统可以分为公共事件类城市风险预警、社会安全类城市风险预警、公共卫生安全类城市风险预警和自然灾害类城市风险预警。

1. 公共事件类城市风险预警机制

公共事件类城市风险是城市的高危风险，其具有潜伏期长、事故演变迅速等特点，先前的预警防范可以达到有效地阻断危险的效果。先前的预警需要建立完备的应急系统，在风险偏高时通过多方联动迅速将风险调控在一定范围内，减少群体性事故发生的概率。以上海市为例，2014 年 12 月 31 日上海外滩大型踩踏事故暴露了当时城市风险预警系统的缺陷：对活动变更可能产生的风险判断失误，活动变更信息发布滞后，对监测人员流量变化情况未及时研判、预警，未发布提示信息，应急预案准备严重缺失等。这些前期准备性工作的不足皆是事故发生的原因，若风险预警系统顺利运作可大幅度地降低“意外”事故发生的概率。这起事故暴露了政府预警机制未充分运作，无论是前期的风险分析和预估，还是预防、应急工作都未到位。上海在“12・31”重大踩踏事故之后将城市运行中风险识别、隐患排查和治理作为城市公共安全管理工作的重要内容和着力点，开始探索和建立风险治理与隐患排查的长效机制[225]。自 2015 年起，上海在进行了前期的风险排查工作后，为了进一步协调全市的风险防范工作，出台了《关于进一步加强公共安全风险管理和隐患排查工作的意见》文件。该文件明确了风险治理指导思想、工作原则、主要内容、排查方法和工作要求。对上海市的风险隐患排查工作提出了具体任务和要求，且要求每年 6 月 30 号各区县政府各有关部门向市政府报备所辖区域内隐患排查的结果，初步形成了区县向市政府办公厅报备、市政府办公厅移交市应急办的风险隐患报备管理路径[225]。

要求各单位对自己辖区内的危险源和危险区域进行追踪观察,广泛利用各种渠道收集风险信息,提前做好风险等级评估和应急演练的准备。而建立这类应急联动机制是风险预警系统的核心之一。

2. 社会安全类城市风险预警机制

社会安全类城市风险是上海作为特大型城市面临的最经常、频繁、直接的风险。轨道交通作为上海的核心交通方式,到2020年底为止共有17条线路,总长800 km,一共500余座车站,是全世界轨道交通规模最大的城市。根据调研显示,2017年总的运送客流量达到35.5亿人次,日均运送客流量在968万人次,最高峰时达1 186.67万人次。地铁是典型的高密度空间,世界上曾发生众多次针对地铁的恐怖袭击,同时因为地铁时常保持高密度的人流量,导致危险后果自动放大,低层级的风险也可能导致严重的危害后果。地铁运营构成中危险源的查找、识别、分析、评价、管控等环节因此至关重要。目前上海地铁采纳了公安的三级预警机制,根据公安系统的标准设立人流量密度层,对不同层级采用不同的预警响应措施;地铁自身的安保系统和公安联动合作,避免信息不衔接、不对称,因缺乏相关事实信息而应急行动受限等问题;地铁内部建立隐患排查的常态机制,响应市政府的风险隐患报备管理路径。在治安防恐方面,公安部门联动地铁集团,地铁集团的安保保证安检的普及率,减少违禁物品进入轨道交通的可能性。同时公安部门通过公安系统的数据库和高新科技进行比对判断,例如通过人脸识别技术定位可疑对象,系统会自动向公安部门发出通知和警报,公安部门作为政府部门相较于企业而言具有对隐私数据管理的优势,同时还有数据传输、储存方面的优势,因此公安部门在社会安全类城市风险预警中起着极为关键的作用。在应急预案方面,政府部门联动地铁和公交进行应急模拟,确保在地铁线路故障时通过公交的紧急配合,保证城市的运输不会陷入瘫痪的境地。通过调研显示,在市政府的领导下,上海地铁集团现已设计了 $1+X+N$ 的预案,1代表一个总体预案,然后有若干个专项预案,同时每个车站根据自身的情况制定本站预案。

3. 公共卫生安全类城市风险预警机制

公共卫生安全类城市风险预警是特大型城市需时刻警惕的风险。由于人口密度高,传染病的传播速度和范围都因此提高,政府在把控公共卫生和医疗方面需严格监控各个风险源,重点监控传染病疫情、饮用水源的卫生安全、食品药品的卫生安全。重大传染病疫情事件主要被分为法定传染病、输入性传染病和新发传染病3类。对每一种疫情发生的可能性及其危险因素可从四个方面进行综合判断:生物因素(传染源、传播途径、易感人群)、行为因素(精神、心理、文化)、环境因素(自然环境、生态环境)、社会因素(法律法规、标准与规范、服务能力、预防控制策略和措施、管理水平等)。而评价风险造成的危害后果则综合考虑了疾病传播能力、诊断和控制能力、公众关注程度、社会经济影响等因素[226]。政府应设计重大传染病疫情病因及危险因素评估表,对以上各因素进行比对、综合判断。同时设计分类水平及分级标准,预测传染病疫情发生的可能性。在食品安全风险方面,根据不同种类的中毒源进行检测,重点检测和统计细菌性食物中毒、食源兴奋剂阳性、有机磷农药中毒高发的场合,对数据进行比对分析后确认危险源所在的环节。在医疗风险预警方面，政府首先应在法律制度完备的立场上健全监管体制，及时开展质量督查活动，统筹建立由政府部门主导、协调、统筹，专业医疗机构和行业协会、组织提供技术支撑的医疗和安全质量管理体系。国外许多国家已率先建成该体系如美国的医疗和安全质量管理体系，由隶属于美国卫生与福利部的卫生保健研究与质量部（AHRQ）、美国患者安全组织（PSO）以及美国医疗风险管理协会（ASHRM）、美国卫生管理评估委员会（JCAHO）等若干专业机构和行业组织组成，旨在预防医疗差错，促进患者安全，减小对患者的潜在伤害，保障医疗质量，促进支持科研项目。[227]同时根据专家建议，应设立医疗质量安全报告体系，其中第一项为警讯事件报告，即国家强制医疗质量安全事件报告，该报告建立的目的在于加强医疗安全监管。我国卫生部下发的《医疗质量安全事件报告暂行规定》，为我国医疗安全与风险管理提供了有力的法律依据。但是对于上报系统的配套规范、制度，分级管理体系的流程和标准，运行机制的效率效果评价和监督，反馈追踪预警机制的建立还将在实践中进行持续和深层次的研究。[227]特大城市建立过程中，政府应重视信息上报系统的维护和完善，拟定上报的标准和具体操作规范，对上报运行机制进行及时的维护和查看，对反馈信息进行汇总、评价及再反馈，不断促进上报系统的循环、合理运行。

4. 自然灾害类城市风险预警机制

自然灾害类城市风险是特大型城市建立过程中应系统监控的对象。自然灾害除了直接产生人身安全风险外，还会通过影响公共设施进而造成间接风险。例如大雾天气的交通拥堵、船舶无法到港等问题，都可能进而引发人身安全风险。特大型城市在建设过程中应对这类自然灾害的信息保持一定的敏感度，将风险在早期化解，避免风险进一步扩张。上海市建立了突发事件预警信息发布中心，依托气象局业务系统，在防汛、台风、大雾、雾霾期间，与各电视台联动预警，同时通过交通广播实时预警，在自然灾害到来之前做足充分的预警提示和应急预案。需要特别说明的是，自然灾害的预警机制不是一个临时性或片面性的预警，由于自然灾害之间具有连锁反应的特性，因此，自然灾害的预警应是一个持久性、延续性、全面性的预警。以由台风“安比”所引起的山东内涝为例，烟台市等城市在台风来临前已经进行了汛期防范提醒，并通过“管道检测机器人”等手段对排水管道进行排查，以便维修人员提前进行养护。烟台市因台风预警而直接启动内涝预警，由于提前防范，烟台市未受内涝的影响。与烟台市形成鲜明对比的是山东另一地区，由于预警滞后，本可避免或减损的危害后果给当地的经济带来了难以快速修复的打击。该事件是由于决策失误和缺乏警戒造成，引起公众对政府工作的负面评价，以至于存在提升城市社会风险的可能性。在这起事件中，政府的有关部门应当注意到预警机制的重要性和必需性。现有的科学水平完全可以精准地判断出一种自然灾害风险所可能引发的其他城市风险的类型、危害程度、后果。有关部门应根据所获取的自然灾害信息进行多种推演，预估出目前的潜在风险和风险爆发的可能性，并及时布置工作或通知社会公众做好防范准备，以减少财产的损失。

8.2.2 社会预警机制

“双向治理新格局”[228]指的是传统的自上而下行政化预警模式及以大数据为平台的“互联

网+”社会预警模式。政府在合理的范围内为非政府组织、单位以及个人提供一定的治理空间，锻炼和培养非政府方收集、分析、识别数据的能力。非政府方对社会中的风险源应保持谨慎的态度，根据政府的风险源分析合理地规划行为，同时将有关风险源的最新信息重新反馈给政府方。政府与社会双方共同推进城市风险“云监控”社会化进程，共建政府与市场“多中心、协同化、共同监控风险、共享数据、分析及应对”的新预警机制，实现“自上而下”与“自下而上”预警机制的融合。

社会预警机制可充分利用大数据技术，与政府预警相互配合。

(1) 在大数据风险识别阶段，首先应建立城市风险数据库并进行信息储备、管理、转化，对海量数据进行相关分析与预测，判断城市是否存在风险以及所存在风险的类型，进而针对不同的风险将数据分享给有关行政部门，由其对风险进行实时监控。鼓励民众分享数据信息，鼓励企业自我收集、分析、共享，建立风险信息收集、提取机制与信息反馈机制。

(2) 在风险分析阶段，通过统计分析大数据、可视化大数据及转换大数据图像等途径，从预测性的角度分析与判断城市风险源头、扩散路径、风险大小及可能造成的损失等，进而确定风险治理的优先次序和责任部门，并可将部分权责交由发现数据的企业事业单位本身，由其密切监控风险和建立风险扩散模型，督促相关单位及时反馈分析信息。

(3) 在风险评估阶段，政府相关决策部门、普通民众及利益相关者共同选择并采取风险应对策略。

(4) 在风险决策阶段，决策者在大数据挖掘、识别和分析基础上制订科学的决策，以达到规避、预防、减少和转移城市风险的目的[228]。

城市风险预警机制在评估阶段承担的角色是信息的反馈和建议者，若风险源产生于某一具体的企、事业单位，只有该企、事业单位对风险的现实化意义有着最为精准的把控，决策部门可以根据相关企、事业单位的反馈和建议信息，作出科学的决策。

在城市环境风险预警方面，除了非政府的环境研究机构提供数据和解决建议外，互联网企业和通信企业可以发挥各自的监测功能。依托互联网技术的迅速发展以及手机等移动通信工具的便捷，将风险信息实时传输，并对灾害情况进行实时分析，实现真正的有效预警和预防。个体根据相关信息安排自己的日常活动，并以个体的视角向社会发出建议。政府部门可以借助这类信息共享，进一步安排具体工作。例如，通过采用诸如智能手机、App 和多媒体环境监控等技术，搜集影响环境的相关数据，初步判断风险的高低。之后通过云技术(如云计算中心)进行统计分析，对城市中耗能高、污染高和噪声高的企业实行动态监控。[228]

在医疗卫生与健康风险预警方面，可以依托高科技和信息分析技术，政府联合医疗机构建立健康、卫生、疾病风险数据库。政府根据各医院实时记录的传染病情况制订预警方案，并及时向社会通报，对公众的生活进行建议，避免公众误入危险源。社会各界、各领域可以分享自己领域相关的危险源和危险系数，并给予合理的建议，为政府的决策提供科学的理论依据。

在城市公共安全风险预警方面，各种社会力量可以对自己所在区域进行监控，建立“云数据”平台，为确保隐私和公共利益的大众性和公平性，由政府管理数据平台。例如，各公共场所的摄像头所记录的信息可以通过传感器传输至公安部门，公安部门根据识别技术、以往犯罪案例分析，可以预测犯罪路径，根据信息制订预防和打击犯罪策略。

8.2.3 归纳

综上，城市社会风险的预警是通过城市风险的预警而完成的，而城市风险的预警根据参与的主体划分可以分为政府预警机制和社会预警机制。政府预警机制由于以公权力为支撑，具有权威性、影响力广等特点，因此应为城市风险预警的主力军。政府预警机制的运行工作应着眼于城市安全风险、卫生安全风险及自然灾害风险这类影响面广、危害性强的潜在风险，以尽力减少损失为目的，加强各个部门之间，受潜在影响的各辖区之间的沟通和合作，重视信息共享问题，尽量避免风险转化为社会危害，将风险控制在可控范围内。社会预警机制应积极履行辅助功能，各单位应主动、自觉、及时地控制自己单位的潜在风险，并与相关单位、政府部门联通，共享信息，已期建立完善和全面的城市风险预警机制，以预防城市社会风险转化为现实危险。

9　城市社会风险的评估

社会风险尽管具有多样化的诱因、不同的表现形式和相应的发展过程，但社会风险与社会稳定问题紧密关联，社会风险造成的人身损害、经济损失、社会冲突等影响，会相应地带来信访矛盾、舆情波动、群体事件等社会稳定问题。因此，从社会稳定视角分析评估社会风险是一条必然的途径。近年来，社会稳定风险评估作为全面、系统掌握社会风险事件的诱因，从源头上防范化解社会风险的重要方法之一，得到了中央和地方各级党委政府的高度重视。与人民群众利益密切相关的重大决策、重要政策、重大改革措施、重大工程建设项目，与社会公共秩序相关的重大活动等重大事项，在制定出台、组织实施或审批审核前，通过开展社会稳定风险评估，对可能影响社会稳定的因素开展系统的调查，科学地进行预测、分析和评估，制订风险应对策略和预案，在防控社会风险工作中发挥明显成效，已逐渐发展为维护社会稳定的一项重要制度安排。在此基础上，各地各部门不断探索和拓展社会稳定风险评估的适用范围，将其理念、制度、做法从服务保障“重大事项”延伸到行政执法、司法执行等微观、具体的管理工作，进一步强化了这项制度的生命力。

9.1　城市社会风险评估的必要性

9.1.1　社会风险评估是维护执政基础的重要内容

防范社会风险，保持社会大局稳定，这是我国现代化建设的一条极其重要的经验。改革开放 40 多年来，中国经济始终保持持续快速的健康发展，综合国力显著增强。同时，快速发展过程中的各类风险不断集聚，中国需要在短短的几十年里，面对和解决西方国家用几百年时间来解决的各个领域、各种类型的问题，所面对的各方面的压力和挑战是前所未有的。这些社会风险很多源于经济、政治、文化等方面存在的各种矛盾，以及政治经济和社会体制之间不相适应的情况。而引发社会风险的原因、应对处置风险的过程以及风险事件的后果，与党的执政理念、执政体制、执政基础、执政能力也存在紧密关联。以社会矛盾为重要表现形式的各类社会风险，成为党对执政能力和水平的重大考验。对于一个具体的风险事件（问题），党委政府如果处理得当，可以增强党的执政威信，增加党的执政资源，提升党的执政能力；如果处理不得当，社会公众将对党的执政能力产生怀疑，并可能产生“塔西佗陷阱”。

2012 年 7 月 2 日至 3 日，因担心钼铜多金属资源深加工综合利用项目引发环境污染问题，四川省什邡市部分市民聚集在市委、市政府门口，反对钼铜项目建设，并最终演化为大规模群体性事件。2013年6月出版的《损害群众利益典型案例剖析》一书中，将“什邡事件”与“贵州瓮安事件”“广东乌坎事件”等作为警示全体党员的反面典型。

2015年，中央城市工作会议指出：“城市是我国各类要素资源和经济社会活动最集中的地方，全面建成小康社会、加快实现现代化，必须抓好城市这个‘火车头’。”“要健全依法决策的体制机制，把公众参与、专家论证、风险评估等确定为城市重大决策的法定程序。”从城市化发展的角度看，截至2016年年底，中国的城市化率水平为57.4%，预计2020年达到60%。根据国际经验，在城市化水平达到70%之前，城市化水平都会快速增长，以此判断，中国的城市化率仍将在未来10年左右的时间内快速增长，城市社会风险也将随之不断积聚。在这个大背景下，城市社会风险评估应作为各级党委政府工作中需要关注的重点领域。

9.1.2 社会风险评估是推动经济发展的有效保障

面对我国经济发展的形势，调整经济结构，加快产业升级，转变增长方式方法，是中央对各地提出的重要工作任务。特别是在加速推进城镇化的地区，为了保持经济增速和财政收入增长，必须考虑上马一些较大的项目，扩大基础设施建设和城市建设的规模。但是，一些好不容易争取到手，对当地经济发展具有重大意义的建设项目，由于未能得到当地群众的理解和支持，往往招致利益群体激烈抗议，由于社会风险的后果难以承受，这些项目被迫宣布下马、改建或者取消。在某些领域里，甚至出现了一些项目陷入“一上就闹”“一闹就停”的怪圈，成为当地政府十分头疼的问题。同时，这些稳定事件往往在社会舆论上造成很大的负面影响，并容易形成示范效应，大大增加了地区经济发展建设的阻力。

以PX项目为例，2007年各地不少PX项目等都在公众抗议声中停摆，有的导致作为保障国家能源安全的重要配套项目难产。有关业内专家认为，在PX项目建设上，由于中国发展较晚，反而更有后发优势，因为采用的都是最新装置，在节能、环保、能耗方面，都是世界先进水平。但严谨的科学实验和权威机构得出PX是低毒化学物质的结论，并没有被更多的中国民众接受。由于种种误解，不少人把PX项目当成了洪水猛兽。《人民日报》撰文指出，我国PX自给率一度从近九成跌至五成；从世界PX产业供需情况看，中国缺口最大。造成我国PX需求缺口巨大的主要原因有两个：一是纺织等下游产能激增，导致对PX原料的需求大增；二是PX事件引发的争议，使政府和企业决策更加慎重，大量PX项目被迫放弃或缓建，导致PX产能发展滞后。基于供需关系的变化，国内PX自给率的下降，导致进口PX价格逐年攀升。面对较为丰厚的利润空间，周边国家对PX建设及扩容给予较高的热情与关注，日本、韩国、新加坡、沙特持续投资PX产能，产品目标市场均为中国大陆。

9.1.3 社会风险评估是完善社会治理的发展方向

城市人口密度较大、社会结构多元化、群众利益诉求复杂多样、信息传播渠道高效等特点，给传统的社会管理方式增加了压力并提出了挑战。而社会风险评估主要有两大功能特点：一是在形式上有更广泛的公众参与,多元主体表达意愿、提出诉求;二是在内容上进行更深度的民主协商,平衡各方利益。

以风险评估作为推动公众参与社会治理的载体之一,通过健全利益表达、利益协调、利益保护机制,引导人们依法行使权利、表达诉求、解决纠纷,实现政府治理、社会调节和居民自治的良性互动,能够充分发挥广大人民群众在居民自治、化解社会矛盾等方面的作用。开展风险评估,有助于推动信息公开,并把公民的利益诉求、意见建议纳入公共决策过程,在公共事务中赋予各利益相关方参与协商谈判、利益博弈的渠道和能力,参与主体更加多元,使决策过程更加开放透明,把公民从对立立场转变到中立或支持立场上,或者降低对抗的激烈程度,决策结果更容易被各方接纳。同时,风险评估作为加强政府协商民主建设的形式,是推进国家治理体系和治理能力现代化的客观要求,通过协商广集民智、广纳民意,让人民群众积极参与到国家和社会事务的管理,有利于政府行使权力的过程成为与社会协同共治的过程,有利于在事前磨合后实现统一价值标准,平衡权益分配,从而解决、缓和或规避不必要的社会冲突风险,有效提高政府决策的社会认同度,推动实现提升政府的治理和服务能力,促进国家治理体系和治理能力现代化的目标。

随着公民的民主意识、主体意识日益提高,参政议政的要求越来越强烈,重大决策的议程需要重视并促进社会公众和利益相关者的充分参与,建立政府与公民对公共生活的合作式管理。基于风险评估工作平台,健全完善公众参与机制,是广泛收集社会公众的意见诉求,依法合理赋予群众对重大决策议程建立过程的知情权、话语权的重要渠道。政府在充分了解社会需求的基础上进行决策,有助于决策更加科学与民主,减少因盲目决策而引发社会风险的可能性,提升公民的合作意愿,确保重大决策的顺利有效实施,也有利于提升政府的权威性。将社会稳定风险评估机制作为重大决策的前置关口,政府还可以充分发挥智库、专家学者等专业机构及人员的作用,客观公正地对社会利益需求和利益倾向进行了解,充分理解社会利益与重大决策利益之间的关联,给风险识别与风险分析提供理论借鉴。鼓励和支持社会力量通过风险评估渠道参与社会治理,提供公共服务,进一步激发社会活力,更好地提升社会治理实际效果。

9.2　城市社会风险评估的可能性

9.2.1　降低、消除不确定性符合决策者的价值取向

风险评估的目的初衷,不是为了制约发展,而是为了理清矛盾障碍,通过“风险沟通”释放缓冲风险,为社会矛盾设置风险“缓冲带”,使高风险化解或稀释为低风险,从而确保决策的顺利实施。同时,在风险评估过程中,健全民意表达渠道,引导理性表达诉求,可以防止“舆论暴力”,以协商合作代替对抗博弈,实现“双赢”。一个行政主体或市场主体在决策过程中,通过风险评估可以预测、掌握风险可能在什么时间、情况下发生,需要在哪个阶段、以什么方式去应对,具体的风险后果程度是否可承受,转移、消除风险需要付出多大的成本。把可能面临的风险因素,按照紧急程度、损害大小、工作成本等进行梳理和排序,可以对有限的工作资源进行更高效的分配组

织。从短期看，开展风险评估增加了一定的时间成本和资金成本，但从长远看，最终是以有限的投入提高了工作效率，节约了成本，避免了不必要的损失。

在全国多地因大型石化项目引发群体性事件的背景下，2012 年广东省惠州市就中海油 2 200万吨炼化项目开工建设深入开展社会稳定风险评估，实现了开工建设过程零上访、零投诉。2018 年 5 月，大亚湾石化区的第二套乙烯裂解装置及其衍生品装置正式投产。中海壳牌化工二期项目 11 套生产装置的其他关联装置也将陆续投产。这一新建 120 万吨/年的乙烯项目投产后，将与“一墙之隔”的中国海油炼油厂（惠州石化）形成炼化一体化优势，并与已建成投产的惠炼一起形成 2 200 万吨炼油、220 万吨乙烯的年生产能力，惠州石化产业炼化一体化规模也因此跃居全国首位。

2015 年某地公示《化学工业区产业发展规划（修编）环境影响报告书》称，化学工业区规划修编的实施对本地石化产业布局的优化具有重要“战略意义”，将发挥对周边区域的产业辐射效应和联动效应，推进本地化工区和周边区域的联动发展，成为地区经济持续发展的新增长点。但是，相关部门和项目单位对当地群众长期以来的环保诉求和反对意见估计不足，尽管相关部门一再辟谣表示，拟规划建设的项目没有 PX，今后也不会有 PX 项目，仍有大量当地居民进行“散步”抗议。在当地群众持续数日的聚集抗议后，当地政府要求化工区管委会终止本次规划（修编）环评工作，并提出当前的主要任务是采取有力措施，全力开展环境保护和污染治理工作，控制了事态进一步恶化。

9.2.2 社会风险可以经事前评估预测掌握

风险从来都不是稳定的固态的形式，流动变化是其本质特点之一。但是，风险也不是完全不可知的，开展风险评估，就是要强化对社会风险发展规律的把握，通过抓住风险积累、加剧、扩大、聚合变化的过程特点，进行分析和研究，实现在一定程度上（甚至较大程度上）提前掌握风险，从而为主动防范化解风险奠定基础。

一般条件下，一个时期内，社会生活中的风险，首先是以个体的（小规模）、潜伏征兆（非现实）的形式表现出来，如果没有被及时感知、识别和控制，这些潜伏着的、以个体（小规模）表现出来的风险，就会扩展到群体（大规模）层面，非现实的风险征兆也会转化为现实的风险事件，并在社会放大机制的作用下继续发展，直至演变为重大社会问题或社会危机。

有学者把群体性事件分为潜伏时期、发展时期和退潮时期三个阶段。在群体性事件爆发前的潜伏时期，尽管参与者认为利益受到损害，但先会通过相对温和的形式表达诉求。“人民网舆情监测室”认为，舆情事件大规模发酵前，往往会经历一个发展过程，并早在 2010 年就提出了新媒体时代政府应急管理的“黄金 4 小时”法则。

掌握了解风险的发展规律，以及各种风险因素的特征，是从源头上识别风险的重要基础。实践中，有多种社会调查方法可以运用于社会稳定风险的识别，比较常见的有核对表法、专家调查法以及访谈法、实地观察法、案例参照法等。

(1) 核对表法。此方法是根据风险要素,把以前经历过的风险事件及来源列成一张核对表,再结合本项目所面临的环境、条件等特点,对照核对表,识别出其潜在的风险。

(2) 专家调查法。此方法是利用专家的知识和经验,发现项目潜在风险,对项目风险因素识别及其风险程度进行评判,将多位专家的经验集中起来形成分析结论的方法。

(3) 访谈法。此方法是指通过与受访人面对面交流来了解受访人的心理和行为的基本方法。

(4) 实地观察法。此方法是指有目的、有计划地运用自身经验或相关科学观察工具,能动地了解自然状况下、能引起社会风险现象的方法。

(5) 案例参照法。此方法是通过参照本地区以往相似的案例、其他地区以往相同的案例,包括相似或相同的建设项目、相似或相同的利益受损情况引发社会稳定风险事件的案例,来识别风险因素,估计和评判风险。

9.2.3 风险防控在技术上具有可行性

在风险评估过程中,通过主动落实相关风险防范措施,往往可以在前期用较小的成本,消除风险带来的各种不确定性,保障有关决策活动的顺利实施,获得更大的经济社会效益。在风险评估操作中,常用的风险防范化解思路一般分为四种类型。

(1) 风险回避:考虑到风险存在和发生的可能性,主动放弃或拒绝实施可能导致损失的方案。

(2) 风险抑制:通过采取一定的措施,降低风险发生的概率,减少风险事件造成的影响。

(3) 风险转移:将可能面临的风险分散,化整为零或转移给他人承担,以避免风险损失的一种方法。

(4) 风险自留:将风险留给自己承担,包括计划性风险自留和非计划性风险自留。采取风险自留对策时应制定可行的风险应急处置预案,采取必要的措施等。

根据上述四种风险防控思路,结合具体评估事项和风险因素实际情况,可以制订出单一或综合性的社会稳定风险防范措施。

如在建设项目方面,开展社会稳定风险防范的措施主要有:①优化规划选线(选址)方案;②规范审批流程,确保建设合法合规;③规范土地房屋征收征用手续,实行阳光动迁以及加大正面宣传力度;④选用先进的工艺技术和设备;⑤强化加大环保投入,落实环保措施;⑥落实文明施工、质量安全管理;⑦优化交通组织;⑧制定项目建设资金保障方案;⑨搭建居民沟通平台,开展政策解答和科普宣传;⑩强化利益相关者的参与,开展项目与社区共建,确保公正合理补偿;⑪强化历史矛盾综合分析协调;⑫发挥项目单位与政府相关职能部门的作用,建立风险管理分工、协作、联动的工作机制等。

如在重大政策方面,开展社会稳定风险防范的措施主要有:①加强与媒体沟通,引导媒体做好政策实施前的正面宣传;②制订多套实施方案进行比选,做好政策内容和依据的解释说明工作，增强合理性和接受度；③加强政策相关的各地区部门工作协调，根据政策纵向、横向情况进行比较和优化；④拓宽与群众沟通对话的渠道，引导合理合法的表达诉求等。

9.3 城市社会风险评估的制度安排

9.3.1 风险评估的规范性文件层级

近年来，从中央到地方，各级党委政府相继出台了一系列社会稳定风险评估指导性文件。这些指导性文件主要包括风险评估工作的指导思想、评估范围、评估主体、评估程序、结果跟踪、责任追究等内容。

从相关风险评估指导性文件的层级看，在中央层面有《中共中央办公厅国务院办公厅印发〈关于建立健全重大决策社会稳定风险评估机制的指导意见(试行)〉的通知》等；在省级层面，各省(区、市)均已制定社会稳定风险评估的指导意见；在省级以下层面，各级党委政府均制定出台相关的制度要求，如在厅局级(地市州盟)层面，有《中共伊春市委办公室伊春市人民政府办公室关于印发〈伊春市实施重大事项社会稳定风险评估工作方案〉的通知》，在县处级(县市区旗)层面，有上海市杨浦区大桥街道的《杨浦区大桥街道重大事项社会稳定风险分析和评估工作制度》。

9.3.2 风险评估的规范性文件作用领域

从制度实施的领域看，根据目前不同层级的风险评估制度要求，既有综合性的评估制度文件，也有指向特定领域的评估制度文件，如《卫生部关于建立卫生系统重大事项社会稳定风险评估机制的指导意见》《南京市城市房屋拆迁社会稳定风险评估工作制度》等。

除了指导性、规范性文件外，中央和各级党委政府部门还出台了操作细则文件，从实践操作层面进一步推动了风险评估的具体化。在国家层面，比较典型的是国家发改委 2013 年印发的《重大固定资产投资项目社会稳定风险分析篇章和评估报告编制大纲(试行)》，在省级层面有《上海市重点建设项目社会稳定风险评估报告编制指南》《上海市重点建设项目社会稳定风险评估咨询服务收费标准》等。

其中，在《上海市重点建设项目社会稳定风险评估报告编制指南》中，细化规定了风险评估操作程序，风险调查重点和调查要求，风险识别的内容和方法，风险估计和评判中的单因素风险分析和整体初始预警风险分析，风险防范措施的基本原则、常用措施类型、防范重点，报告编制要求、主要内容、报告格式等。通过引入专业风险管理理论和“风险概率-影响矩阵法”、综合评价法等技术模型，采取风险因素核对表等方法，确保风险点的识别和相关因素的考量不遗漏，作出较为规范的评估结论。

在《上海市重点建设项目社会稳定风险评估咨询服务收费标准》中，明确将编制评估报告的费用纳入项目概算列支，并按照投资额分级累进制编制(评价)评估报告的收费基数，明确“行业”“社会稳定风险敏感程度”“区域范围”等三个调整系数，以及收费的上下限，规范了风险评估的咨询服务收费行为。

9.3.3 当前风险评估制度建设的总体趋势

经初步统计，自2007年四川遂宁的风险评估工作经验得到逐步推广后，各级、各地、各部门加速风险评估制度的建立和完善，其在维护稳定实践中发挥了积极作用，从源头上降低了各地区的维稳工作压力，有效防控了社会风险。

从各地风险评估制度建设的总体情况看，对工作的原则性要求已较为完善，在实践中各方也基本形成了共识。如通过“嵌入式”的制度设计，将风险评估嵌入到现有的行政决策与审批程序之中；按照“属地管理、分级负责”“谁决策谁负责、谁主管谁负责”的原则确定评估主体；将征地拆迁、农民负担、国有企业改制、环境影响、社会保障、公益事业等矛盾突出的方面作为评估的重点领域；评估内容主要包括合法性、合理性、可行性、可控性四个方面；明确要将充分听取群众意见，作为社会稳定风险评估中的重要程序，以风险对社会稳定造成的影响程度作为划分风险等级的依据；评估报告内容一般应包括评估事项基本情况、评估方法和过程、各方意见及采纳情况、风险估计和分析论证、风险评估结论和对策建议等部分；为确保评估结果的真实客观，要对评估报告进行审查、审核或评价的程序；等等。

尽管风险评估在形式上已建立了相关制度体系，但各类风险具有不同程度的流动性、传导性，经常是跨越多个行政领域表现出来，相关制度要求仍会出现难以对风险全面覆盖、有效覆盖的问题。其中，风险评估的综合性指导意见类文件，尽管面比较广，但内容以思想理念、原则性要求为主，往往难以细化到具体的专业类、操作性问题。而进入某个具体的领域，主要是单一的职能部门（如房管、卫生、国资等）在牵头制定制度规范，由于业务职能、工作站位的局限性，可能会影响实际的评估效果。比如，当前“邻避”风险是一个重要的社会风险源，邻避问题既涉及规划选址、环保政策、宣传引导、利益补偿等跨领域的问题，也有建设项目常见的工程技术性问题，风险成因比较复杂。尽管从中央到地方，各级党委政府、相关职能部门都非常重视“邻避”问题，但在相关风险评估制度体系中，目前尚未发现对“邻避”问题提出系统性评估要求，在实践中也缺乏专门的评估操作细则。

9.4 城市社会风险评估操作的步骤与方法

9.4.1 规范性文件的相关要求

在各地规范性文件中，分别对评估方法提出了相关要求，一般分解成若干个具体工作步骤。

其中，上海市有关文件将风险评估工作分为七个工作环节：

一是制定评估方案环节。承办部门要对已确定的评估事项制定分析和评估方案，做好开展分析和评估的各项准备工作。

二是风险调查工作环节。评估承办单位要根据实际情况，采取专家咨询、专题座谈、抽样调查、实地踏勘、听证会等形式，征求有关部门和地区意见，听取相关利益群体的利益诉求，识别社会稳定风险。

三是形成评估报告环节。评估承办单位对评估事项实施后可能引发的各种社会稳定风险进行综合衡量、分析和评估，根据风险发生的概率和后果，制定应对策略和应急预案，做出评估结论，确定风险等级，形成评估报告。

四是评估报告审查评价环节。审批部门或相关单位组织有关部门对风险评估报告内容进行全面审查和研究论证，对评估报告内容、项目风险等级、风险防控方案等进行优化完善。

五是评估情况沟通备案环节。将风险评估报告抄送相关单位，并按照不同的风险等级，送相关维稳部门备案。

六是落实措施调控风险环节。根据社会稳定风险分析和评估所制订的预案，有针对性地做好矛盾化解工作。落实防范、化解和处置措施。督促落实降低风险、化解矛盾的措施；制订应急预案。

七是全程跟踪实施环节。评估事项经评估付诸实施后，承办部门要坚持对评估事项的全程跟踪，不间断地听取社会公众评价意见，及时发现新的风险隐患，调整对策措施，确保评估事项顺利推进。

陕西省有关文件将风险评估分为五个工作环节：

一是确定评估事项，制定评估方案。要求凡是涉及广大人民群众切身利益、可能带来利益矛盾冲突的重大事项，都要作为社会稳定风险评估的对象。

二是收集社情民意，进行科学论证。通过走访群众、问卷调查、召开座谈会、专家论证等方式，征求各方面特别是维稳信访部门意见，准确了解民意诉求。

三是汇总分析论证，形成评估报告。综合各方搜集掌握的情况，对评估事项实施的前提、时机及后续社会影响、配套措施等进行科学的预测分析和研究论证，对实施评估事项可能引发的社会稳定风险作出预警评价，形成评估报告，提出对策建议，制订相应的防范、化解和应急预案。

四是运用评估成果，落实维稳责任。本级政府对风险评估报告等进行审核后，根据预警评价做出"实施""部分实施""暂缓实施""不实施"等决策，向责任主体反馈，下级政府对于"实施"和"部分实施"的事项，向上一级政府报送评估报告、工作预案等，并在同级维稳部门、纪检监察机关备案。

五是全程跟踪实施，分类调控风险。对付诸实施的重大事项，坚持全过程跟踪并做好后续维稳工作，及时化解矛盾问题，确保顺利推进。特别是其中继续实施但容易引发矛盾冲突的事项，在制订应急预案的基础上，有针对性地做好群众工作。

通过相关规范性文件的内容分析，对风险评估工作流程的要求一般可以归纳为两大部分：一是围绕编制评估报告，开展风险调查分析工作，作出评估结论，目的在于事前把握风险因素和风险程度；二是围绕落实评估报告，开展风险管理工作，目的在于从源头上规避、消减风险，做好全过程风险防控。在风险评估实践操作中，能否把这两项工作内容有机结合，很大程度上决定了风险评估工作的质量水平。

9.4.2 风险评估有关实践操作案例

9.4.2.1 某动迁安置房项目案例

1. 项目情况

该项目地块面积达 20 万余平方米，规划用途为居住用地，项目初始方案拟新建 5 栋 8～13 层高层住宅楼、地下停车库、配套公建等，总建筑面积为 4 万余平方米。该项目基地在建设前为闲置多年的空地，四面均被老式居民住宅紧密围绕。周边居民得知区域规划后，担心项目建设将对其住房的日照、房屋质量产生较大影响，东侧小区内近 75%的居民联名反对项目建设，甚至出现围堵居委会的情况。

2. 评估过程

评估机构通过项目现场踏勘、走访，根据现场调研及掌握的相关规划资料，基地北面及西面均为小区级道路及弄堂路，周边交通配套环境较弱。项目周边主要为居民小区及单位用房，包括建造于 20 世纪 90 年代初的老公房、小高层住宅等。

通过了解情况、收集居民具体诉求、理清事件发展脉络，组织或参加由建设单位和所在区的发改、规土、绿容、房管等部门和街道办事处参与的讨论征询会，明确了该项目的主要利益相关者为周边 3 个小区的 200 余户居民，梳理识别出 7 个主要风险因素，包括：周边利益相关者对项目接受程度薄弱，规划公示公众参与问题，项目对周边居民日照、视觉的影响，施工对周边环境和居民生活的影响，基坑开挖导致周边建筑和地下管线损坏，施工期对周边交通的影响，运行期对周边环境和居民生活的影响等。预判项目实施过程中有可能发生的风险事件包括：周边居民到施工现场交涉表达诉求，进行个体或集体信访，上网发布信息表达不满等。经分析认为，这些风险因素可能引发重大影响或较大影响的风险事件。通过风险指数计算和风险综合评价方法，评估该项目初始风险等级属于“高级”。

评估报告提出 6 个方面、23 条风险防范化解措施，主要包括：构建风险联动机制，动态掌握居民诉求，做好正面宣传及沟通工作；加强社区共建，对利益受损者做好补偿疏导工作；规范办理各项审批程序，结合居民诉求优化建设方案；加强文明施工，强化基坑开挖的组织管理，做好周边地块和房屋监测等。同时，评估报告明确了落实各项风险防控措施的责任单位和配合单位。经对风险措施落实后的每个风险因素的风险程度与发生概率做再次分析，综合评判后，认为项目在充分落实措施的基础上，风险等级可控制在“中级”。

3. 监督审核

受区发改委的委托，另一家评估机构对该项目的风险评估报告组织开展审查评价。评审咨询工作小组先后进行实地踏勘，赴街道办事处、居委会调研，聘请公共管理、城市规划、施工管理、环境管理、地下工程和交通管理领域的专家召开评估会，请区发改、建交、规土、环保、房管、绿化、维稳、信访等部门，属地街道办事处，以及项目单位、风险评估报告编制单位等参加了评审会。

经过对风险评估报告的初步分析、调查核实、专家评审、综合论证等程序，认为风险评估的内容和程序基本完备，分析方法基本科学，征求意见比较广泛，较好地反映了居民的诉求，风险防范化解措施责任明确，基本可行、有效，评估结论确切，达到了分析的深度要求，同意报告中确定的项目风险等级。同时，审查评价中也指出评估报告的不足之处，主要包括：风险因素分析有必要进一步细化，对部分风险因素的风险程度的评判过于乐观，提出的风险防范化解措施需要进一步细化和梳理。根据评估工作中的相关问题，评价报告对部分风险因素进行了补充分析，提出了优化设计方案和强化防范化解措施的有关建议。

根据评价报告意见，承担评估工作的第三方评估机构对风险评估报告中风险分析、综合风险指数等内容作了进一步完善，有关地区、部门和单位进一步优化了建设方案、完善了防控预案措施。

4. 评估结果运用

1）主动优化完善项目方案

根据风险评估和审查评价的结论，项目单位对该项目的建设方案进行了较大的优化调整，从拟新建 5 栋 8～13 层高层住宅楼、地下停车库、配套公建等方案内容，优化调整为 7 栋 6～8 层的多层住宅楼、地下停车库、配套公建等。

新方案中，该项目建筑与周边小区最近距离从 17 m 提高到 23 m，强化了基坑开挖可能对附近老公房产生影响的工程防范措施，进一步优化调整地下车库的布局设计，尽可能使基坑开挖边线退让居民住宅。原方案地下车库边界距小区约 14 m，新方案在增加地下车库建筑面积的情况下，与小区的距离扩大到约 26 m。同时，新方案降低了楼高以满足“1.2 倍”建筑间距的要求，保证每个窗位冬至日满窗日照时间不少于 1 小时，统计到户后均能满足日照要求。新方案将变电站、垃圾回收站的位置从靠近小区边缘位置迁移至基地内部，避免了有“邻避”属性的公用设施对周边小区产生负面影响。此外，新方案还通过透绿围墙，实现与周边小区绿化共享、美化周边小区居民的视觉效果。

2）强化风险防控措施落实

区委、区政府及其相关部门、街道和建设单位充分采纳了风险评估和评价的意见，在该项目建设过程中，切实落实好评估、评价报告所提出的防范化解措施。

（1）建立联动机制。项目建设方牵头成立了建设基地维稳协调工作小组，每周召开一次例会，及时分析情况，通报信息。工作小组由区信访办、街道、居委、房地局、规土局、建设单位有关人员组成，制订了详细的开工初期工作预案，明确了主要责任单位和各职能部门应采取的工作。项目建设单位、街道、居委形成联动工作机制，各司其职。通过召开居民座谈会、个别走访等方式解答居民的疑惑，提升居民对建设工程的接受度。

（2）建立工地共建机制。施工单位和居委会建立工地共建机制，面对周边居民小区需要环境整治、房屋修补等问题，施工单位及时协助解决，帮助居民美化居住环境。此外，工地因施工工艺要求需夜间连续施工时，施工方提前通知周边居民，争取得到居民的理解。

（3）做好宣传解答和房屋监测工作。针对居民关心、矛盾集中的动迁和规划调整问题，以及日照、通风、沉降、善后等问题，区建交委、规划局、信访办、街道、建设单位等事先进行会商研究，制定统一规范的解答材料，并明确区和街道共同搭建沟通平台，各部门和建设单位指派专人对居民进行沟通解答。施工前，建设单位委托房屋检测单位对临近的居民住宅进行房屋检测，组成 24 小时施工队，对因施工受损的居民房屋及时修复。

(4) 做好疏导沟通工作。根据周边居民信访诉求，邀请相关群众代表参加每周一次的项目建设协调会，及时通报项目建设情况，听取居民意见建议。

(5) 加强文明施工的组织管理。科学组织施工工期，严格按照夜间施工告示牌所公示的施工时间操作等，降低对周边居民生活的影响。

由于项目建设方案作出了较大幅度的优化调整，从源头上有效降低了可能引发的社会稳定风险。从项目实施情况看，项目建设初期虽有一些残留的风险显现，但主要表现为 5 人以下的居民小群体到街道、区政府反映个体诉求，没有出现大规模的上访等问题，确保了工程项目的顺利实施。

9.4.2.2 某地区被征地人员落实社会保障政策的案例

1. 新政策出台实施的背景

某市 A、B 两区 2009 年合并后，由于原来的两区的征地政策不一致引发的矛盾日益突出，许多项目在推进过程中遇到政策瓶颈，群众反映较为强烈，合并后区委区政府必须尽快出台统一的新征地政策，破解征地难题，实现“一区一制”。针对新征地政策涉及人数多、利益群体复杂的特点，该区积极组织开展风险评估，对由新政策可能引发的社会稳定风险进行充分预判和预警，为矛盾的后续化解提出前瞻性的意见和建议，把新政策实施的风险降到最低程度或调整到可控范围，确保重大民生决策真正惠民利民。

2. 开展社会稳定风险评估的主要情况

被征地人员落实社会保障的政策，原 A 区和原 B 区的主要差异是：原 A 区是“$1+X$”的模式，即在缴纳 15 年镇保的基础上，增加补充养老部分，2010 年度人均安置成本为 16 万余元；原 B 区是“1”的模式，即缴纳 15 年镇保，无补充养老，2010 年度人均安置成本为 10 万余元。两地人均成本相差近 6 万元，体现到养老和医疗待遇上，差别也十分显著。

按照区委、区政府确定的“统一政策、一步到位”和“政策不追溯”的总体原则，经初步判断，在实现政策接轨的同时，原 B 区是政策调整的重点受益地区，但由于已有 28 万人按照原来的被征地人员政策落实了保障，享受不到新政策，因此原 B 区也同时成为新老政策差异集中地区，各类人群因待遇攀比可能引发突出矛盾。为了确保政策平稳出台，区人力和社会保障局(人保局)在研究完善新征地政策的同时，与第三方合作成立风险评估课题组，按照以下步骤开展风险评估工作。

1) 详细梳理原 A、B 两区政策差异

通过梳理，汇总归纳出两区在征地劳动力、征地养老人员、征地劳动力中符合城保退休条件人员、征地养老人员中符合城保退休条件人员、已领取城镇保养老金人员、精减回乡老职工、完全丧劳人员、大部分丧劳人员、16 岁以上在校生等九大类人群落实社会保障方面的主要差异。

2）开展定性定量调查

在确保决策方案内容保密的前提下，采取部分公开的形式，通过召开专题座谈会、发放 100 余份调查问卷，征集意见并开展分析。针对梳理出的九类人群的主要差异，开展了定性和定量调查。

在定性调查中，通过向市主管部门，以及区发改委、建交委、规土局、农委、民政局、财政局等多个职能部门征询，并听取区人大、政协的意见建议，归纳梳理出政策统筹、差异妥处、项目清理等方面的问题。

3）确定主要风险点和结论

根据定量调查的结果，原 B 区有 7 个单项的风险值较高，包括原征地人员政策不追溯、原丧劳政策不追溯、16 周岁以上在校生政策、原城保退休人员不追溯、原精减回乡人员不追溯、原 16 周岁以下人员产生新诉求、原自谋职业人员产生新诉求等。根据分析评估，综合得出以下主要结论：

一是新征地政策风险等级基本确定为低级（即可能引发个体矛盾冲突），但不排除个别政策点有中级风险（即可能引发一般群体性事件），社会稳定风险处于可控范围内。经过区人保局进一步的政策调整完善后，调查评估期间所涉及的一些问题已经逐步解决，具备了安全性、可行性和可操作性。

二是原 B 区是政策调整的重点受益地区，也同时成为新老政策差异集中地区和人群因待遇攀比造成心理落差矛盾的汇集地区，因此是风险控制预案制订实施的重点工作地区。

4）优化政策并制订预案

在评估工作中，区人保局根据评估过程中反映的情况，对政策进行积极优化。会同各相关部门，不断采取措施，调整完善政策，消除各类矛盾，制订工作预案，争取在新政策出台前把风险影响降低至可控范围内。

一是优化调整政策方面，区人保局对 16 周岁以上在校生、刑释解教人员、完全丧劳人员等三类特殊群体的政策进行了优化完善。

二是化解历史矛盾方面，针对精减回乡人员这一既有历史矛盾群体，在新政策出台前，区人保局专门研究出台化解方案，提前解决了 300 多人的历史遗留矛盾。

三是清理遗留问题方面，按照“已征项目同一标准”的要求，各镇抓紧做好两区合并后各类遗留项目和“应进未进”人员的清理工作，共为 6 000 余人办理落实保障手续。

四是制订工作预案方面，鉴于对老征地人员“政策不追溯”的风险较大，区委、区政府一揽子研究配套的就业、生活、医疗三方面补助政策，提前做好工作预案。

5）开展风险评估取得的成效

根据政策实施情况，开展风险评估取得了如下成效：

一是被征地农民对实施新征地政策普遍欢迎。因此在动拆迁过程中，项目推进比较顺利。其他即将实施的新项目中，被征地群众对能享受到新政策也抱有很高期盼。

二是老征地人员总体反响平稳，没有发生过老征地人员集中、成规模要求提高待遇的群体性事件，仅有个别人员通过正常的信访渠道进行咨询。

9.5 城市社会风险评估工作应注意的问题

9.5.1 明确不同参与主体工作责任，建立完善的工作协作机制

9.5.1.1 明确决策者的评估主体责任

基于风险评估工作的权责统一原则，评估结论的科学性、准确性，以及风险防控措施的落实结果，最终都归于评估责任单位负责，因此落实风险评估的主体责任是确保评估质量的关键因素。在聘请第三方评估机构的情况下，项目单位与决策单位作为评估的责任单位和工作委托方，他们对工作的支持配合程度，会直接影响评估机构的评估行为和评估质量。评估机构一般需要委托方提供两个方面的支持：一是帮助搜集相关基础资料；二是提供工作上的指导和协调。如果委托方希望能通过第三方评估，对实际风险情况准确把握，一般都会积极帮助、配合评估机构的工作，同时也会对评估工作提出较高的标准，比如要求制订详细的评估方案，开展广泛深入的调查分析，对提交的评估报告进行认真预审等。但是在某些情况下，一些委托方出于加快决策进程、赶项目工期等目的，仅追求风险评估程序上的通过，要求评估机构在较短的期限内编制出风险评估报告，便于通过程序性审查。有的委托单位与中介机构签订委托合同后就撒手不管，容易导致中介机构在评估过程中情况沟通、工作衔接不畅，难以保证评估质量。

9.5.1.2 发挥第三方评估机构作用

在风险评估工作中引入第三方机构，是风险评估工作中的常见方法，让有关社会组织和技术人员、专家学者、社会工作者等专业人才以第三方的角色参与社会管理，有利于广泛地吸纳社会力量，可以强化评估工作的广泛参与和外部监督，为社会协同、公众参与提供了一个重要平台，通过引导社会组织健康有序发展，更有效地利用自身专业特长，做好民意调查、沟通协调、化解疏导等具体工作，帮助各方有序开展对话沟通，在利益协商中达成共识。

尽管评估机构属于委托方(政策提出部门、项目单位)的代理人，但是第三方评估者与决策事项没有直接的利益关联，可以站在相对中立的立场上对实际情况进行分析，作出客观、公正的判断，有助于全面掌握情况，发现深层次的风险矛盾。有效避免了“自己评自己”的尴尬，使评估结果更容易为利益群体和社会公众所认可接受。中立、专业应是第三方评估的核心价值所在，但在评估实践中，存在一些第三方评估机构主动(或被施压)迎合委托方意图，人为影响评估结论的情况，将有损评估结论的公信力。

9.5.1.3 推动行政主管部门积极参与

相关行政审批部门进行沟通，从各方职能范围内（比如规划、环保、土地、交通等）获得有关基础资料，听取相应的意见建议。由于重大决策的风险因素往往与相关职能领域的问题紧密相关，这些部门对风险评估工作是否支持，能否就相关领域问题做出深度解析，能否提出有价值的参考意见，对评估报告的全面性、科学性以及后续风险控制的成效都有较大影响。在实践中，少数行政职能部门可能出于减轻工作量和评估责任等方面的考虑，对参与评估工作采取敷衍的态度。对此，项目评估责任主体要注重与他们积极沟通，对于职能部门所提供的相关资料和意见建议等，要采取书面或其他形式，把工作过程和工作结果记录下来，做到有据可查。

9.5.1.4 充分依托地区党政机构和群众组织

地区的党政组织，既负责属地维护稳定工作，又承担属地经济社会发展的任务。对于落地于本辖区的重大决策事项，如果总体衡量认为弊大于利（比如“邻避”类项目），可能在配合中采取消极应付的态度，增加工作的阻力，或者会提供有倾向性的意见建议，力图影响最终的决策结果。对此，在评估中应积极争取地区党委政府配合，注重通过实地调查掌握第一手资料，基于客观事实进行深入的辨别分析，可以防止对评估工作产生误导。地区群众组织是与利益群体关系最紧密的，他们可以直接影响利益群体的态度，是开展社会调查和宣传解释工作的重要桥梁和平台。因此，必须根据实际情况，积极依靠他们，加强沟通工作，争取理解支持。

9.5.2 各评估程序环节把握应注意的难点问题

9.5.2.1 “应评尽评”的问题

中央、省级层面的规范性文件，根据当前社会稳定的突出领域，对需要进行评估的重大决策事项的范围做了原则规定，同时要求下级单位确定各自需要评估事项的具体范围或细目，并结合地区和领域的实际，及时调整评估范围。在中央层面，要求将征地拆迁、农民负担、国有企业改制、环境影响、社会保障、公益事业等方面的重大决策纳入评估范围。而在省级层面如上海市则进一步要求分别对重大政策和重大工程项目的评估进行具体化，如建设项目包括交通运输、环境设施、能源、工业、社会事业、农业等。其中在交通运输领域，又细分为机场、铁路、国道、高速公路、省道；跨黄浦江、苏州河、跨航道等级三级及以上的桥梁、隧道；内河航道；城市快速轨道交通，城市快速路、主干路；长途客运站，城市客运交通枢纽；危险品码头等。地方对于哪些决策事项属于“应评”范围，在上级原则规定的基础上，往往对制定细目具有一定的弹性，如果层层照搬上套，没有与各地各领域实际密切结合，研究确定的评估范围比较笼统，就会缺乏可操作性。

同时，并非每项决策都可能引发社会稳定问题，也不可能对所有决策都进行风险评估，如果在一些风险较小的事项评估上花费大量精力和财力，不仅工作力量资源存在严重不足，在客观上还造成了评估资源和公共支出的浪费。通过结合评估工作的日常管理程序，先期对评估事项进行大体研判，根据评估项目性质、规模大小、涉及群众利益人数、已暴露出的稳定风险大小等因素，决定是否需要进行评估，是进行简易评估还是重点评估，更加有利于调配资源，节约人力、物力、财力。

9.5.2.2 风险调查环节的问题

风险调查工作是风险评估的基础，应当在评估初期开展，在评估工作全过程中可以根据需要补充调查。风险调查的过程和成果是评估报告内容的重要组成部分，也是开展风险分析评判、风险预防化解的基础和依据。

在风险调查中，可以采取公示、问卷调查、实地走访和座谈会、听证会等多种方式，就决策事项听取各方面意见。对受决策影响较大的人员群体和机构等要进行重点了解，使听取意见的对象具备足够的广泛性和代表性，让他们了解真实情况、表达真实意见。由于社会稳定风险评估的对象是人群(利益群体)，主要的风险也来源于相关人群对决策事项的诉求或不满，因此在调查中要重点围绕调查对象的风险感知而展开，将群众的意见和态度作为风险评估和科学决策的关键依据，突出评估中的民意导向。在风险调查的操作过程中，公众参与是重点、难点环节之一，需要评估单位认真谋划组织。一些评估单位担心因评估中公众参与导致相关信息被提前释放，带来新的风险。一些单位在评估中对利益群体范围界定不清晰，公众参与的程序和机制不透明，有的在公众调查中回避矛盾风险集中的对象群体，由于风险调查不够深入，群众意见可能未被真正反映和听取，从而影响了评估质量。

9.5.2.3 分析确定风险定级环节的问题

准确预判总体的风险程度，确定风险等级，需要评估者注重把握两方面的问题：

(1) 围绕主要风险进行综合分析，掌握主要矛盾。

通过对每个单因素风险的程度进行比较和评判，按单因素风险的大小进行排序，确定项目影响社会稳定的关键风险因素。比如在某建设项目中，稳定风险主要有：基坑开挖损坏周边建筑及市政设施可能引发的风险，项目建设对周边住宅日照采光影响可能引发的风险，施工影响周边居民生活环境可能引发的风险，施工影响周边交通可能引发的风险，运行影响周边交通可能引发的风险，运行影响周边环境可能引发的风险，地区历史遗留矛盾可能引发的风险。某项重大活动的社会风险主要有：观众和表演者的不当行为引发的风险，临时建筑物(公厕、垃圾桶)设置等场地设施不合理引发的风险，工作人员管理(人流线路、节目安排、安检工作等)失误导致的风险，自然因素(降雨、大风)引发的风险，活动对周边居民正常生活产生影响引发的风险等。为了突出主要风险因素，一般可以将风险归类为 5～7 项，便于突出主要风险，并赋予适当的权重。尽管社会风险是各方面综合因素产生的，但在具体的评估报告中，动辄列入几十项风险，且其中大部分是关联较小的、后果轻微的风险，容易使评估报告的终端用户(决策者和风险防控工作人员)造成信息过载，影响评估结果的针对性和风险防控的有效性。

(2) 要把群众意见和社会反映作为主要参考因素，将“四性”内容有机结合起来。

风险评估工作的重点内容是合法性、合理性、可行性、可控性。但一些单位在风险评估中，较为重视行政审批合法性、技术规范性等方面的问题，如项目有关土地、规划、环评、节能、立项等程序是否符合法律法规，技术上是否超标、越线，等等，而对合理性、可行性、可控性等方面的内容分析不够充分，如决策是否合理兼顾了不同利益群体的诉求，是否保持了政策的连续性、稳定性与协调性，是否可能引发相互利益攀比，是否得到大多数群众的支持，会不会引发社会负面舆论，宣传解释和舆论引导工作措施是否充分等，如果不能有效把握，将直接影响评估的质量和成效。

在评估中，合法性、合理性、可行性、可控性是一个有机整体，不能割裂开来。“合法性”一旦出现问题，就意味着踩到“红线”，出现“硬伤”。同时，实践中大量的社会风险是通过“合理性”“可行性”“可控性”等方面表现出来的。在一些社会矛盾处理过程中，往往看到政府部门和项目单位一方强调程序上的合法性、技术上的先进性和安全性，而群众一方强调自身权益是否受损、社会公平性等问题，如果双方处在不同的话语体系中，协商是难以取得实质性成效的。因为程序和技术的合法性不能等同于社会的互适性，中央有关文件明确提出，在确定风险等级时，“要把群众意见和社会反映作为主要参考因素”，充分说明了社会稳定风险评估的工作特点。

9.5.2.4 制订风险对策方案环节的问题

从防控风险的措施类型看，主要有技术优化措施和社会管理措施两大类。比如在某垃圾焚烧厂项目中，属于技术优化的措施有：对主厂房烟囱采取位置移动、降低高度等调整，同时建设防护林带，从技术上控制烟尘影响。属于社会管理的措施有：通过媒体宣传项目的合法合规性，组织群众实地参观，让群众对现代化垃圾处理项目有一个直观的感受和了解，通过电子屏幕实时公布运行状态和排放数据，接受公众监督，减轻公众疑虑和风险感知度。

从防控风险的措施的思路看，一种是做“减法”，即降低风险因素的负面影响，比如垃圾焚烧厂界外设置环境防护距离，采取先进技术控制排放物指标，在道路建设项目中使用隔声屏障，降低噪声影响，这是防范风险的基本方法，直接体现了“源头防范”的本意。但是在一些项目中，这些“减法”措施尽管起到了不同程度的效果，甚至花了很大经济成本，穷尽了技术方法，将负面影响降到极致，却依然无法完全避免利益群体的损失，比如环境承载空间的下降，财产价值的下跌，对健康和安全的潜在影响，因而仍会遇到反对和阻力。另一种是做“加法”，即增加(健康、环境、财产)福利补偿措施。如面向周边地区设立共享生态活动区域，因地制宜配套绿化或者休闲设施等，为当地居民提供一定就业岗位，提供额外的社会服务项目(便民维修、送医上门等)，通过相应的补偿机制与居民、社区形成利益共同体，提高社会的接受程度。

在风险防控工作中，依赖单一类型的防控措施，不利于实现全面、充分的风险防控效果，坚持“两条腿走路”、综合施策，才能用合理的成本达到理想的成效。在实际工作中，一些程序合法、技术合规、效益明显的项目，由于没有与周边群众实现利益共享，得不到群众支持而难以成功落地。一些项目出于成本等方面的考虑，没有对方案进行优化，由于影响稳定的源头问题没有消除，虽然花费大量成本去开展疏导解释等工作，结果仍是抗议愈演愈烈，矛盾层层升级。

9.5.2.5 后续全过程风险管理环节的问题

在风险防控措施实施中，需要实现风险防控工作的整体性、系统性，应注重以下两方面的工作：

（1）注重多方联动，综合施策，把风险评估作为风险管理的综合平台，推动各方落实主体责任，实现全方位的风险管理。如在某项目建设中，政府与项目单位建立"联防机制"，项目单位作为风险防范第一责任主体，与维稳信访部门、属地街镇村委及时互通情况，协调工作，分头落实措施。其中，项目单位调整优化项目方案，降低建筑对居民住宅的日照、通风等影响，主动增加工程风险防范资金，提升开挖基坑的安全保护等级，加强文明施工管理，合理安排作业时间。当地政府设置信访接待点，为居民表达诉求提供畅通、便利的渠道，针对居民对规划审批、动迁诉求等具体问题，及时协调有关职能部门做出专业回应或解释等。只有各方工作都能及时到位，不停留在会议纪要、工作方案等"纸面文章"上，风险才能真正得以下降。

（2）注重做好全过程风险管理，对各个阶段性的风险因素，都应纳入管理方案考虑范围，并根据实际变化不断调整对策措施。如某公墓项目建设前期，主要解决用地补偿、环保措施、政策宣传等方面的风险，而项目建成后，随着墓穴落葬数量的增多，项目运营管理压力会逐渐加大，可能发生祭扫节点期间交通管理矛盾，扫墓群众与周边居民的冲突等问题，因此主管部门、属地政府和项目单位后续风险防控工作的重心也需要随之转移。在实践中，由于一些单位风险防控的方案措施没有根据风险动态情况作及时调整，可能会影响风险评估的实际效果。

9.5.3 不同事项风险评估的特殊性问题

9.5.3.1 风险所处的时间问题

由于不同社会风险的各自特点，一些社会风险发生时间阶段较早，如果在风险爆发前没有及时评估，将错过防控风险的时间"窗口期"。因此，在实践中需要不断完善风险评估的制度设计，实现及时、充分的事前评估。

2014年，某地拟建垃圾焚烧厂项目，引发当地部分群众聚集抗议并迫使项目暂时中止。据有关新闻媒体了解，事发时该项目仍处于规划阶段，尚未进入社会稳定风险评估程序。从风险评估的规范程序要求看，建设项目的社会稳定风险分析应当作为项目可行性研究报告（或项目申请报告）的重要内容，即风险评估是可行性研究程序的一部分。这样的风险评估流程设计是因为，在项目可行性研究阶段，项目的选址、初步设计方案等内容都已基本确定，开展风险评估的目标相对固定，可以减少评估工作面临的不确定因素，所做出的评估结论和风险防控建议措施的针对性会更强。虽然垃圾焚烧厂项目在前期工作程序上似乎并无不妥，但从实际操作上看，规划选址阶段是稳定风险的高发阶段，特别是邻避特征明显的项目，规划选址一旦确定并公布后，就容易招致周边群众抗议抵制。而风险评估工作滞后于风险实际发生的时间，是该项目准备不充分、导致工作被动的重要原因。

9.5.3.2 风险所处的空间问题

在风险评估工作中，一些重大政策或建设项目遭遇重大阻力，并非源于项目本身的因素，而是历史、环境、人文等社会条件综合作用的结果。因此，这些项目除了做好本身的风险防控工作以外，还要考虑其他额外的因素，承担附加的防范风险成本。如在某高架道路建设过程中，由于项目所处位置曾因其他道路建设项目在拆迁范围、政策上做过反复调整，加之已建成项目带来的噪声、交通影响等问题，使周边群众有较大不满，因特定区域内的历史遗留矛盾长期未能彻底解决，使新建项目所处的社会环境“承载力”较为脆弱。一旦引发矛盾，往往会“新账老账一起算”，不仅处理问题的难度加大，损失后果也会进一步上升。因此在工作推进中，既要考虑项目自身的风险问题，又要考虑关联性问题，防止矛盾叠加。

9.5.3.3 风险所处的层级问题

社会风险客观上存在层级，其发展和演变存在一定的规律性。一般的利益诉求矛盾如果没有及时化解，长期在某个领域、某个地区积累，就会形成社会稳定问题。多领域、多地区的社会稳定问题如果聚合共振，当出现一定数量和比例的“非直接利益相关者”参与，引发以意识形态、价值观、文化等为导向的社会运动，提出超越经济利益的政治诉求，政府和社会就会面临系统性风险。

因此，确定评估风险的层级是必要的，对处于信访矛盾层面的风险事项，一般只涉及普通的利益诉求，对评估力量需求不多，可以由数人规模的技术团队承担，评估报告编制通常在 2 个月以内完成。防控风险涉及的力量层级需求不高，基本以决策单位为主体，属地党委政府、相关职能部门等进行协助。对于可能上升到社会稳定层面，有一定区域性的风险矛盾，如可能引发大规模群体性事件的建设项目和社会争议较大的政策措施，则需要较高层级的政府部门在评估中进行协调组织，请职能部门、属地党委政府、社会组织、专家学者深度参与，并对落实风险防控方案等工作开展组织协调，其中还可能涉及计划外情况导致的方案重大调整，风险评估工作周期也将随之增加。对于可能出现系统性风险的问题，则需要最高决策层的重视，充分调动各方力量进行系统分析，采取优化顶层设计等综合性的方法来化解。如在党中央提出的“三大攻坚战”中，打赢蓝天保卫战等为重点的污染防治攻坚战，通过在顶层设计上明确工作目标，提出措施要求，将为解决当前邻避困境等发展的结构性难题，防止邻避矛盾进一步向政治领域传导升级提供了有力支撑，在这项宏伟的计划中，对相关风险的监测评估工作也需要在一个较长的阶段内持续开展。

10 城市社会风险的应对处置

城市社会风险的应对处置是一个国家治理能力的重要标志。我国应急体系由创建到发展,应急预案、体制、机制、法制不断完善,应急管理的能力、水平不断加强,应急管理工作取得了明显的成效,在有效应对城市社会风险中发挥了不可替代的作用。目前,各地区各部门都建立健全了应急预案体系,基本覆盖了自然灾害、事故灾难、公共卫生事件、社会安全事件等各类突发事件,但工作中仍存在一些薄弱环节,应急体系建设水平还有待进一步提高。为此,本章以城市群体性事件为研究对象,对其应对处置的各个环节,即预案管理、信息管理、处置指挥、善后处理等进行一些探索研究。做好群体事件的应对处置,是维护社会秩序、维护合法权益、化解社会矛盾、维护社会稳定的一项重要工作。

10.1 预案管理

10.1.1 当前城市群体性事件预案体系建设的薄弱环节

近年来,城市群体性事件的应急处置预案体系日趋完善,基本建立了市、区县应急管理的组织体系,加强了对城市群体性事件应对处置的各项保障,成功化解了很多群体性事件,有力维护了社会稳定。尽管如此,城市群体性事件预案体系仍然存在诸多方面的问题。具体包括以下六个方面。

(1) 应急处置预案体系建设发展不平衡。有的地区或部门应急预案体系脱离实际,部分预案"上下一般粗",照搬照抄,与地区或部门实际结合不紧密,针对性、操作性、实用性不强,需进一步修订完善。

(2) 应急管理体制有待进一步健全。少数地区和部门应急管理体制不适应实战需要,条与块之间、部门与部门之间关系不清、职责不明,一旦临战,就手忙脚乱,不知所措。

(3) 应急工作机制还不完善。各地区各部门之间协调不够顺畅,沟通不够紧密,工作中难以形成合力;总预案、分预案、专项预案之间衔接不够,难以配套,导致基层部门应急能力比较弱,难以适应当前形势任务需要。

(4) 应急指挥平台建设步伐亟须加快。各地区、各部门各自为政,统筹推进、同步开展、一体建设的难度大,受地区本位主义、部门体制制约和网络安全问题的限制,"信息孤岛""数据壁垒”情况突出，各地区各部门平台共建、信息共享、事件共治力度不够，效能有待提升。

(5) 各项应急保障有待加强。专业应急队伍有待进一步加强，应急预备队伍有待进一步充实，处置能力有待进一步提高；部分应急物资储备数量不足、方式单一、布局不尽合理，紧急调拨运输体系有待完善，应急科技整体水平不高。[229]

(6) 培训演练、宣传教育工作相对滞后。个别单位、部门及其工作人员对预案内容、部门职责不熟悉，预案启动后应对不力、处置不到位；有的地区、部门也没有按规定对预案进行定期评审，也未根据形势任务的变化对预案进行修订、完善。

10.1.2 预案管理的重点内容

应急处置预案是城市群体性事件应急预案体制、机制、法制“一案三制”的重要基础，也是重要载体。随着城市市级、区县、街镇各级各部门预案数量的大幅增长，群体性事件复杂程度加大，对预案的针对性、实用性、可操作性等提出了更高的要求。因此，上级主管部门必须加强预案管理，提升预案质量，完善体制机制，强弱项补短板，提升应对能力，增强处置实效。

1. 明确预案的概念、内容和工作原则

预案是城市各地区、各部门及有关单位及时、有序、妥善应对处置群体性事件的工作方案，因此，上级主管部门必须从制度层面明确群体性事件的概念范围等，以增强预案的针对性。

(1) 界定预案的适用范围。预案作为法律法规的一项必要补充，是各地区、各部门、各有关单位结合实际，预先制定的应对处置群体性事件的具体操作工作。因此，在制定预案时必须明确界定群体性事件的概念及其适用范围。一旦发生群体性事件，便能“对号入座”，提高应急反应速度。

(2) 明确预案的项目内容。预案是各地区、各部门及时有效应对处置群体性事件的任务清单、工作程序和联动协议。因此，应急预案必须对组织指挥、工作职责、分级标准、应急响应、应急保障等预先做出具体安排，明确在群体性事件的事前、事中以及事后，谁来做、做什么、何时做，以及相应的处置方法和相关的准备保障等，以确保应对处置工作及时、高效、有序，最大限度地降低事件造成的影响、减少事件造成的损失。

(3) 明确处置的工作原则。预案的主要作用是规范群体性事件事发后的应对处置工作，因此，应对处置工作必须遵循一定的原则要求，把握好一些规律特点，妥善处理好市级与区县、条与块之间的关系，解决好事前与事后、防范与化解之间的问题，确保应对处置稳妥高效。

2. 明确应对处置的组织指挥及工作职责

职责明确、决策高效、协调有力、运转有序的组织指挥是应对处置群体性事件的关键，直接决定事件处置的成败，在群体性事件应对过程中处于核心位置，也是群体性事件预案制定的关键环节。

(1) 明确群体性事件处置的指挥体系。预案必须明确设置应对处置群体性事件的市、区县和现场指挥部，并分别对相应指挥部的总指挥、副总指挥及组成单位的负责同志、联络员等人员配置作出明确规定，确保一旦发生群体性事件，便能及时各就其位，各负其责。

（2）明确应急联动机构。群体性事件的应急联动机构一般设在各级应急联动中心（公安指挥中心），作为事件的处置指挥平台，履行信息报告、初步确定事件等级、组织人员单位进行先期处置以及本级预案规定的相应职责。

（3）明确指挥平台。群体性事件发生后，根据预案规定及事件等级，迅速成立行政级和现场指挥平台。指挥平台设在各级应急联动中心，切实履行各自工作职责。现场指挥平台设在现场指挥部，在前二者的指挥下，统一组织、指挥、协调、实施现场处置。

3. 明确群体性事件的分级标准及应急响应机制

城市群体性事件坚持"统一领导、分级负责"的应对处置原则。群体性事件的等级直接影响各级政府的应急响应和指挥关系。要规范群体性事件的分级标准，根据不同等级启动应急响应，确定指挥关系。

4. 规范事件处置的信息报告、先期处置和现场处置程序

群体性事件发生后，必须在第一时间了解掌握事件相关情况信息，采取相应的先期处置、现场处置措施，并根据事件的发展趋势及时作出相应的调整。

5. 加强预案的编制、修订和完善

预案必须贴合实际、贴近实战，才具有针对性和实效性，但预案也不是一成不变的，必须与时俱进。从一定意义上讲，应急预案的生命力和有效性就在于不断地更新和完善。[230]

（1）规范应急预案的编制。要求各地区、各部门严格预案的编制、备案、公布和修订程序，针对本地区、本部门多发、易发群体性事件、主要风险等，制订本地区、本部门预案编制规划，提高应急预案的针对性、实用性和可操作性。

（2）明确完善预案的途径。实践证明，应急演练是检验应急预案、完善处置机制的有效途径。各地区、各部门必须结合地区、部门实际，组织开展多部门、多警种参与的实地、实兵、实装、实操、实战演练，及时发现预案中存在的问题，进而改进完善应急预案。

（3）加强应急预案的及时修订。预案编制单位应当建立定期评估制度，根据形势任务的变化，结合工作实际，对群体性事件应对处置的组织指挥体系与职责、应急处置程序、主要处置措施、事件分级标准等重要内容进行评估分析和修订完善，对预案进行动态优化和科学规范管理，不断提升预案的针对性、实用性和可操作性。

6. 加强应对处置工作的各项保障

为确保群体性事件得到及时妥善处置，最大限度地降低事件危害，必须有必要的人力、物力、财力等保障和法律支持，这是有效处置群体性事件的必要条件。

（1）切实落实各项基础保障。各级各部门必须未雨绸缪，统筹安排，根据预案要求，提前做好通信、物资、资金、分流等各项基础保障，确保群体性事件应对处置过程中通信顺畅、物资充足、资金充沛、分流有序。

(2) 切实加强队伍保障。各地区、各部门要结合本地区、本部门实际情况,组建处置群体性事件的应急预备队,应急预备队一般由当地公安民警、武警、民兵、信访、医疗卫生等人员及有关专家等组成,加强培训演练,了解群体性事件发生、发展的规律和特点,熟悉有关法律法规、政策措施,明确应急处置的职责任务和工作要求,确保处置队伍"拉得出、打得响、处置得好"。

(3) 切实加强法律保障。各级政府的法制部门要及时研究处置群体性事件涉及的法律法规,为依法进行处置工作提供法律支持。

10.1.3 加强城市群体性事件预案管理的对策措施

1. 加强组织领导,明确工作责任,健全完善群体性事件预案机制

(1) 结合地区和部门实际,不断健全应急预案体系。本着"预防和应急并重、常态和非常态兼顾"的原则,要针对大规模群体性事件、大规模暴力犯罪事件和非法聚集事件的不同特点,形成以总体预案、分预案和部门(专项)应急预案为主体的应急处置预案体系,基本涵盖应急处置的各个方面、各个环节、各个层级。在应急预案的制订过程中,要坚持做到"三个突出":一是突出预防性。重点强化大规模群体性事件、大规模暴力犯罪事件和非法聚集事件等重特大突发、敏感事件的预测"预警"预防。二是突出针对性。明确预案要"实用、管用、能用",借鉴以往应对处置各类群体性事件的经验做法,加固底板,补足短板,切实增强预案的针对性、有效性。三是突出动态性。通过实践检验预案体系,及时发现问题和薄弱环节,进一步修订、完善预案体系,以适应形势任务需要。

(2) 加强组织领导,进一步完善应急处置管理体制。在体制建设方面,要从群体性事件发生、发展的规律特点出发,立足于城市实际,努力建立健全有利于高效决策、协调有力、运转有序的应急管理体制。一是要进一步明确统一领导、分级负责的领导负责制。二是要进一步健全条块结合、属地为主的应急管理体制。明确事发地党委、政府为本行政区域内应急处置的责任主体,事件涉及的有关部门、单位配合属地党委、政府开展应急处置相关工作,各司其职、各负其责,相互配合、密切协作,充分发挥城市政府管理的优势,形成应急处置工作合力。三是要进一步完善应急处置常态管理机制。把健全完善应急处置机制建设作为工作重点,紧紧围绕研判预警、指挥响应、信息发布、现场处置、网络管控、善后处理等环节,探索建立多途径掌控、多层次预警、多部门联动、多条块联处的应急处置管理机制,确保把问题妥善处置在第一时间、第一现场。

(3) 明确工作责任,进一步完善应急处置运行机制。要着力围绕"统一指挥、反应灵敏、协调有序、运转高效"的目标要求,结合应急预案体系强化指挥处置机制、预测预警机制、应急处置联动机制。

2. 突出工作重点,稳步有序推进,不断强化应急处置机制建设各项工作

(1) 深入推进专题培训,不断增强各级领导干部的应急意识。一是将社会风险和应急处置等内容纳入干部培训体系。把应急处置作为干部培训的必修内容,逐步形成对各级党政领导、部门负责同志进行分级、分批培训的教学机制,切实增强各级各部门领导、干部的危机意识、责

任意识和法治意识。二是组织开展专题培训。定期举办应急处置机制专题培训班，每年进行专题培训。通过组织专题培训，使各级党政负责同志、应急处置各个环节的工作人员进一步增强应急意识，熟悉应急预案，明确组织指挥关系、应急处置流程，提高响应速度和处置能力。

(2) 组织开展演练推演，切实提高应急处置的实战能力。一是组织开展示范演练。要按照“突出重点、注重实效、以点带面、示范引领”的原则，以群体性劳资纠纷、涉众型经济犯罪案件等多发易发矛盾引发群体性事件、进而演化为大规模暴力犯罪事件为背景，组织开展应急处置示范演练，并组织现场观摩，增强演练效果和示范效应。二是开展实战演练或图上推演。要因地制宜地组织实施不同规模、不同科目的应急处置实战演练，或采用图上推演形式开展模拟演练，进一步检验机制，优化预案，锻炼队伍，提升各级领导干部应急处置能力水平。三是加强跨区域应急演练。针对因环境保护、“邻避”问题等引发的跨区域群体性事件，毗邻市县共同参与，按照“属地为主、协同处置”原则，联合开展应急处置演练，为妥善处置交界区域群体性事件探索建立机制，积累经验。

(3) 优化整合工作资源，不断强化应急处置的基础保障。一是加强通信保障。二是落实经费保障。将应急处置所需经费纳入各级财政预算，各级财政部门根据本地区本部门工作需要和本市财政应急保障预案的有关规定及分级负担原则，为应急处置工作提供必要的经费保障。三是狠抓队伍保障。组建应急预备队，还需落实物资保障、分流保障、法律保障等。

3. 坚持问题导向，细化工作措施，切实提升应急处置的能力水平

(1) 加强案例分析，不断吸取应急处置工作的经验教训。要结合征地拆迁、环境污染、劳资纠纷、重大工程项目、金融投资受损等涉众型突出矛盾引发的群体性事件情况，选取典型案例，从预知预警、现场处置、教育疏导、矛盾化解等方面进行深入剖析，总结应急处置工作得失，进一步完善应急处置机制。对近年来应对处置涉日抗议活动、抵制 PX 项目事件等有重大影响的大规模群体性事件，进行总结讲评，提炼固化好的经验做法，深入查找工作不足，研讨改进处置工作。要针对涉众型金融投资受损等涉及人员多、跨区域聚集维权突出的群体性矛盾，进行分析研究，在实践中不断探索优化，形成有基层特点的应急处置机制，为稳妥处置同类群体性事件提供有益借鉴。

(2) 组织交流研讨，进一步把握应急处置工作的规律特点。通过设置不同主题和演练科目，由有关部门和地区参加的专题研讨会、实战演练现场观摩，交流应急处置工作经验，进一步熟悉掌握应急处置预案及相关规定。同时，采用情况通报、工作简报、专题影像资料等形式，推动各级领导和工作人员深化对各类群体性事件的规律特点和应对处置工作的认识，切实提高各地区各部门应急处置的能力。要及时召开重大群体性事件视频会、通报会，通报发生的重大群体性事件情况并研讨处置工作得失，查漏补缺，完善提高。要结合社会稳定形势分析研判，有针对性地选取地区突发群体性事件，围绕重点环节解剖“麻雀”，剖析问题原因，改进应急工作，提升处置水平。

(3) 坚持问题导向，进一步提高应急处置预案的针对性和有效性。围绕重点区域、重点领

域和重点行业推进应急机制建设，形成条、块、点相结合的应急处置预案体系，提升应急处置实效。

10.2 信息管理

10.2.1 信息的概念及内容

涉稳信息是指涉及政治、经济、文化、社会等各方面影响社会稳定的情况信息，既包括本地区、本部门、本单位、本系统、本行业可能影响社会稳定的各种倾向性、苗头性问题和存在的涉稳隐患，也包括已经发生或正在发生的影响城市稳定的群体性事件等案（事）件及其动态情况。

涉稳信息是各级党委政府了解社会稳定情况、分析社会稳定形势、作出工作决策部署、防范处置城市群体性事件的基础和前提。各地区各部门要高度重视，全面收集掌握各类涉稳信息，加强分析研判，为党委政府提供准确全面的决策依据。特别要注意以下方面内容：

（1）重大政策出台、重大决策实施、重大项目上马、重大活动举办等可能引发的社会稳定风险，特别是可能引发规模性聚集上访等群体性事件的苗头隐患。

（2）社会管理等领域可能引发群体性事件的情况信息。

（3）民生领域可能引发群体性事件的情况信息。

（4）涉众型经济犯罪可能引发群体性事件的情况信息。

（5）涉及群体性事件的社情、舆情、民情等信息，以及境内外敌对势力、敌对分子和别有用心人员插手利用群体性事件的情况信息。

（6）其他涉及群体性事件的重要情况信息。

10.2.2 信息管理的主要环节及工作措施

1. 收集报送的主要环节

实践表明，情报精准、信息灵通、预警及时是城市风险应对中先机制敌、掌握主动的关键。信息收集报送一般应注意把握以下环节：

（1）信息收集。建立健全信息工作机制和网络，不断拓宽信息渠道，延伸情报触角，全面收集影响稳定、可能引发群体性事件的各类信息。群体性事件发生后，要及时收集掌握事件情况及现场情况，密切关注并动态报告事态进展、发展趋势等。

（2）信息上报。群体性事件发生后，各级各部门须按信息报告有关规定逐级上报事件有关信息。

（3）信息通报。获取群体性事件信息并进行核实预判后，立即将以上信息通报公安机关属地政府以及涉事单位上级主管部门。

（4）信息跟踪。事发地有关部门要密切关注事态发展变化，对信息发展变化情况进行实时跟踪。

(5) 信息反馈。各有关部门之间，要增强信息协作联动意识，加强信息交流互动，将本地区本部门获取的情况信息、核查情况及事件动态等及时反馈、互通共享。

2. 收集报送的基本原则

信息收集报送工作必须坚持以下基本原则：

(1) 主动性原则。要主动适应形势任务对信息收集报送工作的新要求，不断总结经验教训，把握规律特点，完善工作机制，创新方式方法，使群体性事件信息收集报送工作始终体现时代性、把握规律性、富于创造性。

(2) 时效性原则。要切实增强时效观念，优化处理流程，提高快速反应能力，加快信息收集报送和处理速度，按照"第一手情况""第一份资料""第一时间报送"的目标要求，努力提供及时有效的信息服务。

(3) 准确性原则。要立足地区和部门实际，全面、真实、准确地收集报送有关信息，全方位、全过程、多层次、多角度跟踪事态的最新发展，保持信息收集报送的连续性和完整性，坚决杜绝误报、漏报、瞒报、谎报的现象。

需要重视以下几个方面：

(1) 必须坚持快报事实、慎报原因、实事求是、真实客观的原则，特别是在群体性事件发生后，原则上 1 小时内以口头方式、2 小时内以书面方式向上级部门报告。要第一时间报告已经掌握的初步情况，然后根据事态发展，续报后续情况。要坚决杜绝摆平再报、搞定再报或者把事实情况弄得清清楚楚了再报的情况发生。

(2) 要严格信息收集、核实、填报程序，规范首报、续报、终报各项工作，确保所报信息要素齐全、事实清楚、内容无误，防止因事实不清、情况不明、信息不准导致决策失误、应对处置失当。

(3) 要坚持"一盘棋"的思想，树立全局意识和大局观念，有效消除信息孤岛，打破数据壁垒，实现跨平台、跨部门的信息交流共享，充分发挥信息的作用和效能。

(4) 对于预警性、行动性信息，要在报告的同时，立即部署开展跟踪、调查、核实工作，及时准确续报动态信息。

3. 预警响应

对经分析研判的涉稳情况信息，根据紧急和重大程度，及时有序进行应对处置。

10.2.3 加强信息管理的对策措施

1. 当前信息管理的薄弱环节

(1) 在信息收集方面，风险意识不强，信息观念薄弱，认为只是专业部门及其工作人员的事情，导致很多非常有价值的信息未能及时收集。信息工作网络不全、积极性不高，主动开展跨区域、跨部门、跨行业信息收集的广度、深度不够。

(2) 在信息报送方面，敏感性不高，报送信息不及时。对需要上级及时掌握、立即处置的重要涉稳情况信息，有的地区未能及时收集报送；有的虽有报送，但没有跟踪掌握重大群体性事件和次生事件情况，没有续报事态进展、处置措施和效果等情况。

(3) 在信息内容方面，有的地区有的部门报送信息不全面、不准确，个别地方报喜不报忧，对工作故意拔高、言过其实，对问题大事说小、避重就轻，以致影响了党委、政府和上级部门的科学决策。

(4) 在信息研判方面，不注重综合研判，就事论事，只有现象的罗列，没有综合分析和研判趋势、动向，也没有对形势的判断。

(5) 在信息发布方面，不透明、不公开，有的事发后信息发布不及时、不全面，语焉不详甚至避重就轻，导致政府失去了舆论的主动权，失去了对群体性事件的控制权，从而将政府陷入极其被动的局面。

2. 加强信息管理的对策措施

针对当前信息工作面临的新情况新问题，要积极拓展思路、完善制度、创新机制、改进方法，不断提高信息工作的能力和水平，以扎实有效的信息工作，为防范处置群体性事件，做好维护社会稳定工作提供有力的支撑。

(1) 要充分发挥积极性主动性，及时收集掌握影响社会稳定的情况信息。要做到信息灵、情况准，必须畅通信息收集渠道，建立健全信息收集报送机制。

(2) 要建立健全信息分类和应急响应机制，不断提升信息处理水平。对收集的信息，要及时判明性质、内容和时效，及时采取应急响应措施。在信息处理过程中，要重点做好情况核查、通报预警、跟踪掌握三个环节的工作，通过横向、纵向机制，相互交叉核查、印证，及时了解不稳定情况信息可能涉及的群体、规模、范围、程度、原因等方面的具体情况。

(3) 要进一步深化信息研判工作，全面提升信息工作的综合效能。对收集掌握的信息，要加强综合分析，及时整理、归纳零散的孤立的情况信息，深入开展分析工作，有效聚合信息价值，注意发现新问题、新情况，特别是对带有规律性、普遍性、倾向性的重大问题，及时综合情况、分析原因、提出对策，报告上级主管部门和地方党委、政府。

(4) 要积极适应信息化发展趋势，稳步推进信息化建设。信息化是当代社会不可阻挡的科技革命浪潮，不仅改变了人们的生活，也改变了我们的工作形态，对传统的社会结构、社会关系、社会观念、社会管理带来前所未有的挑战。为提高信息工作效率，要充分运用信息化手段采集、管理可能影响社会稳定的数据资源，对维护城市稳定工作中存在的问题开展定量和定性相结合的分析、综合，为应对城市社会风险的正确决策提供科学的依据。要逐步完善纵向贯通、横向共享、整体作战的信息工作格局，结合情报信息的信息化推进，推动信息工作网络体系建设，通过推进维稳信息化建设，不断提升维稳信息工作水平和效率。

(5) 要健全完善信息公开机制，切实提升城市公共危机应对能力。要从完善政府危机公关工作、提升城市社会风险应对能力、有效处置群体性事件的高度出发，探索建立城市社会风险信息发布机制，明确发布主体、原则、范围、方式、程序等，有效保障群众的知情权。特别是群体性事件发生后，政府应当尽快查清事件真相，第一时间通过政府网站、新闻发布会、新媒体以及广播、电视等方式，及时公布事件真相、事件进展及应对措施，避免流言蜚语甚至谣言的快速传播，从而有效引导社会舆论，为群体性事件的妥善解决创造良好的舆论环境，为化解城市社会风险夯实基础。

10.2.4 强化现代科技应用，提高城市风险应对的信息化水平

当前，国内城市风险应对科技化信息化的总体水平还不高，与当前城市风险复杂多变的形势还不相适应。要积极主动拥抱大数据、人工智能等新科技，切实把理念思路转变、体制机制创新、工作水平提升与现代科技运用结合起来，加大源头防范和治理力度，加强形势研判和风险预警，不断提高城市风险应对的科技化、信息化水平。

1. 要充分运用信息化成果，着力提升风险应对处置工作效率

互联网时代对传统的数据采集、数据传送、数据应用进行了颠覆式革命。“人人都有麦克风、人人都是新闻人”带来数据采集的多元时代，每个人、每台电脑、每部手机都是信息来源，线上与线下、线上与掌上无缝、高速衔接，各类信息一经发布，迅速传遍全网、全国甚至全球。相比较而言，当前国内城市社会风险应对的信息化水平总体还是比较低，方法相对初始，手段相对落后，目前只有在省市一级或某些条线、专业部门内开通了数据传输通道，大部分部门之间和基层单位与上级部门之间没有传输通道，遇有重大不稳定动向等涉密信息的通报，仍然只能通过传统方式传递信息，效率十分低下。特别是在重大活动维稳安保工作期间，面对繁重的维稳任务和大量的信息流转时，城市风险应对信息化水平明显不能适应。

2. 要充分运用大数据挖掘技术，着力提升维稳形势分析研判水平

当今社会已经进入大数据时代，大数据意味着海量的数据集合、快速的数据流通、多样的数据类型，更意味着运用大数据、云计算等进行信息数据的获取、存储、管理、分析等一系列新工具的运用。当前，维稳形势错综复杂，可能影响社会稳定的因素多、变量大，情况越复杂、敏感度越高，对信息化的标准要求就越高。这既是工作要求，也是维稳工作现实需要，大数据为我们预知预判当前复杂的维稳形势，提供了一种有效便捷的路径。

3. 要充分运用人工智能手段，着力提升应急防范处置工作能力

人工智能的快速发展，不仅解放了人力束缚，而且突破了智力局限，自动识别、自动比对、自动生成、自动检索、自动推送、自动预警等一系列智能手段广泛应用于社会生产生活领域。这些方面对强化新时期的应急防范处置工作带来了丰富的启示，轨迹再现、网络巡查、数据比对、治安防控、区域管控等各方面工作都可以借助人工智能手段，这是不可逆转的趋势，只有向这方面发展才会有生命力。大数据的关键在于是否在线，只有在线才是大数据，只有在线才能联网、联通，才能分析运用。

10.3 处置指挥

10.3.1 城市社会风险应对处置的不足

近年来，面对城市群体性事件多发高发的态势，在不断强化应急处置机制和能力建设方面，已取得了一定成效，积累了不少经验，但也有不少失误和教训，主要是：

(1) 风险意识不强。缺乏强烈的政治意识、忧患意识，对可能影响社会稳定的风险苗头缺乏敏锐性，对可能发生涉稳问题的严重性缺乏洞察力，其突出表现是见事迟、反应慢、没准备。

(2) 情报信息不灵。工作不够深入，工作中存在空白点和“盲区”；分析研判不系统、不准确、不到位。

(3) 判断决策失误。有的只看眼前情况，不考虑可能产生的次生灾害和最大风险；有的习惯于拍脑袋决策，按习惯“出牌”，对策措施缺乏针对性、有效性；有的“闭门造车”，出台重大决策不接地气，引发群体性事件；有的出现“本领恐慌”，应对群体性事件时束手无策、无所适从，致使事态升级失控。

(4) 指挥处置失当。有的不守规矩，违规用警，激化了矛盾；有的缺乏经验，临场处置能力不够，应变能力不强，反应迟、行动慢，延误战机，导致场面失控。

10.3.2 城市社会风险处置指挥的原则

1. 统一领导、分级负责

统一领导、分级负责是有效应对群体性事件的基本原则。群体性事件往往涉及人数较多，涉及面较广，因此，必须根据群体性事件的范围、性质和危害程度，由事发地的党委、政府统一组织，按照“谁主管、谁负责”的要求，明确指挥员及其权限，落实相关部门的责任和工作措施，对群体性事件实行分级处置。在处置过程中事件升级、事态扩大时，指挥处置权交由上级党委、政府及其有关部门，由其直接指挥处置。

2. 条块结合、属地为主

条块结合、属地为主是及时处置群体性事件的重要保证。事件发生后，主要由事发地的党委、政府为主组织实施各项处置工作；事件涉及的市委、市政府有关部门、单位负责配合属地党委、政府开展应急处置工作。但是，许多群体性事件表明，一些地方属地管理责任不落实，导致处置失当。

3. 预防在先、注重化解

预防在先、及时化解是从源头上预防和减少群体性事件的重要基础。切实将事件控制在基层，将矛盾化解在萌芽阶段，及时消除可能诱发群体性事件的各种因素。

4. 快速反应、密切配合

快速反应、密切配合是快速平息群体性事件的有效保障。群体性事件发生后，事发地区和有关部门要快速反应，及时启动预案，按照职责分工密切配合，立即开展相关工作。及时控制现场局面，防止事件升级转向。深入一线、深入群众，做好政策解读和法制宣传工作，形成工作合力，及时妥善处置，防止出现反弹，甚至出现更大规模的聚集事件。

5. 依法处置、避免激化

依法处置、避免激化是防止群体性事件蔓延失控的关键环节。在群体性事件处置过程中，必须始终坚持依法处置，严格按照法律政策办事，确保所有对策措施都符合法律政策规定和要求。要区分事件性质，讲究政策策略，注意方式方法，灵活采取处置办法，争取政治效果、法律效果与社会效果的有机统一。要尽最大努力防止激化矛盾、扩大事态，坚决防止出现打砸抢烧行为。一旦现场出现过激行为，要及时宣布法律、告知后果，并迅速予以制止。

10.3.3　深刻把握城市群体性事件应对工作的规律特点

妥善应对城市社会风险、平稳处置城市群体性事件是一项十分复杂而又十分敏感的工作，也是当前各级党委政府的一项重要政治任务。总结近年来的经验，关键是要把握好以下规律特点：

1. 联合指挥机制是核心

近年来，一些地方制定了群体性事件应急处置预案，但有时还是会出现反应迟钝、处置不力、事态升级蔓延的情况。主要原因是应急处置联合指挥机制不健全，各部门不能有效联动。因此，根据群体性事件的发展动向，迅速启动党政主要领导同志负责、有关方面参加的联合指挥机制，实施统一指挥、部门联动，对于有效处置重大群体性事件极为重要。

2. 应急预案体系是基础

处置群体性事件特别是大规模群体性事件，必须依据预案行事，避免随意性、盲目性，防止“打乱仗”。同时，根据实战情况研究策略措施、战术方法，做到既依据预案，又灵活施策。为达此目的，必须在完善预案、建立规范、形成体系上下功夫，做到应对处置各类群体性事件都有总预案、子预案和分预案可依。

3. 及时预知预警是前提

群体性事件应对处置能否做好，情报建设是关键，要把情报信息监测研判预警作为群体性事件应对处置的核心能力来抓，坚持“大平台”管控、“大数据”分析、“大情报”研判，正确判断性质，预测把握走向，科学果断决策，切实服务实战，牢牢掌握工作主动权，将群体性事件制止在萌芽状态和起始阶段。

4. 准确判定性质是关键

准确判定事件性质，关系到应对处置采取的政策策略、处置方式、措施手段和力量部署，直接影响最终效果。要根据群体性事件的不同性质来区别对待。绝大多数群体性事件是人民内部矛盾引发的，应当采取民主、法制、经济、行政、说服教育、疏导缓解的方法来解决。对敌对势力插手的，要坚决防控，露头就打。

5. 调集足够力量是保证

能否抓住最佳处置期，确保第一时间第一现场妥善处置，迅速调集足够维稳力量到达现场极为重要。近年来，多地应对处置群体性事件的经验教训表明，群体性事件现场态势瞬息万变，因处置警力不足而难以控制现场局面、导致事件升级扩大的情况屡有发生。特别是，面对跨区域跨省市、迅速升级的大规模群体性事件，建立健全跨区域应急联动处置机制显得尤为重要。

6. 加强舆论引导是重点

应急处置工作不仅要打赢现场处置仗，还要在第一时间开展信息战、网络战和舆论战。对此要从机制、制度层面加强对策研究，做好充分准备，建立舆论引导机制、网络管控机制、批驳谣言机制和媒体记者管理机制。要树立主动、快捷、有序引导舆论意识，力争在最短时间里，回应社会关切，速报事实，慎报原因，续报跟进，抢占舆论先机，掌握舆论主导权。

7. 做好群众工作是根本

应对处置群体性事件的过程，实际上是坚持以人为本、维护群众利益、做好群众工作的过程。各级党委政府要认真研究、准确把握新时代群众工作的特点和规律，不断提高组织群众、宣传群众、教育群众、服务群众的本领。大力发扬我们党密切联系群众的优良传统和作风，深入群众，了解群众，与群众交朋友，切实提高做好群众工作的水平[231]，切实维护好群众利益，从根本上消除不稳定隐患，防止群体性事件的发生。

10.3.4 群体性事件防范处置指挥的策略分析

1. 关口前移，突出重点，围绕"三个源头"加强治理

群体性事件是各种社会矛盾的集中表现，有效预防的最佳选择是加强源头治理，严防个人矛盾激化升级向报复社会转化，严防群体性事件失控蔓延向暴力犯罪发展，严防各类矛盾交织叠加向"社会运动"演变，严防敌对势力插手利用向"街头政治"演化。做好预防群体性事件工作，要坚持源头预防、重点防控、整体防控，切实抓住"三个源头"，从源头上防范处置群体性事件。

（1）抓源头维护。要认真贯彻习近平总书记关于"运用法律预防化解社会矛盾"和"维稳的实质是维权"的指示精神，完善和落实维护群众合法权益的体制机制，切实把群众合理合法的利益诉求解决好，使群众由衷感到权益受到了公平对待、利益得到了有效维护，坚决纠正群众不闹事不解决问题的现象，坚决杜绝肆意侵占、损害群众合法利益情况的发生。

（2）抓源头把关。近些年来，积极推进社会稳定风险评估机制建设，取得了明显成效。但总体上看，评估机制落实不到位，评估滞后于决策以及评估不规范、不实、不准和选择性评估等问题仍比较突出，潜藏的不稳定隐患大量存在，还应进一步推动落实，完善制度体系，提高评估

质量，真正从源头上把好风险关。

(3) 抓源头化解。即从源头上排查化解可能引发群体性事件的矛盾纠纷。要认真落实习近平总书记关于把"枫桥经验"坚持好、发展好的指示精神，加强基层党组织建设，创新群众工作方法，健全常态化滚动排查化解机制，落实化解责任和风险管控措施，努力把矛盾纠纷解决在当地、化解在基层，真正从源头上预防、减少群体性事件。

2. 把握大局，统筹全局，实现"三个效果"有机统一

应对群体性事件是一项政策性、敏感性、专业性都非常强的工作，必须把这项工作摆到大局的位置来考量，切实提高统筹全局、驾驭复杂局势的能力。所谓把握大局，就是要善于统筹国内国际两个大局、网上网下两个战场，综合考虑全局影响、党和人民根本利益，准确把握大政方针，准确把握法律界限，准确把握处置策略，准确把握维护社会秩序与维护群众权益的平衡点，努力实现政治效果、法律效果和社会效果相统一。当前，针对群体性事件多发高发的情况，要把握主要矛盾和矛盾的主要方面，妥善处理好维稳与维权的关系，同步开展事件处置和矛盾化解工作，切实维护好群众的合法权益。处置过程中要注意遵循六项基本原则，即坚持以人为本、安全第一，以保护人民生命安全为第一目标；坚持预防为主、防处结合；坚持统一领导、协同应对；坚持依法应对、科学应对；坚持强化基层、依靠群众；坚持公开处置、信息透明。在具体实践中，要注重观察大势、把握大局，妥善处置、有效应对。

3. 讲究策略，善于处置，确保"三个阶段"平稳受控

群体性事件一般分为事前、事中、事后三个阶段，现场处置的核心要求是要根据不同阶段的规律特点和现场情况，讲究策略，灵活处置，确保整个过程平稳可控。具体要做好五个方面：

(1) 反应要快速。坚持发现在早、处置在小，把握住事件刚发生时的最佳处置"黄金窗口"，抓住人数少、未站稳、未成势的有利时机，坚决果断、毫不犹豫、见火就灭，迅速稳妥进行处置，不能等待观望、错失良机。

(2) 控制要有效。特别是对规模较大的事件，必须尽快控制住现场秩序，防止事态蔓延升级。

(3) 疏导要有力。一方面，要加强现场法治宣传教育，积极疏导群众情绪，缓和现场紧张气氛，尽快疏散聚集人群，引导其向着有利于解决问题的方向发展；另一方面，要加强舆论管控引导，控制好网上网下两个战场，严防谣言传播、欺骗群众、形成炒作。

(4) 处置要灵活。群体性事件现场情势往往瞬息万变，有时事态受偶发因素影响，导致事件性质发生突变，出现升级转向的情况。现场处置要区分事件性质，讲究政策策略，注意方式方法，综合考量现场情势，善于运用政治智慧，灵活采取处置办法。

(5) 处置务求实效。处置群体性事件必须讲究政治效果、法律效果与社会效果的有机统一。一旦事件发生，要尽可能将其控制在萌芽状态，处置在初发阶段，防止事态扩大。处置过程中，要尽最大努力防止激化矛盾、扩大事态，坚决防止出现打砸抢烧行为。一旦现场出现过激行为，要及时宣布法律、告知后果，并迅速予以制止。如果一时制止不了，对闹事者又不适合现场

抓捕时，事后一定要坚决依法追惩，对制止暴力抗议、提高政府公信、守住法律堤坝，具有积极作用。

4. 敢于担当，果断处置，确保“三个维护”落实到位

群体性事件情况复杂，现场决策关系重大，现场指挥员必须提高站位，切实把维护党和国家的根本利益、维护社会大局稳定、维护人民群众的切身利益作为出发点和落脚点，具备敢于担当的勇气和能力，善于决策，果断处置。对上级报告必须敢说真话、敢报实情，不能粉饰遮掩、影响决策；对下属请示必须态度鲜明、要求明确，不能指令不清、导向不明；对于需要果断决定的必须敢于拍板、敢于出手，不能优柔寡断、患得患失，更不能躲闪回避、玩忽职守，导致贻误时机，造成危害。处置群体性事件的经验教训表明，敢于担当，果断处置，关键要考虑五个因素：一是认清大势，要着眼于维护党和人民的根本利益、维护社会大局稳定，准确判断事件性质、现场情势和发展态势，统筹考虑各种因素后果断决策。二是于法有据，要严格按照法律政策办事，确保所有对策措施都符合法律政策规定和要求。三是群众利益，要坚持以人为本，始终把人民群众生命财产安全置于首要位置，对打砸抢烧违法犯罪行为敢于出手，该使用武器警械要使用武器警械，该采取强制措施要采取强制措施。四是现场条件，要准确把握现场出手的时机和火候，确保不动则已、动则必胜。五是自身力量，要准确估量现场处置力量，做到知彼知己、百战百胜，着力打好有准备有把握之仗。特别要避免在力量悬殊的情况下贸然行动，防止造成严重后果，陷入被动局面。

10.4 善后处理

善后处理是应对处置群体性事件的重要环节，它代表着群体性事件的现场处置进入最后的收尾阶段，同时也标志着群体性事件的应对处置转入一个新的重要阶段。总的来讲，群体性事件的善后处理由事发地党委、政府和有关部门、单位负责，上级主管部门、有关单位密切配合，全力做好恢复秩序、防止反弹、追根溯源、化解矛盾、总结经验、改进工作等方面工作。

10.4.1 善后处理的主要原则

1. 坚持党委领导、政府主导的原则

群体性事件善后处理是一项政策性、敏感性强、涉及面广、影响面大的工作。各地区党政主要负责同志作为维护社会稳定的第一责任人，要及时研究群体性事件善后处理的预案机制，明确善后程序、职责任务、保障措施等，切实担负起群体性事件善后处理的重大责任。事件发生后，属地党政领导要第一时间到现场，按照“属地管理”和“谁主管谁负责”的原则，及时组织动员各方力量，积极稳妥、有力有序开展事件调查、现场清理、人员救治、秩序恢复、风险评估、矛盾化解、经验总结等善后工作。

2. 坚持依法处理、源头治理的原则

群体性事件的善后处理工作必须依法依规、及时有效地进行，妥善处理好群众反映的诉求问题。对法律政策有明确规定的，依法按政策抓紧解决；对“情理之中、法理之外”的，根据实际情况给予适当帮助；对不合理诉求或因客观条件不具备一时难以解决的，主动说明情况，争取群众理解支持，切实做到“件件有着落，事事有回音”。要坚持源头治理，主动回应群众关切，切实解决群众关心的实际问题，最大限度地从源头上消除群体性事件根源，确保一次解决、不留后患。

3. 坚持以人为本、减少损害的原则

要本着对党和人民高度负责的态度，必须把以人为本的原则，充分体现在群体性事件事中、事后各个环节，第一时间启动善后工作，密切协作配合，组织力量尽最大努力进行现场处置、伤员救治、人员抚慰等工作，最大限度地确保人民群众生命安全，最大限度地减少人民群众财产损失。要及时准确地向公众发布事件信息，主动引导舆论，抢占舆论先机，引导舆论向着有利于事件处置的方向发展，最大限度地减少和消除群体性事件造成的各种负面影响。

4. 坚持客观公正、防止激化的原则

引发群体性事件的矛盾往往涉及面广、涉及人员多，给善后处置带来较大的难度。在善后处置中必须坚持公开、公平、公正的原则，在政策执行、经费补偿等方面一视同仁，坚持“一碗水端平、一把尺量准”，防止因政策前后不一而激化矛盾。要坚决摒弃“稳定就是搞定、摆平就是水平”的狭隘维稳观，丢掉“花钱买平安”的错误维稳思想，杜绝“大闹大解决、不闹不解决”情况发生，善于运用法治思维和法治方式化解社会矛盾、保障群众权益、维护公平正义。

10.4.2 善后处理的重点工作

1. 迅速恢复现场秩序，采取措施防止反弹

进入善后处理阶段后，群体性事件的现场处置工作已基本结束，此时，事发地党委、政府和有关部门、单位要采取进一步的善后措施，巩固现场处置成果。

(1) 清理现场，恢复秩序。及时解除现场管制和交通管制措施，清除路障，疏导交通，尽快恢复现场治安、交通和生产、生活秩序。

(2) 密切监控，防止反弹。要根据现场情况，对已经撤离或被驱散的人群可能再次聚集的情况进行分析研判，对事发现场和重点区域进行严密监控，密切关注有关动向，适时采取防范处置措施，防止发生次生风险，坚决防止事件反弹。

(3) 柔性处理，安抚群众。要选派懂政策法律、善于做群众工作的干部组成工作组，深入群众面对面交流，倾听群众诉求，了解群众愿望，开展耐心细致的思想教育、政策宣传和心理疏导等工作，切实做到刺激群众情绪的话不讲、不符合政策法律的态度不表、不能兑现的承诺不说，防止矛盾激化、扩大事态、群体性事件复发。

2. 正确引导依法处置,确保“三个效果”统一

(1) 正面引导,澄清事实。当群体性事件发生后,要坚持“三同步”原则,第一时间客观公正地发布权威信息,公布真相,引导舆论,发出正面、公道、公正的声音。第一时间回应群众关切,就事件起因、矛盾化解、责任追究等群众关心的问题给予答复,全面澄清不实言论,杜绝谣言惑众,防止诱发事态进一步扩大。第一时间对网络负面舆情进行实时监测和有效管控,确保社会舆情平稳可控,努力取得良好的政治效果、法律效果和社会效果。

(2) 严厉打击,以儆效尤。对参与事件的有关人员,要视情况依法分类处理。对在事件中严重威胁人民群众生命财产安全和公共安全、实施打砸抢烧等违法犯罪行为,甚至暴力犯罪行为的人员要依法果断出手,严厉打击,坚决打消个别人员“大闹大解决、小闹小解决、不闹不解决”的错误思想。对造谣惑众、欺骗群众、挑头闹事的骨干人员,要及时向群众揭露其谎言,并依法从严处理。对于不明真相、没有参与违法犯罪活动的大多数参与者,则应采取说服教育、思想疏导的方法,防止打击处理范围过大,被敌对势力或别有用心人员插手利用,借机煽动闹事,引发事态升级。

(3) 严肃查处,取信于民。各级党委、政府必须健全完善责任追究制,认真组织开展事件倒查及责任追究工作。对于个别领导干部或工作人员法治观念不强、执法不公甚至是徇私枉法诱发群体性事件的,要依法依纪处理。对于事后查明有失职、渎职行为或负有领导责任的部门、人员,应严肃处理,以息民怨,以示公正。对于在事件处置过程中麻痹大意,未履行应尽的职责,导致事件发展蔓延,造成严重社会影响和后果的,要依据有关规定予以严肃查处。

3. 追根溯源深入调查,切实化解社会矛盾

(1) 查找原因,有错必纠。群体性事件发生后,要从自身工作方面找原因,审视重大工程建设、重大项目上马、重大政策出台、重要决策部署过程中是否存在损害群众利益的问题,坚持实事求是、有错必改,合理调整利益关系,切实维护好群众的合法权益,从根本上消除不安定隐患,从源头上解决引发群体性事件的问题。相关责任部门、单位对因决策偏差损害了大多数人利益的,要坚决纠正;对政策落实不到位、群众合理要求得不到满足的,要抓紧落实;对办事不公、侵害群众合法权益的,要严肃查处;对干部作风不好、伤害群众感情的,要及时整顿,切实防止群体性事件的再度发生。

(2) 立行立改,兑现承诺。要针对引发群体性事件的诱因,列出问题清单、责任清单、任务清单和时间表,立行立改,真抓实干。对于群众合法、合规、合理的诉求,政府承诺给予解决的,就要督促有关部门不折不扣地加以落实,逐一兑现,切实维护群众的合法权益。

(3) 加强督查,确保落实。实践表明,群体性事件往往具有不确定性和反复性的特点,一些经过善后工作已经基本解决或者完全解决的社会矛盾,受多种因素的影响,仍可能在一定程度范围内出现反复,再次触发群体性事件。要克服麻痹思想和松懈情绪,杜绝现场处置完毕就“高枕无忧”的想法,加强对相关利益调整、承诺兑现、政策落实等情况进行跟踪督查,确保导致群体性事件的根源得到有效消除、问题得到真正解决、矛盾得到切实化解,防止由于原有问题解决不

到位、不彻底、不全面而引发新的矛盾问题和不稳定因素，努力避免群体性事件的再次发生，影响地区社会稳定。

4. 评估分析总结经验，建章立制改进工作

（1）全面评估，吸取教训。坚持边善后、边评估、边总结、边纠正的要求，对群体性事件的基本情况、诱发原因、群众诉求、现场处置、善后处理以及事件造成的社会影响、暴露出来的有关问题、造成的相关危害等进行全面评估分析，查找事件原因，汲取事件教训，弥补工作失误，落实责任查究，形成详细的书面报告，为有关部门进一步掌握情况、指导实践、推动工作提供参考依据。

（2）补齐短板，加固底板。上级主管部门要会同属地党委、政府，坚持解决当前问题和长远问题、治标与治本相结合，坚持系统治理、依法治理、综合治理、源头治理，妥善处理好发展与稳定、维稳和维权、事件处置和矛盾化解的关系，针对群体性事件中反映出来的问题，既要善于补齐短板，也要注重加固底板，采取有效措施，进一步健全完善利益协调、诉求表达、权益保障、信息发布、公众参与等机制，切实保障群众的合法权益，从源头上杜绝群体性事件的发生。

（3）健全制度，完善机制。要提高政治站位，从巩固党的执政地位、保障国家长治久安、维护地区和谐稳定的高度，全面剖析群体性事件事前、事中、事后一系列过程中暴露和发现的问题，针对群体性事件的源头防范、预知预警、预案机制、处置指挥、善后处理等方面存在的不足和薄弱环节，提出健全制度机制、完善预案体系和补充相关法律、法规、政策的意见和建议，综合运用法律、经济、政策、行政、技术、管理等手段，积极预防、妥善应对、依法处置群体性事件，消除城市社会风险，确保城市安全有序运行，维护地区社会和谐稳定。

参考文献

[1] 王俊秀.特大型城市风险治理的关键:提高风险认知水平[J].探索与争鸣,2015(3):31-33.

[2] 詹承豫.转型期中国的风险特征及其有效治理:以环境风险治理为例[J].马克思主义与现实,2014(6):56-63.

[3] 刘平.保险学原理与应用[M].北京:北京大学出版社,2009.

[4] 孙建平.城市安全风险防控概论[M].上海:同济大学出版社,2018.

[5] 乌尔里希·贝克,芭芭拉·亚当,约斯特·房龙.风险社会及其超越:社会理论的关键议题[M].赵延东,等,译.北京:北京出版社,2005.

[6] Douglas M, Wildavsky A. Risk and Culture[M]. Berkeley: University of California Press, 1983.

[7] 安东尼·吉登斯.现代性的后果[M].田禾,译.南京:译林出版社,2005.

[8] 戴双翔.论基础教育改革的风险[J].当代教育科学,2012(24):7-10.

[9] Luhmann N, Risk. A Sociological Theory[M]. Berlin: de Gruyter, 1993.

[10] 乌尔里希·贝克.世界风险社会[M].吴英姿,孙淑敏,译.南京:南京大学出版社,2004.

[11] 甘绍平.忧纳斯等人的新伦理究竟在哪里?[J].哲学研究,2000(12):51-59.

[12] Hans Jonas. The Imperative of Responsibility: In Search of an Ethics for the Technological Age [M]. Chicago: University of Chicago Press, 1983.

[13] 塞缪尔·亨廷顿.变革社会中的政治秩序[M].李盛平,等,译.北京:华夏出版社,1988.

[14] 乌尔里希·贝克.什么是全球化?全球化主义的曲解:应对全球化[M].常和芳,译.上海:华东师范大学出版社,1988.

[15] 李姿姿.新社会风险:当代社会政策研究的新视角[J].社会科学,2010(9):25-26.

[16] 杨雪冬.风险社会理论述评[J].国家行政学院学报,2005(1):87-90.

[17] 赵璇.我国风险社会治理面临的挑战及对策[D].北京:中国石油大学,2011.

[18] 李永利.中国社会风险预警机制研究[D].成都:西南财经大学,2011.

[19] 孔锋,吕丽莉,王一飞,等.新风险因素与传统风险因素间关系初探:以中国县级单元人口城市化与自然灾害之间的关系为例[J]. 安徽农业科学,2017,45(26):157-161.

[20] 李坚.不确定性问题初探[D].北京:中国社会科学院研究生院,2006.

[21] 潘斌.社会风险论[D].武汉:华中科技大学,2007.

[22] 乌尔里希·贝克,威廉姆斯.自由与资本主义[M].路国林,译.杭州:浙江人民出版社,2001.

[23] 刘岩.发展与风险:风险社会理论批判与拓展[D].长春:吉林大学,2006:144-145.

[24] 马克思,恩格斯.共产党宣言[M].北京:人民出版社,1965.

[25] Lorenz, E N. Deterministic Nonperiodic Flow [J]. Journal of the Atmospheric Sciences, 1963, 20: 130-141.

[26] 深圳山体滑坡为城市管理敲响警钟[N].中国安全生产报,2015-12-22.

[27] 新华网."平语"近人——习近平解题京津冀协同发展[EB/OL].(2017-02-24)[2019-02-14].http://www.xinhuanet.com//politics/2017-02/24/c_1120521126.htm.

[28] 中国经济网.人口集中加剧大城市拥堵病 海量人口出行难题待解[EB/OL].(2017-03-29)[2019-02-14].http://www.ce.cn/xwzx/gnsz/gdxw/201703/29/t20170329_21523080.shtml.

[29] 凤凰财经.2013中国船舶业白皮书[EB/OL].(2013-12-30)[2018-08-25].http://finance.ifeng.com/a/20131230/11365392_0.shtml.

[30] 赵德斌,周楠,吴韩,等.船舶行业安全生产技术防范体系研究[J].造船技术,2016(5):13-16.

[31] 李炳荣.船舶工业典型事故案例[M].哈尔滨:哈尔滨工程大学出版社,2007.

[32] 李倩倩,康元,吉洪文,等.我国造船行业安全培训体系现状及对策研究[C]//第三届行为安全与安全管理国际研讨会论文集,2015:17-21.

[33] 庞丽,毛雪,马继安.船舶在建过程中的安全管理提升策略[J].工程技术研究,2016(4):90-91.

[34] 姚小刚.关于建筑生产风险的系统研究[J].建筑安全,2001,16(3):16-18.

[35] 搜狐科技.每日事故案例:无锡某开发建设项目三期工程工地"10.20"机械伤害事故[EB/OL].(2018-01-14)[2018-08-27].http://www.sohu.com/a/216561349_683111.

[36] 王陈.建筑工程中各方主体安全监督管理体系的构建[J].智能城市,2018(1):78-79.

[37] 曾文伟.建筑施工现场常见安全风险及防范措施[J].西部探矿工程,2007(2):220-222.

[38] 佟淑娇,吴宗之,王如君,等.2001—2013年危险化学品企业较大以上事故统计分析及对策建议[J].中国安全生产科学技术,2015,11(3):129-134.

[39] 胡馨升,多英全,张圣柱,等.2011—2015年全国危险化学品事故分析[J].中国安全生产科学技术,2018,14(2):180-185.

[40] 黄友明.危险化学品道路运输存在的主要安全问题及对策[J].科技情报开发与经济,2008,18(12):227.

[41] 韩宏伟.超越"塔西佗陷阱":政府公信力的困境与救赎[J].湖北社会科学,2015(7):29-34.

[42] 郭秀云.区域人口风险管理与控制体系研究[D].上海:复旦大学,2006.

[43] 安东尼·吉登斯.失控的世界[M].周红云,译.南昌:江西人民出版社.

[44] 李建新.风险社会与中国人口结构安全[J].中国研究,2005(5):177-188.

[45] 于弘文.出生婴儿性别比偏高:是统计失实还是事实偏高[J].人口研究,2003,27(5):38-41.

[46] 翟振武,张现苓,靳永爱.立即全面放开二胎政策的人口学后果分析[J].人口研究,2014(2):3-17.

[47] 国家统计局.李希如:2017年我国"全面两孩"政策效果继续显现[EB/OL].(2018-01-20)[2018-08-20].http://www.stats.gov.cn/tjsj/sjjd/201801/t20180120_1575796.html.

[48] 高传胜.从国际比较看中国人口结构面临的双重风险[J].学术界,2015(1):38-46.

[49] 郭秀云.大城市人口发展与风险控制问题研究[J].兰州学刊,2010(3):114-118.

[50] 简鑫.北京市人口迁移动力机制研究[D].北京:中央民族大学,2012.

[51] 丁世飞.人工智能[M].2版.北京:清华大学出版社,2015.

[52] 陶建钟.风险社会的秩序困境及其制度逻辑[J].江海学刊,2014(2):95-100.

[53] 于丽颖.马克思“人的技术化”思想视域下的人工智能风险[D].成都:西南交通大学,2017.
[54] 雅克·埃吕尔.技术秩序[M].吴国盛,译.上海:上海交通大学出版社,2012.
[55] 兰登·温纳.自主性技术:作为政治思想主题的失控技术[M].杨海燕,译.北京:北京大学出版社,2014.
[56] 张成岗.人工智能时代:技术发展、风险挑战与秩序重构[J].南京社会科学,2018(5):42-52.
[57] 刘克宁.智能化时代浪潮下大学生培养的探索与研究[J].景德镇学院学报,2018,33(4):132-136.
[58] 何昕航,章琬茹,陈山.法律人工智能对法院类职业的挑战与应对[J].法制与社会,2018(3):100-105.
[59] 手机人民网.英媒:人工智能正在取代初级律师[EB/OL].(2017-12-19)[2018-08-27].http://m.people.cn/n4/2017/1219/c23-10280282.html.
[60] 杜严勇.论机器人权利[J].哲学动态,2015(8):83-89.
[61] 吴汉东.人工智能时代的制度安排与法律规制[J].法律科学,2017(5):128-136.
[62] 刘铁光.风险社会中技术规制基础的范式转换[J].现代法学,2011,33(4):68-78.
[63] 贾开,蒋余浩.人工智能治理的三个基本问题:技术逻辑、风险挑战与公共政策选择[J].中国行政管理,2017(10):42-47.
[64] 董华,胡军,薛梅.系统论方法在城市公共安全系统构建中的应用[J].中国安全科学学报,2003,13(6):36-39.
[65] 王伟勤.社会风险类型及其治理方式分析[J].云南行政学院学报,2013(3):58-61.
[66] 陈新光,夏禹铖.中国特大城市的社会风险防范[C]//上海市社会科学界学术年会(2012 年度)政治·法律·社会学科卷,2012:253-258.
[67] 吉奥乔·阿甘本.神圣人:至高权力与赤裸生命[M].北京:中央编译出版社,2016.
[68] 陈进华.中国城市风险化:空间与治理[J].中国社会科学,2017(8):43-60.
[69] 房艳刚,刘继生.城市系统演化的复杂性研究[J].人文地理,2008,23(6):37-40.
[70] 刘汉龙,陆绍俊.1995 年日本阪神大地震及其震害[C]//第五届全国土动力学学术会议论文集,1998:550-555.
[71] 钟凯斌.国际化大都市风险管理:挑战与经验[J].中国应急管理,2011(4):14-19.
[72] 余向华,胡蔡松,魏晶娇,等.浙江省温州市登革热公共卫生风险评估[J].中国媒介生物学及控制杂志,2016,27(5):491-493,497.
[73] 聂建刚.欧盟 2010 年以来传染病流行趋势及 2013 年公共卫生风险概况[J].全球科技经济瞭望,2013(9):1-5,16.
[74] 武凌君.北京抗击“非典”与社会应急管理体系的建立[J].北京党史,2017(2):54-59.
[75] 刘彬,房晟旻.由“蝴蝶效应” 论群体性事件的预警与处置[J].净月学刊,2012(127):84-90.
[76] 刘铁驹,宋立平.蝴蝶效应及其应用[J].现代物理知识,2006(6):10-12.
[77] 王光辉,刘怡君,王红兵.基于耗散结构理论的城市风险形成及演化机理研究[J].城市发展研究,2014,21(11):81-86.
[78] 陈孟燃.公共危机中的群体心理分析及政府应对——以抢盐事件为例[J].东华大学学报(社会科学版),2015,15(3):142-149.
[79] 王军武.论社会风险的法律防范[J].学习与探索,2017(4):85-90.
[80] 郑泽爽,罗勇,王朝宇.树立“城市思维”,践行“城市模式”:尊重城市发展规律的认识论和方法论[J].城

市观察,2017,49(3):109-117.
[81] 上海统计.2017年上海市国民经济和社会发展统计公报[EB/OL].(2018-03-08)[2018-04-18]. http://www.stats-sh.gov.cn/html/sjfb/201803/1001690.html.
[82] 邓彩霞.城市社会风险防范与新型城市化[J].前沿,2013(24):105-107.
[83] 魏涛.论城市社会风险的危害及其治理[J].理论研究,2010,28(4):36-41.
[84] 魏华林,万暄.中国城市风险治理:形成背景与产生原因[J].保险研究,2015(6):2-8.
[85] 华俊荣.试论房地产开发与城市规划的关系[J].经济师,2018(1):280,283.
[86] 胡舟巍,肖瑞龙,杨柳青,等.浅析城市公共空间中浮雕景墙的景观功能:以长沙市为例[J].绿色科技,2014(2):63-64.
[87] 乔勇军.沈阳市智慧城市建设中存在的问题及对策研究[J].沈阳:沈阳师范大学,2018.
[88] 魏华林.中国城市风险的形成背景及其原因[N].中国保险报,2015(5).
[89] 黄勤,黄勃.中国城市规划的深刻变革:基于规划二重性的研究[J].江西社会科学,2015(8):48-54.
[90] 陈锋.世界资本主义长程运动与我国城市规划的历史走向[J].城市规划,2011(1):23-34.
[91] 孙施文.英国城市规划近年来的发展动态[J].国外城市规划,2005(6):11-15.
[92] 容志.从分散到整合:特大城市公共安全风险防控机制研究[M].上海:上海人民出版社,2014.
[93] 祁才让.超高层建筑的安全思考[J].安防科技,2003(4):45-47.
[94] Mumford Lewis. The City in History[M].London: Secker& Robins, 1991.
[95] 何江.城市风险与治理研究[D].北京:中央民族大学,2010.
[96] 陈秋艳,杨敏莹,罗培,等.海绵城市建设对四川丘陵地区城市水资源保持的启示[J].《安徽农学通报,2018,24(10):77-78,168.
[97] 常红."中华文化标志城"引争议 文化不是打造出来的[EB/OL].中国政协新闻网.(2008-03-21)[2018-09-21].http://cppcc.people.com.cn/GB/34953/7000876.html.
[98] 陆志坚."穷人过富日子"折射官员政绩幻象[EB/OL].中国法院网.(2005-11-11)[2018-09-21]. https://www.chinacourt.org/article/detail/2005/11/id/186001.shtml.
[99] 人民网.火灾:深圳城市安全的心腹大患[EB/OL].(2016-02-24)[2018-06-20].http://sz.people.com.cn/n2/2016/0224/c202846-27795486.html.
[100] 广州日报.广州排水管道建设跟不上城市建设 暴雨致多处水浸[EB/OL].(2014-04-04)[2018-08-02].http://www.chinanews.com/sh/2014/04-04/6029892.shtml.
[101] 张博.城市建设不应过分追求"唯美主义"[N].河北日报,2012-08-21.
[102] 尚伟.关于雾霾污染的现状及治理方案的探讨[J].科技与创新,2015(1):16-17.
[103] 王信东.基于产业结构视角的北京城市化率各影响因素分析[J].科技和产业,2013,13(10):28-32,57.
[104] 李麦产.现代城市风险管理与防范[J].城市观察,2012(6):135-143.
[105] 马克思,恩格斯.马克思恩格斯全集:第2卷[M].北京:人民出版社,1965.
[106] 王贤婷.负面报道在传播中的放大效应研究[D].长沙:湖南大学,2013.
[107] 腾讯安全联合实验室.2017上半年上海地区互联网安全报告[R/OL].(2017-09-16)[2018-05-14]. https://slab.qq.com/news/authority/1645.html.
[108] 麦克莱.传媒社会学[M].北京:中国传媒大学出版社,2005.

[109] 杨海.风险社会的哲学研究[D].北京:中共中央党校,2014.
[110] 常冰.自媒体与政府形象之关系研究[J].北京科技大学学报(社会科学版),2018,34(1):88-94.
[111] 赵鼎新.社会与政治运动讲义[M].北京:社会科学文献出版社,2006.
[112] 张淑华,徐艳.微博在突发事件中的"扩音效用"的理论探析[J].今传媒,2012(6):13-14.
[113] 祝阳.突发性公共事件中网络的放大机制研究[D].北京:北京邮电大学,2015.
[114] 汪伟全.风险放大、集体行动和政策博弈:环境类群体事件暴力抗争的演化路径研究[J].公共管理学报,2015,12(1):127-136.
[115] 华智亚.风险沟通与风险型环境群体性事件的应对[J].人文杂志,2014(5):97-108.
[116] 杨永军,张彩霞.社会舆情的传播效应探析[J].现代传播(中国传媒大学学报),2012,34(1):137-138.
[117] 周永华.论相互作用与联系、矛盾和运动的关系[J].武汉大学学报(人文科学版),2004,57(5):529-533.
[118] 马克思,恩格斯.马克思恩格斯选集:第3卷[M].北京:人民出版社,1995.
[119] 罗大文,张洪波.风险社会与社会公共安全[J].经济与社会发展,2007,5(8):15-18.
[120] 郭增建,秦保燕.灾害物理学简论[J].灾害学,1987(2):25-33.
[121] 文传甲.论大气灾害链[J].灾害学,1994(9):1-6.
[122] 荣莉莉,张继永.突发事件的不同演化模式研究[J].自然灾害学报,2012,21(3):1-6.
[123] 中华人民共和国最高人民检察院.涉众型金融犯罪风险容易扩散叠加[EB/OL].(2018-07-27)[2018-08-20].http://www.spp.gov.cn/spp/llyj/201807/t20180727_386246.shtml.
[124] 齐格蒙特·鲍曼.流动的现代性[M].欧阳景根,译.上海:上海三联书店,2002.
[125] 宋宝安,于天琪.我国群体性事件的根源与影响[J].吉林大学社会科学学报,2010,50(5):5-11.
[126] 张传香.网络群体性事件聚合效应研究[J].现代传播,2012,34(9):151-152.
[127] 葛琳.网络舆论与网络群体性事件[J].新闻爱好者,2008(9):20-21.
[128] 吴峰,吴承义."动员"词源新考[J].国防动员研究,2010(4):18-19.
[129] 郑永廷.论现代社会的社会动员[J].中山大学学报(社会科学版),2000,40(2):21-27.
[130] 熊先兰,姚良凤.食品安全风险生成演化规律及防范机制探析[J].湖南师范大学社会科学学报,2015,44(1):120-125.
[131] 牛文元.社会物理学与中国社会稳定预警系统[J].中国科学院院刊·科技与社会,2001,16(1):15-20.
[132] 郑杭生,洪大用.中国转型期的社会安全隐患与对策[J].中国人民大学学报,2004,18(2):2-9.
[133] 马克思.马克思恩格斯选集:第1卷[M].北京:人民出版社,1995.
[134] 原珂.城市社区冲突的扩散与升级过程探究[J].理论探索,2017(2):42-51.
[135] 王国勤:"集体行动"研究中的概念谱系[J].华中师范大学学报(人文社会科学版),2007,46(5):31-35.
[136] 刘卫东,荣荣.网络时代的媒介权力结构与社会利益变迁:以当代中国社会意识形态为视角[J].新闻与传播研究,2012(2):20-27.
[137] 中共中央办公厅,国务院办公厅.关于推进城市安全发展的意见[A/OL].(2018-01-07).www.gov.cn/zhengce/2018-01/07/content_5254181.htm.
[138] 陈杨勇.深刻领会中国特色社会主义进入新时代的重大政治论断[J].党的文献,2018(1):11-17.
[139] 黄凯令.公安机关预防和处置群体性事件的法律对策研究:以广东为例[D].广州:中山大学,2012.

[140] 胡联合.群体性事件的演化机理及其启示[J].探索,2017(1):124-133.
[141] 勒庞.乌合之众[M].桂林:广西师范大学出版社,2011.
[142] 赵雪军,边疆地区群体性突发事件防范研究[J].四川警察学院学报,2012,24(4):86-90.
[143] 罗骥.县级政府群体性事件应对策略研究[D].北京:中央民族大学,2014.
[144] 张吉君.评“伊斯兰国”对阿富汗的渗透[J].南亚研究,2017(1):74-95.
[145] 胡联合.群体性事件:何以发生与演化? [Z]. 2009.
[146] 王伟光.构建和谐社会必须正确处理人民内部矛盾[J].学习时报,2006(5):11-12.
[147] 孙元明.当前国内群体性事件及其发展趋势研究[J].江南社会学院学报,2008(3):6-10.
[148] 冯林.浅析当前群体性事件的诱发因素及预防处置对策[J].上海公安高等专科学校学报,2003,13(2):61-64,92.
[149] 肖唐镖.当代中国的“群体性事件”:概念、类型与性质辨析[J].人文杂志, 2012(4):147-155.
[150] 于建嵘.中国的社会泄愤事件与管治困境[J].当代世界与社会主义,2008(1):4-9.
[151] 王赐江.群体性事件的类型化及发展趋向[J].长江论坛,2010(4):47-53.
[152] 刘能.当代中国群体性事件:分类框架及其分析潜力[M]//肖唐镖.群体性事件研究.上海:学林出版社,2011:3-21.
[153] 王国勤.国家-社会关系与当前社会国集体行动的类型与机制[M]//肖唐镖.社会稳定研究:城乡之间.上海:学林出版社,2011:131-133.
[154] 刘晓梅.建设和谐社会进程中群体性事件的法社会学思考[J].中国人民大学学报(社会科学版),2005,21(3):75-81.
[155] 中共中央办公厅,国务院办公厅.关于积极预防妥善处置群体性事件的通知:中办发电[2003]34 号[A/OL].
[156] 张丹阳,魏琳红.冲突功能论视角下的群体性事件应对策略研究[J].新教育时代电子杂志,2017(37):264.
[157] 李春华.试析群体性事件主体的构成[J].公安教育,2007(3):34-36.
[158] 玮玮.关于群体性事件处理机制的法律问题[D].内蒙古自治区:内蒙古大学,2011.
[159] 于德宝.当前群体性事件的特点和原因[J].中国党政干部论坛,2006(6):54-55.
[160] 李皋.如何妥善应对明显增多的社会矛盾[J].党建,2013(9):37-39.
[161] 罗成琳,李向阳.突发性群体性事件及其演化机理分析[J].中国软科学,2009(6):163-171,177.
[162] 张克生.国家决策:机制与舆情[M].天津:天津社会科学院出版社,2004.
[163] 王来华.舆情研究概论[M].天津:天津社会科学院出版社,2003.
[164] 许鑫,章成志,李雯静.国内网络舆情研究的回顾与展望[J].情报理论与实践,2009,32(3):115-120.
[165] 刘毅.网络舆情研究概论[M].天津:天津人民出版社,2007.
[166] 王国华,曾润喜,方付建.解码网络舆情[M].华中科技大学出版社,2011.
[167] 林敏.网络舆情影响因素及其作用机制研究[D].杭州:浙江大学,2013.
[168] 匡文波.网民分析[M].北京:北京大学出版社,2003.
[169] 刘晔.关于网络舆论传播的主体及客体分析[J].理论探索,2012(5):81-82.
[170] 宫承波,管璘.传播学史[M].北京:中国广播电视出版社,2014.

[171] 常锐.群体性事件的网络舆情及其治理模式与机制研究[D].长春:吉林大学,2012.
[172] 李琼瑶.网络舆论时代的现状及引导[J].湖南行政学院学报,2006(2):79-80.
[173] 张一文,齐佳音,方滨兴,等.非常规突发事件网络舆情热度评价指标体系构建[J].情报杂志,2010,29(11):71-75,117.
[174] 喻国明,李彪.舆情热点中政府危机干预的特点及借鉴意义[J].新闻与写作,2009(6):56-59.
[175] 张玉强.网络舆情危机的政府适度反应研究[M].北京:中央民族大学出版社,2011.
[176] 徐晓日.网络舆情事件的应急处理研究[J].华北电力大学学报(社会科学版),2007(1):89-93.
[177] 李纲,陈璟浩.突发公共事件网络舆情研究综述[J].知识、学习与管理,2014(2):111-119.
[178] 凯斯·桑斯坦,网络共和国:网络社会中的民主问题[M].黄维明,译.上海:上海人民出版社,2003.
[179] 戴维·迈尔斯.社会心理学[M].侯玉波,乐国安,张智勇,译.北京:人民邮电出版社,2006.
[180] 李小华.中国安全观分析(1982—2007)[M].上海:上海人民出版社,2008.
[181] 曼纽尔·卡斯特.千年终结[M].夏铸九,等,译.北京:社会科学文献出版社,2003.
[182] 托夫勒.预测与前提[M]//托夫勒著作选.辽宁科学技术出版社,1984.
[183] 张发林.风险社会视域下的网络舆情治理研究[D].武汉:武汉大学,2016.
[184] 张福潭,白俊英.试论网络舆情的功能与作用[J].商情,2015(42).
[185] 王来华.舆情变动规律初论[J].学术交流,2005(12):155-159.
[186] 徐敬宏,李欲晓,方滨兴,等.非常规突发事件中网络舆情的生成及管理[J].当代传播,2010(4):41-43.
[187] 兰月新,曾润喜.突发事件网络舆情传播规律与预警阶段研究[J].情报杂志,2013,32(5):16-19.
[188] 曹劲松. 网络舆情的发展规律[J].新闻与写作,2010(5):45-47.
[189] 田卉,柯惠新.网络环境下的舆论形成模式及调控分析[J].现代传播,2010(1):40-45.
[190] 方付建.突发事件网络舆情演变研究[D].武汉:华中科技大学,2011.
[191] 谢耘耕,荣婷.微博舆论生成演变机制和舆论引导策略[J].现代传播,2011(5):70-74.
[192] 谢科范,赵湜,陈刚,等.网络舆情突发事件的生命周期原理及集群决策研究[J].武汉理工大学学报,2010,23(4):482-486.
[193] 张玉亮.基于信息交换均衡的突发事件网络舆情演变分期研究[J].现代情报,2013,33(1):8-10,17.
[194] 唐超.突发型群体性事件网络影响力演进的实证研究[J].情报杂志,2012,31(4):58-63,75.
[195] 刘洋.突发事件网络舆情的传播规律[J].图书情报工作网刊,2011(12):54-59.
[196] 顾明毅,周忍伟. 网络舆情及社会性网络信息传播模式[J].新闻与传播研究,2009,16(5):67-73.
[197] 金鑫,李小腾,朱建明.突发事件网络舆情的演变机制及其情感性分析研究[J].现代情报,2012,32(12):8-13.
[198] 李纲,董琦.Web2.0 环境下企业网络舆情传播过程的研究及实证分析[J].情报科学,2011(12):1810-1814.
[199] 李彪.网络事件传播阶段及阈值研究[J].国际新闻界,2011(10):22-27.
[200] 方付建.把脉网络:突发事件网络舆情演变研究[M].武汉:华中科技大学出版社,2017.
[201] 王国华,曾润喜.网络舆情传播阶段与模型比较研究[D].武汉华中科技大学,2011.
[202] 刘洋.新媒体时代涉检网络舆情特性分析及对策[J].法制与社会,2018(31):109, 113.
[203] 易承志.群体性突发事件网络舆情的演变机制分析[J].情报杂志,2011,30(12):6-12.

[204] 陈安.网络舆情事件的预警与应对策略[J].高科技与产业化,2011(3):58-59.

[205] 丁菊玲,勒中坚.网络舆情危机事件形成因素分析[J].情报杂志,2011,30(2):6-9.

[206] 李永节.移动互联网时代下的政府网络舆情应对研究[D].南京:南京航空航天大学,2017.

[207] 李瑞丽.新媒体形势下公安部门提升网络舆情引导研究[D].武汉:华中师范大学,2016.

[208] 马晓楠.网络舆情对中国国家政治安全的影响及对策研究[D].郑州:郑州大学,2017.

[209] 裘江南,师花艳,王延章.基于事件链的知识导航模型研究[J].中国管理科学,2009,17(1):138-143.

[210] 黄崇福.自然灾害基本定义的探讨[J].自然灾害学报,2009,18(5):41-50.

[211] 人民网快讯.日本气象厅再次将震级修改为 9.0 级[N/OL].(2011-03-13).http://news.ifeng.com/gundong/detail_2011_03/13/5125115_0.shtml.

[212] 中国财经新闻网.日本将福岛第一核电站核泄漏事故等级提高至 7 级[N/OL].(2011-04-12).http://www.prcfe.com/web/meyw/2011-04/12/content_736592.htm.

[213] 网易新闻.日福岛核电站发生爆炸 此前曾数次隐瞒安全事故[N/OL].(2011-03-13)[2018-05-20].http://news.163.com/11/0313/01/6V0700BN00014AED.html.

[214] 人民网.上海外滩拥挤踩踏事件调查报告全文[N/OL].(2015-01-21)[2018-05-20].http://politics.people.com.cn/n/2015/0121/c1001-26424342.html.

[215] 汤爱爱.转型期中国社会风险的形成机理研究[D].南昌:南昌大学,2015.

[216] 搜狐网.昆明火车站 3-01 严重暴力恐怖案成功告破[N/OL].(2014-03-03)[2018-05-20].http://news.sohu.com/20140303/n395966927.shtml.

[217] 中国内地抗非典大事记[EB/OL].人民网.(2003-06-25)[2018-05-20].http://www.people.com.cn/GB/shehui/1062/1934108.html.

[218] 东方新闻.中国首例报告非典病人露面 讲述患病经过[图][N/OL].(2003-05-23)[2018-05-20].http://news.eastday.com/epublish/gb/paper148/20030523/class014800018/hwz948528.htm.

[219] 张维平.公共安全管理研究[M].北京:中国书籍出版社,2013:133.

[220] 容志.从分散到整合:特大城市公共安全风险预防控制机制研究[M].上海:上海人民出版社,2014:36.

[221] 中华人民共和国中央人民政府.天津港"8·12"瑞海公司危险品仓库特别重大火灾爆炸事故调查报告[R/OL].(2016-02-05).www.gov.cn/foot/2016-02/05/content_5039788.htm.

[222] 乌尔里希·贝克.风险社会[M].南京:译林出版社,2004.

[223] 吴叶新.大都市社会安全预警建设的机理及其利用:以国家-社会二分法为视角[J].上海行政学院学报,2014,15(3):11-19.

[224] 阮雯.特大城市安全风险管理的比较和借鉴[J].中共杭州市委党校学报,2016(6):42-48.

[225] 董幼鸿,刘宇.特大城市公共安全风险治理存在问题与对策思考:以上海城市风险治理与隐患排查为实例[J].特区实践与理论,2017(2):67-71.

[226] 庞星火,刘秀颖,高婷,等.2008 年北京奥运会重大公共卫生事件风险评价方法的研究[J].首都公共卫生,2009,3(2):52-58.

[227] 孙纽云.我国患者安全管理与医疗风险预警监测体系建设的思考与设想[J].中国医院,2012,16(10):1-6.

[228] 周利敏.迈向大数据时代的城市风险治理:基于多案例的研究[J].西南民族大学学报(人文社会科学

版),2016(9):91-98.

[229] 谢润盛.统筹规划 夯实基础——江苏省实施应急体系建设规划,扎实推进应急管理工作[J].中国应急管理,2010(11):15-20.

[230] 欧文.深入推进全国应急预案体系建设的重要举措[J].安全与健康,2014(2):39-40.

[231] 余长青.浅谈构建和谐奉新的障碍与对策[C]//江西省宜春市社会科学界联合会"创新社会管理构建社会和谐"征文活动论文集,2011.

关键词索引

城市社会风险　15,16,37,42,46,54-57,59-64,66,68-70,87,88,112,116-118,122,125,127-129,131-133,135,143,145,147,150,152-155,158,159,165,171,178-181,187

社会舆论　2,13,15,86,103,114,121,127,132,154,179

群体性事件　2,30,35,77,78,84,85,87-96,98-111,114,117-119,131,132,140,153,156,164,165,170-187

风险　2-47,49-51,54-71,73-77,79-82,86-88,91-93,101,107,114,116-120,129,131,135,140-170,173,174,176,177,179,180,182-185

传统城市风险　2,16,36,41,42

风险因素　5,6,13,15,18,20-22,60-66,68,72,76,140,155-158,160-162,166-169

风险社会　6-14,16,18,20,21,28,29,32,35,39,54,69,73

社会冲突　13,14,38,82,87,131,153,155

社会事件　13,28,44,72,124

社会结构　15,29,76,81,82,87,89,116,154,178

基础设施风险　16,22,24,75

生产作业风险　16,25-28

人口结构风险　16,28-31

人工智能风险　16,32,33,35

自然灾害风险　16,50,75,150,152

预案管理　26,46,171,172,174

矛盾聚合　76-78,82,84

转向变质　84-86,88,102

预兆发现　140-142

社会预警机制　147,150-152

风险应对　151,153,176,179

城市安全风险管理丛书 | 编委会主任：王德学　总主编：钟志华　执行总主编：孙建平

城市安全风险防控概论
城市建设风险防控
城市水安全风险防控
城市生态环境风险防控
城市地下空间开发建设风险防控

城市社会风险防控
Social Risk Prevention and Control in Urban Areas

城市生命线风险防控
城市气象灾害风险防控
城市高速铁路运营安全风险防控
城市地下空间防灾理论与规划策略
城市非传统风险防控
城市风险防范与保险
城市道路设施风险防控
城市公共交通风险防控
城市大客流风险防控
城市风险防控人才培养
城市交通拥堵风险防控
城市住宅小区运行风险防控
城市突发舆情风险防控
城市历史建筑保护风险防控

同济大学城市风险管理研究院
Institute for Urban Risk Management, Tongji University

上架建议：城市·风险·管理
ISBN 978-7-5608-8460-8
9 787560 884608 >
定价：68.00元